Simon of Faversham
Quaestiones super Libro Elenchorum

edited by
Sten Ebbesen, Thomas Izbicki,
John Longeway, Francesco del Punta,
Eileen Serene, Eleonore Stump

In the years around 1280 Simon of Faversham (died 1306) twice held classes on Aristotle's *Sophistici elenchi*. The resulting two collections of questions, the *Quaestiones veteres* and the *Quaestiones novae*, were both edited before the end of the century. The present critical edition is a reconstruction of that medieval edition.

Simon's *quaestiones*, which deal with a wide variety of logical and linguistical topics, reflect Parisian doctrine around 1280 and were probably produced at Paris. Simon appears to have used the slightly older anonymous *quaestiones* on the *Elenchi* edited in Corpus Philosophorum Danicorum Medii Aevi VII. The two texts shed light on each other and on modistic logic and linguistics at a time when the problems inherent in modistic theory were just beginning to be realized, but before they were felt to be acute, as they were around 1300 in the days of Radulphus Brito. In fact, Radulphus repeatedly polemicizes against positions held by Simon in the *Quaestiones veteres* and *novae*, and so the present edition will be of use also for the study of Radulphus' logical works, most of which remain to be edited.

Besides text, critical apparatus, and references for Simon's citations of other authors, this volume includes an introduction sketching the life of Simon himself, the origin of the *quaestio* genre, the state of the study of fallacies in Simon's day, and the history of his text. There is also an extensive bibliography on Simon. An index of citations and a word index complete the volume.

Editors-in-Chief

Until 1978:   Francesco del Punta
Since 1978:   Sten Ebbesen

Introduction by Sten Ebbesen

STUDIES AND TEXTS 60

SIMON OF FAVERSHAM

QUAESTIONES SUPER LIBRO ELENCHORUM

EDITED BY

Sten Ebbesen, Thomas Izbicki,
John Longeway, Francesco del Punta,
Eileen Serene, Eleonore Stump

PONTIFICAL INSTITUTE OF MEDIAEVAL STUDIES

The publishing program of the Pontifical Institute
is supported through the generosity of
the De Rancé Foundation.

CANADIAN CATALOGUING IN PUBLICATION DATA

Simon, of Faversham, d.1306.
  [Quaestiones veteres]
  Quaestiones super libro elenchorum

(Studies and texts, ISSN 0082-5328 ; 60)
Text in Latin with introduction and notes in English.
Contains text of Quaestiones veteres and Quaestiones novae.
Bibliography: p.
Includes index.
ISBN 0-88844-060-X

1. Aristotle. De sophisticis elenchis.   2. Fallacies (Logic) - Early works to 1800.
  I. Simon, of Faversham, d.1306. Quaestiones novae.   II. Ebbesen, Sten,
1946-   III. Pontifical Institute of Mediaeval Studies.   IV. Title.   V. Title:
Quaestiones veteres.   VI. Series: Studies and texts (Pontifical Institute of
Mediaeval Studies) ; 60.

B443.S55   1984   165   C83-094012-X

PRINTED BY UNIVERSA, WETTEREN, BELGIUM

Contents

    —Simon of Faversham 3.
    —Contents of the *Quaestiones veteres* and *novae* 6.
    —Simon's Sources 11.
    —The Manuscripts 15.
    —History of the Text 17.
    —Titles of the *Quaestiones* 21.
    —Apparatus locorum laudatorum 22.
    —Orthography 22.

Capitula *Quaestionum veterum*

Capitula *Quaestionum novarum*

Acknowledgments

The editors wish to thank the Society for the Humanities under whose auspices this work was begun at Cornell University in 1971-1972. We owe a debt of gratitude to Prof. G. Federici Vescovini for checking some of our readings of the Milan manuscript on the original. Also, Dr. Osmund Lewry op merits our most sincere gratitude for rewriting and decidedly ameliorating the part of the introduction that deals with medieval university teaching and the life of Simon. Finally, we wish to thank an anonymous reader who evaluated the edition for the Pontifical Institute of Mediaeval Studies and discovered several errors so that we could correct them before publication.

Abbreviations

a.c.	ante correcturam/before correction
add.	addidit, addiderunt/added (by)
Ammon.	Ammonius
APo.	*Analytica posteriora*
APr.	*Analytica priora*
Arist.	Aristoteles
Averr.	Averroes
c.	capitulum/chapter; but in references to Averroes = commentum
Cael.	*In libros De caelo et mundo*
CAG	Commentaria in Aristotelem Graeca (Berlin)
Cat.	*Categoriae*
cf.	confer; conferendus, -a, -um, -i, -ae/compare
CIMAGL	Cahiers de l'Institut du moyen-âge grec et latin (Copenhagen)
CLCAG	Corpus Latinum Commentariorum in Aristotelem Graecorum (Louvain-Paris)
Comm.	*Commentarium*
CPD	Corpus Philosophorum Danicorum Medii Aevi (Copenhagen)
cod(d).	codex; codices
coll.	collato, -a, -is/having compared with
De an.	*De anima; In libros De anima*
del.	delevit/deleted (by)
Divis.	*Liber de divisionibus*
EN	*Ethica Nicomachea; In Ethica Nicomachea*
Exp., Expos.	*Expositio*
exp.	expunxit/expunged (by)
F.	fragmentum/fragment
fort.	fortasse/perhaps
Inc. Auct.	Incerti Auctores
Inst.	*Institutiones*
Int.	*De interpretatione; In De interpretatione commentarius*
Iuv.	*De iuventute et senectute*
l.c., ll.cc.	locus citatus, loci citati/place(s) cited
lin(n).	linea, lineae/line(s)
litt.	litterae, -arum/letters
Longaev.	*De longaevitate*
M	codex Mediolanensis/Milan, Biblioteca Ambrosiana, MS C.161.inf.

Metaph.	*Metaphysica*; *In libros Metaphysicorum*; *Avicenna Latinus, Liber de Philosophia prima*
marg., mg.	margine/margin
O	codex Oxoniensis/Oxford, Merton College Library, MS 292
om.	omisit, omiserunt/omitted (by)
ord. inv.	ordine inverso/in inverse order
p.c.	post correcturam/after correction
Ph.	*Physica*; *In Physicam*
PL	Patrologia Latina (Migne)
Pol.	*Politica*
Prisc.	Priscianus; *super Priscianum*
qu(u).	quaestio(nes)
Quaest.	*Quaestiones*
QN	*Quaestiones novae*
QV	*Quaestiones veteres*
Rh.	*Rhetorica*
SE	*Sophistici elenchi*; *super Sophisticos elenchos*
sim.	simile; similia/the like
Simpl.	Simplicius
spat. vac.	spatium vacuum/empty space
sup.	superiore/upper
Top.	*Topica*
Top. Cic.	*Topica Ciceronis*
V	codex Vindobonensis/Wien, Österreichische Nationalbibliothek, MS lat. 2302
vid.	videtur/seems
a *vel* b	either a or b is a possible reading
(?)	the reading of the work so marked is uncertain

Square brackets [ ] indicate that the word or words contained are judged not to be part of the original although contained in all the manuscripts; angle brackets < >, that the words are to be added although contained in none of the manuscripts; daggers † †, that the words are to be regarded so corrupt. The sign // marks the end of a column with the folio and siglum appearing in the margin; *** marks a lacuna and ... marks letters that are illegible.

Introduction

After six centuries of neglect, Aristotle's treatise on fallacious reasoning appears again in the West early in the twelfth century. *De sophisticis elenchis*, in the Latin version by Boethius, begins to circulate around 1120.[1] A new translation, by James of Venice (Jacobus Veneticus Graecus), soon follows[2] accompanied by a translation of a Greek commentary and a commentary by the translator himself.[3] With its account of the pitfalls of argumentation, the *Elenchi* quickly establishes itself as a focus of interest among the writings of the new logic, and several more commentaries are produced before the end of the twelfth century.[4] In the thirteenth century the *Elenchi* continues to be much studied, a considerable number of commentaries are composed,[5] and a revised translation is issued by William of Moerbeke about 1269.[6]

The rise of the universities was a spur to the progress of logic, and the earliest thirteenth-century statues from Paris and Oxford include the *Elenchi*, with the three other treatises which came to light in the previous century (*Prior Analytics, Posterior Analytics, Topics*), in the syllabus of arts studies. Although it is not mentioned by name, this text is implicitly prescribed by the statute of Robert Curzon, the cardinal legate, from 1215, enjoining the Parisian masters to lecture on the dialectical books of Aristotle both old and new, ordinarily and not cursorily.[7] At Oxford the

---

[1] See *De sophisticis elenchis*, ed. Bernard G. Dod, Aristoteles Latinus vi.1-3 (Leiden-Brussels, 1975), pp. xi-xv.

[2] Ibid., pp. xxxiii-xxxv.

[3] See S. Ebbesen, *Commentators and Commentaries on Aristotle's Sophistici Elenchi*, Corpus Latinum Commentariorum in Aristotelem Graecorum vii.1-3 (Leiden, 1981), 1: 286-289.

[4] See S. Ebbesen, "Anonymi Aurelianensis I Commentarium in Sophisticos Elenchos," [Université de Copenhague] *Cahiers de l'Institut du Moyen-Âge grec et latin*, [henceforward CIMAGL], 34 (1979), xvii.

[5] See S. Ebbesen, "The way fallacies were treated in scholastic logic," *Paideia*, forthcoming.

[6] See B. G. Dod, ed., *De sophisticis elenchis*, pp. xxxix-xli; S. Ebbesen, "Review of Aristoteles Latinus vi.1-3," *Vivarium*, 17 (1979), 69 ff.

[7] "Et quod legant libros Aristotelis de dialectica tam de veteri quam de nova in scolis ordinarie et non ad cursum"; *Chartularium universitatis Parisiensis*, ed. H. Denifle and É. Chatelain, 1 (Paris, 1889), p. 78, no. 20.

earliest datable statute to mention it is from 1268, when determiners were obliged to have heard two courses of lectures on the *Analytica priora*, *Topica* and *Elenchi*, but only one on the *Analytica posteriora*.[8] However, the testimony of Roger Bacon indicates that it was taught much earlier. He says that the logical works of Aristotle – by which he must mean the four texts of the new logic – were slow to be received and lectured on at Oxford; it was only in his time that St. Edmund of Abingdon, later archbishop of Canterbury, was the first to lecture on the *Elenchi*.[9] From what is known of Edmund's career that can hardly have been later than the first decade of the thirteenth century. By the second half of the thirteenth century any master who taught this text already stood in a tradition of expositors.

The earliest university expositions of the *Elenchi* are literal commentaries: the master introduces the book and then in a series of *lectiones* treats it passage by passage, dividing it to display the articulated structure of the text, expounding the sense of the author's words and sometimes showing how the words sustain the meaning, and justifying the order of treatment. A large part of each lecture is generally given over to questions. Some of these may bear upon the interpretation of crucial phrases in the text; others may investigate points of doctrine connected with the passage under consideration. At this point in the lecture one may expect to find some of the stock arguments of the schools, with regard to which the master will allude to the positions of others and set out his own position. The edited form in which literal commentaries have usually been preserved makes it difficult to judge how far such questions derive from class discussion; the question may often be a pedagogic device to comment on a text instead of using direct exposition.

Certainly education then also provided for active exercise of students in arts in posing arguments and responding. Both at Paris and at Oxford the student was obliged to take part in public disputations before graduating; junior students were exercised in posing objections, bachelors in objecting

---

[8] "De nova autem logica librum *Priorum, Topicorum, Elencorum*, bis, librum autem *Posteriorum*, saltem vna vice iurent se audiuisse." *Statuta antiqua universitatis Oxoniensis*, ed. Strickland Gibson (Oxford, 1931), p. 26 (4-6).

[9] "Etiam logicalia fuerunt tarde recepta et lecta. Nam Beatus Edmundus Cantuariensis Archiepiscopus primus legit Oxonie librum Elencorum temporibus meis." *Fratris Rogeri Bacon Compendium studii theologiae* 1.2, ed. H. Rashdall, British Society of Franciscan Studies 3 (Aberdeen, 1911; reprinted Farnborough, 1966), p. 34. Cf. S. Ebbesen, "Jacobus Veneticus on the *Posterior Analytics* and Some Early 13th Century Oxford Masters on the *Elenchi*," CIMAGL, 21 (1977), 1-9, with addenda in CIMAGL, 34 (1979), xlii.

and responding, while determination of the point at issue was for the most part reserved to the master. In the early stages of their studies it is clear that the problems of logic itself were disputed in this way, and the set texts may have supplied material for formal disputations before the faculty as well as being the subject of class discussion. Disputing *de sophismatibus* was a regular part of an arts training in logic by the mid-thirteenth century, and at Oxford the student who engaged in such disputes in his third year or so of studies even had the distinctive name of "sophista"; at a later stage in natural philosophy he disputed *de quaestione* and became a "quaestionista".[10]

In the second half of the thirteenth century it becomes increasingly common to find commentaries on the set texts of the arts curriculum in the form of collections of questions. Here the other components of the literal commentary have largely disappeared. There may still be an introduction to the text under consideration, and the order of the material in the text may dictate the sequence of questions considered, but questions follow one another without the distinction of *lectiones*, and division and exposition of the text are no longer there to interrupt the flow of argument, counterargument and solution. The questions are not always new, and often reflect the same preoccupation as those found with the literal commentaries; the problematic is structured too in a form which is not dissimilar from the more elaborate examples of question sections in the literal commentaries. In construction these question-commentaries are not unlike the edited reports of the disputations in the schools, in that for each question they present arguments against a position, counter-arguments, a solution of the point at issue and replies to the particular arguments. However, it is likely that the master often couched his exposition of a text in this form; he may have employed prepared arguments of this kind, read to his class and now surviving either in his own edition of his teaching or in the report of a student who followed the course. This volume contains two such series of *quaestiones* deriving from courses given around 1280 by the English master, Simon of Faversham.

Simon of Faversham

At the end of his life, Simon of Faversham was briefly chancellor of the University of Oxford.[11] His election was confirmed on 31 January 1304

---

[10] See James A. Weisheipl, "Curriculum of the Faculty of Arts at Oxford in the early fourteenth century," *Mediaeval Studies*, 26 (1964), 153-156.

[11] A bio-biographical account is given by A. B. Emden, *A Biographical Register of the*

and he remained in office until February 1306. In the summer of that year he died while travelling to Avignon to settle a dispute at the papal curia with a rival claimant to the rectorship of Reculver, Kent. Earlier he had been a regent master in theology at Oxford, and he features in a disputation in that faculty around 1300-1302. As appears from the register of Archbishop Pecham, at the time when he was ordained deacon at Bocking, Essex, in 1290, he was already a Master of Arts. Since the earliest documented date in Simon's career is his reception of the minor order of acolyte in 1283, the reconstruction of his earlier life can only be a matter for conjecture. His name indicates his association with Faversham in Kent, and it was there that he was ordained acolyte. If that event occurred near the beginning of his studies in theology, as was apparently the case with other Oxford students, his year of birth could hardly have been later than 1260. This date would accommodate at least six years of studies in arts and a minimum of two years teaching after becoming a Master of Arts. But his considerable literary output in philosophy suggests a more extended period of teaching and consequently an earlier date of birth.

The products of this teaching include series of questions on Porphyry's *Isagoge*, on all the logical works of Aristotle's *Organon*, as well as on the *Physica*, *Meteora*, *De anima* and *Parva naturalia*; other commentaries on and abbreviations of the texts of natural philosophy and a summary of the conclusions of the *Ethica* are of less certain attribution.[12] Although much of this material is found in manuscript copies in Oxford libraries, there is no direct indication that any of it derives from teaching at Oxford. Many English masters did, of course, have a career in arts both at Oxford and at Paris, and while the existence of a major collection of Simon's writings in Oxford, in Merton College MS 292, could be explained by his later celebrity as chancellor there, the continental diffusion of many of his writings is more readily explicable if he taught in Paris. In particular, the likelihood is that his writings on logic derive from teaching in the arts faculty at Paris. The manuscripts repeatedly call him "Simon Anglicus," a

---

University of Oxford to A.D. 1500, 2 (Oxford, 1958), p. 672: "Faversham, Simon de." See also J. L. Longeway, "Simon of Faversham's Questions on the *Posterior Analytics*: A Thirteenth-Century View of Science" (Cornell Univ. Ph.D. thesis, 1977).

    [12] See C. H. Lohr, "Medieval Latin Aristotle Commentaries, Authors: Robertus – Wilgelmus," *Traditio*, 29 (1973), 139-146: "Magister Simon," "Simon Agelus Anglicus," "Simon Anglicus," "Simon de Citelescale," "Simon de Faversham"; P. Glorieux, *La Faculté des Arts et ses Maîtres au xiiie siècle*, Études de Philosophie Médiévale 69 (Paris, 1971), pp. 356-358: "Simon de Faversham."

name which he must have acquired outside England, and the colophon to his questions on the *Analytica priora* in the Vienna Österreichische Nationalbibliothek MS lat. 2302 (*V*), says expressly that they were disputed at Paris: "Expliciunt questiones super libro *Priorum* disputate a magistro Symone Anglico Parisius" (fol. 23va). Also his questions are similar in content and form to those of Parisian masters of the 1270s and especially to those of Peter of Auvergne, who taught at Paris in that decade. They are unaffected by the development which took place in this literature towards the end of the century, when Radulphus Brito was teaching, so it is improbable that Simon of Faversham is to be identified with that "Symon Anglicus" who is described as "bedellus Anglicorum," bedel of the English nation at Paris, in 1297.[13] There is evidence that at the turn of the century Simon of Faversham was already a member of the theology faculty at Oxford, having perhaps been incorporated from Paris.

His corpus of logical writings is thus likely to derive from arts teaching at Paris in the late 1270s or around 1280 (cf. p. 13 below), even if it has undergone some editing or has been put into its final form at a later date in Oxford. By good fortune so much has been preserved, covering most of the set texts, that it is unlikely that much else has been lost. Of the writings on the old logic, the *Quaestiones super libro Praedicamentorum* were edited by C. Ottaviano in 1930,[14] who also edited questions 3 and 4 on Porphyry in 1931.[15] In 1957 P. Mazzarella published what was intended as the first volume of *Opera omnia*, though no subsequent volumes appeared. This contained the complete text of the questions on Porphyry, the *Praedicamenta* and *Perihermeneias*.[16] A still unedited literal commentary on the *Liber sex principiorum*, a regular complement to the *Praedicamenta*, is found without ascription with other writings of Simon in an Oxford manuscript. It has question sections which have much in common with the style of Simon's other works on the old logic and may thus be his work too.[17] Of the writings on the new logic, the questions on the *Analytica priora* have yet to be edited; two, or possibly three, series on the

---

[13] *Chartularium universitatis Parisiensis* 2 (Paris, 1881), p. 76, no. 602.

[14] C. Ottaviano, "Le *Quaestiones super libro Praedicamentorum* di Simone di Faversham," *Atti della Reale Accademia Nazionale dei Lincei*, Serie 6, vol. 3, fasc. 4 (1930), pp. 257-351.

[15] Idem, "Le opere di Simone di Faversham e la sua posizione nella problema degli universali," *Archivio di filosofia*, 1 (1931), 15-29.

[16] *Magistri Simonis Anglici sive de Faverisham Opera omnia* 1, *Opera logica*, ed. P. Mazzarella (Padua, 1957).

[17] See P. Osmund Lewry, "The Commentaries of Simon of Faversham and MS. Merton College 288," *Bulletin de Philosophie médiévale*, 21 (1979), 73-80.

Analytica posteriora survive and one has been edited by John
Longeway.[18] Literal commentaries on the *Analytica posteriora* and *Topica*
have also yet to be edited. Besides the set books of the university
curriculum, Simon is also known as a commentator on the *Tractatus* of
Peter of Spain, a celebrated manual of terminist logic. Although this
commentary was the subject of a study by L. M. de Rijk in 1968, it
remains unedited.[19] A sophisma, "Universale est intentio," related in
interest to the text of Porphyry, was edited by T. Yokoyama in 1969.[20]
The two series of questions edited in this volume, the *Quaestiones veteres*
and *novae* on the *Elenchi*, complete the coverage of texts of the new logic.

Contents of the *Quaestiones veteres* and *novae*

The existence of two series of questions on the same text implies that
Simon presided over disputations or taught courses in question form on
the *Elenchi* at least twice. The older series of questions occurs in only one
redaction, that of the sole manuscript, *M*; the more recent occurs in three
manuscripts and two redactions represented respectively by the manuscripts *MO* and *V*. The description "Quaestiones novae" is that found in
the colophon of *M*, "Expliciunt questiones nove magistri Symonis de
Faverisham super libros *Elenchorum*"; the description "Quaestiones
veteres" is used here for the series which accompany them in *M*. Some of
the problems posed by the existence of two series, one in a double
redaction, will be discussed below.[21]

In their present state, as edited in this volume, Simon's questions on the
Elenchi have the following structure:

Quaestiones veteres

I. *Proemium*, extolling the value of doing philosophy and containing a
demonstration that the study of sophistical refutations is required to
master logic and philosophy.

II. *Introductory quaestiones* (quu. 1-5), on matters preliminary to the
study of the *Elenchi*: the necessity of studying sophistical refutations;

---

[18] J. L. Longeway, "Simon of Faversham's Questions on the *Posterior Analytics*: A
Thirteenth-Century View of Science," (Ph. D. Thesis, Cornell, 1977).

[19] L. M. de Rijk, "On the Genuine Text of Peter of Spain's *Summule logicales*. II.
Simon of Faversham (d. 1306) as a Commentator of the Tracts I-V of the *Summule*,"
Vivarium, 6 (1968), 69-101.

[20] Tetsuo Yokoyama, "Simon of Faversham's Sophisma: *Universale est intentio*,"
Mediaeval Studies, 31 (1969), 1-14; Jan Pinborg, "Simon of Faversham's Sophisma,
Universale est intentio: A Supplementary Note," *Mediaeval Studies*, 33 (1971), 360-364.

[21] See pp. 17 ff. below.

whether this study is a science, and (this being established) what the subject of this science is.

III. *Quaestiones arising from particular passages of the Elenchi* (quu. 6-24).

    III.1. Quu. 6-9: on materially deficient syllogisms (those with a false premiss) vs. formally deficient ones (those that are invalid). The discussion of these two kinds of unacceptable syllogism arises from a traditional interpretation of the initial words of the *Elenchi* as meaning "We shall now talk about (a) refutations which are sophistical because they contain a falsehood in the premisses (a defect in matter), but which are refutations nonetheless, since they are formally all right, and (b) pseudo-arguments which appear to be refutations but are not, because they are invalid (a defect in form)."[22]

    III.2. Qu. 10 treats a question arising from one remark of Aristotle's namely, the claim at SE c. 1 (165a19-21) that sophists aim at the appearance of intellectual superiority rather than at the actuality.

    III.3. Quu. 11-24: on problems connected with the fallacies presented by Aristotle in SE c; 4 (*fallaciae in dictione*); because our text is incomplete, we have *quaestiones* on the first four fallacies only, viz.

        III.3.a.   Quu. 11-21: on equivocation.

        III.3.b.   Qu. 22: on amphiboly.

        III.3.c.   Quu. 23-24: on composition and division.

Quaestiones novae

  I. *Proemium*, of the same type as that for QV.

  II. *Introductory quaestiones* (quu. 1-4), of the same type as those in QV.

  III. *Quaestiones arising from particular passages of the Elenchi* (quu. 5-48).

    III.1. Quu. 5-6: on materially and formally deficient syllogisms (cf. QV 6-9).

    III.2. Quu. 7-44: on problems connected with the thirteen fallacies presented in SE cc. 4-5.

        III.2.a. Quu. 7-19: fallacies exploiting features of language (*fallaciae in dictione*), corresponding to SE c. 4.

            III.2.a.1. Quu. 7-11: equivocation.

            III.2.a.2. Qu. 12: amphiboly.

---

[22] Cf. S. Ebbesen, *Commentators and Commentaries*, 1: 96.

III.2.a.3-4. Quu. 13-15: composition and division.

III.2.a.5. Qu. 16: accent.

III.2.a.6. Quu. 17-19: figure of speech.

III.2.b. Quu. 20-44: fallacies that do not exploit features of language (*fallaciae extra dictionem*), corresponding to SE c. 5.

III.2.b.1. Quu. 20-21: accident.

III.2.b.2. Quu. 22-26: in some respect and absolutely (*secundum quid et simpliciter*)

III.2.b.3. Quu. 27-28: ignorance of refutation.

III.2.b.4. Quu. 29-32: begging the question.

III.2.b.5. Quu. 33-37: the consequent.

III.2.b.6. Quu. 38-40: not cause as cause.

III.2.b.7. Quu. 41-44: several questions as one.

III.3. Qu. 45: in connection with a remark in SE c. 8, Simon considers whether the distinction between fallacies in *dictione* and *extra* constitutes an exhaustive division.

III.4. Qu. 46: a discussion of the division of sophistical arguments into those that are directed against the name and those that are directed against the sense (a division mentioned and rejected in SE c. 10).

III.5. Quu. 47-48: on babbling (i.e., generating sentences one element of which can be infinitely repeated), corresponding to SE c. 31.

It is impossible to know how many *quaestiones* the *Veteres* originally contained. The twenty-four we have deal with introductory matters plus the first four of Aristotle's six fallacies *in dictione*. But references in the *Novae* make it clear that the *Veteres* had *quaestiones* on the remaining two fallacies *in dictione* also; and a reference in MS *V* seems to imply the existence of *quaestiones* on the fallacies *extra dictionem*, at least up to and including the fallacy of ignorance of refutation (for these references, see below p. 18). Thus the number of lost *quaestiones* is not likely to be under five, and it may very well be much greater. If we suppose that *M* originally contained all the *Veteres* and that *M* has lost just one gathering, that would leave space for some 36 extra *quaestiones*, since *M* has gatherings of twelve leaves and an average of three *quaestiones* per leaf.

As for the *Novae*, there is no reason whatsoever to suppose there ever was a *quaestio* later than 48, the last one in *M*. But at least two earlier ones seem to have been dropped by a medieval editor because they were totally or partly identical to two of the *Veteres* (see below p. 17).

In his discussion of fallacies, Simon uses several traditional tools and classifications.[23]

A fallacy is a class of paralogisms or sophistical syllogisms sharing a common *causa apparentiae* and a common *causa non existentiae* or *causa defectus*. The "cause of appearance" is what induces people to believe the paralogism is a good argument. For example, the identity of "canis" in the sense of "dog" with "canis" in the sense of "Dog-Star (Sirius)," may induce someone to believe that "omnis canis currit, caeleste sidus est canis, ergo caeleste sidus currit" ("Every dog runs; a celestial star is a dog; therefore a celestial star runs") is a good argument. The reason why it is in fact a bad argument is the "cause of not being (a good one)" or "cause of deficiency." In paralogisms of the type just given, (which is an example of the fallacy of equivocation), the *causa apparentiae* and the *causa non existentiae* could be formulated as "material and formal identity of a non-complex expression" and "plurality of things signified by that one expression," respectively.

"Material and formal identity of an expression, concealing a multitude of significata" is another way of saying "actually polysemous." Similarly, "material, but not formal identity of two expressions, concealing a difference of meaning" is another way of saying "potentially polysemous." In Simon's day, such locutions were customary. "Canis" was said to be actually polysemous (*multiplex actu*). "Pendere was said to be potentially polysemous (*multiplex potentia*), because the letter-elements p-e-n-d-e-r-e are the common matter of two formally different words with different meanings, viz. "pendĕre" ("hang," in the sense in which the hangman hangs somebody) and "pendēre" ("hang," in the sense in which the victim hangs). Finally, the medievals also spoke of "imaginary polysemy" (*multiplicitas phantastica*), the sort of misunderstanding of language that makes people attribute to a word some semantic component it never had, as when misguided philosophers believe the significatum of an appellative noun must be a discrete entity.

The division into three sorts of polysemy, and a distinction between polysemy of single expressions (*voces incomplexae, dictiones*) and of phrases or sentences (*voces complexae, orationes*) enabled thirteenth-century logicians to describe the sort of polysemy underlying each of the six fallacies Aristotle had classed as "fallacies dependent on linguistic features" (*fallaciae in dictione*). The medieval classification has this form:

---

[23] Cf. S. Ebbesen, "The way fallacies were treated."

MULTIPLICITAS	IN DICTIONE	IN ORATIONE
ACTUALIS	aequivocatio	amphibolia
POTENTIALIS	accentus	compositio et divisio
PHANTASTICA	figura dictionis	

A fallacy may also be called a *locus sophisticus*. Like a dialectical *locus* or topic, a sophistical *locus* has a twofold character: it is both a class of arguments (bad ones in the case of sophistic, acceptable ones in the case of dialectic), and a maxim (*locus maxima*), which is in the case of sophistic a false principle which seems to guarantee the soundness of the arguments included under the *locus* in the first sense of that word. So, for example, "Any one noun signifies just one thing" is a sophistical maxim supporting the syllogism "omnis canis currit, caeleste sidus est canis, ergo caeleste sidus currit."

Simon uses the notions of *causa apparentiae*; *multiplicitas actualis, potentialis, phantastica*; and *locus sophisticus*. He connects these three characteristics of fallacies in one theory and many of his *quaestiones* treat problems connected with them. But it would be wrong to believe that Simon's *quaestiones* are concerned only with Aristotle's *Elenchi* and the description and classification of Aristotelian fallacies. In fact, most of the spade-work that had to be done to provide an elementary understanding of Aristotle's text and a suitable terminology for dealing with Aristotelian fallacies had been done long before Simon. When the study of the *Elenchi* in Western Europe began in the first half of the twelfth century, the Westerners could build on the Greek exegetical tradition as James of Venice provided a translation of a Byzantine commentary on the work[24] (Simon himself refers to the author of this commentary as "Alexander" or "Commentator"). The doctrine of three kinds of polysemy, originally devised by Galen in the second century AD, came to the scholastics with the Byzantine commentary. Other important features of the medieval theory of fallacies, such as the doctrine of *causae apparentiae*, were developed during the second half of the twelfth and the first half of the thirteenth centuries.[25] By Simon's time, scholastics were interested in constructing a coherent theory of semantics and inference. For this, the study of fallacies was very useful, for the real test of a theory of inference

[24] Edition of the fragments in S. Ebbesen, *Commentators and Commentaries*, vol. 2, part 2.
[25] Cf. S. Ebbesen, "The way fallacies were treated."

is its ability to cope not only with straightforward arguments but also to account successfully for fallacious arguments. The medievals were well aware of the role of fallacies as tests of theories. This is why so many of Simon's *quaestiones* about equivocation, e.g., seem to have next to no connection with the text of the *Elenchi*, but a lot of connection with the linguistic theory ("modism") predominant in his day; and this is why they may still be of interest to anyone interested in the history of logic and semantics.

SIMON'S SOURCES

Simon cites only two near-contemporaries by name, viz. Aegidius Romanus (Giles of Rome) and Albert the Great. Citations of Albert abound in all of Simon's works. No doubt he liked Albert, but it is very doubtful if he was influenced by Albert to any important degree. At any rate, it was difficult to use Albert's work in one's *quaestiones*, because Albert's own commentaries were not in the form of *quaestiones*. In this respect, other late thirteenth and early fourteenth-century teachers of logic were not much different from Simon: Albert is often cited, but his influence on the works in which he is cited is usually slight.[26] Aegidius was much more influential. His *Elenchi* commentary, written in the early 1270s,[27] contains a wealth of material that could without much elaboration be put to use during a university course on the *Elenchi*. It consists of a thorough but not excessively detailed commentary on Aristotle's text and a large number of well-developed *dubitationes* (i.e., discussions of problems to which the text might give rise) which are formally very similar to *quaestiones*. Aegidius was held in such high repute than men referred to him as *the* expositor when talking about the *Elenchi*. (Such references occur in Duns Scotus' *Quaestiones super Sophisticos Elenchos*, quu. 3 and 7; in Radulphus Brito's *Quaestiones in Sophisticos Elenchos*, qu. 1; in John of Felmingham's *Quaestiones in Sophisticos Elenchos* [e.g., Cambridge, Gonville and Caius, MS 512/543, fol. 44rA]; and elsewhere.) Simon's debt to Aegidius is of a twofold nature. On the one hand, he felt compelled to refute some of the more extravagant ideas of Aegidius, such as his claim that the sophistical syllogism is not the subject-matter of the *Elenchi*, in spite of the *communis opinio* which said it

---

[26] Cf. S. Ebbesen, "Albert (the Great?)'s Companion to the Organon," *Miscellanea Mediaevalia*, 13 (1981), 89-103.

[27] Cf. *Incertorum auctorum Quaestiones super Sophisticos elenchos*, ed. S. Ebbesen, Corpus Philosophorum Danicorum Medii Aevi VII (Copenhagen, 1977), pp. xl-xlii.

was so. Simon, who in this as in most matters sided with the *communis opinio*, combated Aegidius' views in QV 4 and 8. On the other hand, Simon sometimes simply accepted Aegidius' views when they were not controversial and even borrowed Aegidius' words on occasion. Such borrowings occur in several places, and he is so close to his source that we have sometimes had to use Aegidius as a text witness (see our apparatus on QV 2; QN proem. and quu. 5 and 23).

Simon's greatest debt, however, is to one or two men whom he does not mention at all.

Simon's *quaestiones* on the *Elenchi* are so similar to those printed as *Incertorum Auctorum Quaestiones super Sophisticos Elenchos* in the Corpus Philosophorum Danicorum Medii Aevi VII that we cannot explain the similarity by saying simply that any two sets of *quaestiones* on the same book and from approximately the same time and environment will resemble each other. Some of Simon's *quaestiones* are virtually identical to the corresponding ones in CPD VII.

CPD VII actually contains two sets of *quaestiones*, the "SF-commentary," i.e., quu. 0-105, and the "C-commentary," i.e., quu. 800-852; but the two sets are partly identical, the major part of quu. 800-840 being revisions of quu. 0-80 and 84-85, and quu. 841-852 being identical with quu. 82-83 and 86-95. On the whole, Simon's *quaestiones* resemble those of the C-commentary more than those of the SF-commentary, and his *Quaestiones veteres* are closer to the C-commentary than are his *Quaestiones novae*. The following table shows the most remarkable correspondances, but there are more than these.

QV	Inc. Auct.	QV	Inc. Auct.	QN	Inc. Auct.	QN	Inc. Auct.	QN	Inc. Auct.
2	801	16	816	2	802	15	831	23	88 = 845
4	804	17	818	5	806	16	71	24	93 = 850
6	805	18	819	7	817	17	833	25	94 = 851
7	807	19	820	8	822	18	834	27	96
10	812	20	822	9	823	19	838	32	99
12	813	21	824	10	820	20	839		
14	814	22	825	13	828	21	840		
15	815	23	827	15	66	22	87 = 844		

In the above list only the *quaestio* from the C-commentary is listed whenever C and SF are very similar without being identical. In fact, QV 17 is more similar to Inc. Auct. qu. 55 than to 818, but the reader who cares to check in CPD VII will find cross-references from the C-*quaestiones* to the SF-*quaestiones*.

The editor of CPD VII argued in the preface that SF must date from ca. 1275, C being slightly younger, and that both are older than Simon's work (CPD VII, pp. XLII-XLV; notice that in CPD the numbers 5, 6 etc. are used for the *quaestiones* that in the present edition appear as QN 6, 7, etc.). This relative dating still seems tenable. So one has to conclude that Simon knew the *quaestiones* of the Incerti Auctores, though perhaps in a slightly different edition from the two contained in CPD VII, and felt no qualms about repeating them, even verbatim, when they appeared to him to say what ought to be said. He did not, however, accept everything without discrimination: thus in QN 31 he seems to be polemicizing precisely against Inc. Auct. qu. 807 (see our Apparatus locorum laudatorum).

The identity of the Incerti Auctores is unknown, but there is a strong presumption that the author of SF was Petrus de Alvernia, rector of the university of Paris in 1275. The C-commentator is either the same Petrus some years later, or more probably another, but not much younger man (see the argumentation in CPD VII, pp. XLVIII sqq.). There are also remarkable similarities between other of Simon's and Peter's works; Simon's *Quaestiones* on Porphyry, for example, share much with Peter's.[28] We are entitled to infer, then, that Simon was probably in Paris at a time when Petrus de Alvernia was one of the leading masters in the faculty of arts, i.e., not later than the 1280s. As has been remarked already, there is no trace in Simon's work of the doctrinal developments that took place in Paris round 1300. In particular, he obviously knew nothing about Radulphus Brito's theory of first and second intentions.[29] There is, on the other hand, evidence strongly suggesting that Brito knew Simon's works. In his *quaestiones* on Boethius' *De differentiis topicis*, Brito criticizes a view held by Simon in QN 29 (see our note in the Apparatus locorum laudatorum there). Also, in his *Quaestiones super Sophisticos Elenchos* (see list in CIMAGL 10 [1973], 32-35) Brito repeatedly reports or criticizes views held by Simon in QV or QN. As Brito's *quaestiones* on the *Sophistici elenchi* have not yet been edited, and as Simon's views are often just the *communis opinio* of the generation preceding Brito's, it may be too early to say with certainty that Brito knew QV and QN, but it certainly looks as if he did.

[28] Simon's *quaestiones* on Porphyry are available in Mazzarella's edition of his works (see note 16). Extracts from Peter's *quaestiones* have been published in J. Pinborg, "Petrus de Alvernia on Porphyry," CIMAGL, 9 (1973), 45-67.

[29] For Brito's theory see J. Pinborg, "Radulphus Brito on Universals," CIMAGL, 35 (1980), 56-142, and the literature listed there on p. 59.

If the manuscripts did not tell us that QV and QN are the works of an Englishman from Faversham, we might never have guessed his nationality. But since we know it, we may look for signs that he spent some part, at least, of his career in Oxford before late in life becoming chancellor of the university there. In this connection a reference to "Lincolnensis" in QV 7 acquires a special importance. Compare the following two texts:

Anonymus Laudianus

Propter hoc dicebat primus magister noster Robertus Lincolniensis quod aliud est aliquam orationem dici syllogismum simpliciter, aliud autem aliquam simpliciter dici syllogismum; simpliciter enim dicitur syllogismus de quo sine omni adiuncto potest dici quod sit syllogismus, tales autem sunt quidam sophistici; sed dicitur simpliciter syllogismus qui nec habet peccatum in materia nec in forma, quales sunt soli demonstrativi et dialectici qui sunt ex probabilissimis, et non alii, tales ergo non sunt aliqui sophistici.

Simon QV 7

Lincolnensis dicebat de ista quaestione quod de syllogismo peccante in materia verum est dicere quod simpliciter est syllogismus, et tamen non est syllogismus simpliciter. Et ponit †primit exemplum: potest dici quod accidens potest dici per se ens, non tamen dicitur ens per se, quia sola substantia dicitur ens per se; eodem modo ex parte ista. Quod [quod] autem sit syllogismus, hoc confirmat per Aristotelem in Topicis ubi enumerat syllogismos: dicit enim quod syllogismus peccans in materia "syllogismus est et syllogismus dicatur."

Anonymus Laudianus is the author of a literal commentary on the *Elenchi* from the late twelfth or early thirteenth century.[30] The commentary survives in a fragmentary state only, in a manuscript that was written not much later than the work itself and that seems never to have been outside England. If our text of QV is sound as regards the words "ponit" and "confirmat," Simon cannot have relied solely on the above passage from Anon. Laud.; but since this statement attributed to Robert of Lincoln has been found so far in only two sources – Anonymus Laudianus and Simon – and appears not to occur in Grosseteste's commentaries on the *Posterior Analytics* and the *Elenchi*, Simon's citation suggests that he was acquainted with older English commentaries on the *Elenchi*.

---

[30] See S. Ebbesen, "Jacobus Veneticus," CIMAGL, 21 (1977), 1-9 with addenda in CIMAGL, 34 (1979), xlii.

THE MANUSCRIPTS

M: Milano, Biblioteca Ambrosiana, cod. C.161.inf.

Description in *Codices Manuscripti operum Thomae de Aquino*, tom. II, ed. H. V. Shooner. Editori di San Tommaso, 1973, pp. 330-332. Inspected by S. Ebbesen in 1973.

A composite manuscript of 146 leaves measuring 327×225 mm. Ff. 5-120 contain Simon of Faversham's *quaestiones* on *Isagoge, Categoriae, De interpretatione, Analytica priora* and *Posteriora*, and *Sophistici elenchi*, Siger of Brabant's *Impossibilia* and some minor works by Thomas of Aquino. These 116 parchment leaves belong originally together. They are written in black ink by a continental (probably Parisian) scribe from about the end of the thirteenth century. A corrector, who may not be identical with the main scribe, but who was his contemporary, has added marginal corrections in brown ink; the corrector's name may perhaps be discovered by someone who can read the colophon on 64vA: "Expliciunt questiones supra librum Priorum disputate a magistro Simone de Faverisham. hciiiiit⁹ correxit." The problem is to decipher the word that looks roughly like "hciiiiit⁹." Some leaves, probably a gathering of 12 leaves, at the end of the codex (i.e., after fol. 120 which is itself the last of a gathering of twelve leaves) were lost at an early time. Ff. 121-126 have no original connection with the preceding ones. Ff. 127-128 are a single bifolium containing on 127r-128r a list of the *quaestiones* of ff. 5-120. The ink is brown like that of the corrector, and the hand is similar. However, the list was obviously drawn up after the manuscript had suffered loss of leaves at the end, since none of the lost *quaestiones* are mentioned (cf. below, p. 21). Fol. 129 stems from an unrelated manuscript; its function in its present context is just to protect the preceding leaf. Ff. 130 sqq. stem from one or two manuscripts with no original connection to the one that contains Simon's works.

The *Quaestiones novae* occupy ff. 64vB-78rB. *Incipit*: "Sicut dicit Philosophus secundo (primo *a.c.*) De anima potentie distinguuntur per actus." *Explicit*: "et ut sic est nugatio addendo speciem generi." *Colophon*: "Expliciunt questiones nove magistri Symonis de Faverisham super librum Elenchorum." On the top of fol. 64vB a secondary hand has added: "Incipiunt questiones super libro Elenchorum secundum magistrum Simonem Anglicum." No leaves have been lost in this section.

The *Quaestiones veteres* occupy ff. 113rA-120vB. *Incipit*: "De sophisticis autem elenchis et de hiis qui videntur elenchi etc. Sicut dicit Philosophus in primo Metaphisice." *Explicit*: "est hec possibilis sedens potest ambulare." The text breaks off before the end of the *quaestio* to which the words "*est – ambulare*" belong, and there is no blank space left at the end of the column. The text obviously once continued on the next leaf which was the first of a gathering now lost. The same hand that added "*Incipiunt...*" at the top of fol. 64vA has written "Incipiunt questiones super libro Elenquorum (?) secundum dictum (?) doctorem S. (?)" at the top of fol. 113rA.

O: Oxford, Merton College Library, cod. 292.

Description by F. Pelster in "Handschriftliches zur Überlieferung der Quaestiones super libros Metaphysicorum und der Collationes des Duns Scotus," *Philosophisches Jahrbuch der Görresgesellschaft*, 43 (1930), 474-487, at pp. 478 ff. See also O. Lewry, "Four Graduation Speeches from Oxford Manuscripts (c. 1270-1310)," *Mediaeval Studies*, 44 (1982), 138-180, at pp. 146-151. Inspected by S. Ebbesen in 1973.

A parchment manuscript of 401 leaves (less some lacking, plus some extras), measuring ca. 294 × 220 mm. Ff. 95 sqq. were probably written in England about the end of the thirteenth century. They contain, inter alia, *quaestiones* of Simon's on logic, *Physics*, *De anima* and the *Parva naturalia*, Grosseteste's commentary on *Posterior analytics*, Petrus de Alvernia's *Quaestiones super Metaphysicam*, Siger of Brabantia on *De anima*. The *Quaestiones ·novae* occupy ff. 100rA-110rB (including fol. 108ª). *Incipit*: "<S> icut dicit Philosophus secundo De anima potentie distinguuntur per actum." *Explicit*: "concedo et ad minorem." The explicit quoted is the last words in col. B of fol. 110v. The sentence obviously continued on the following leaf before the manuscript was mutilated, which must have happened soon after its production (cf. below). On the top of fol. 100r a secondary hand has added "Q [quaestiones?] Elenchorum."

V: Wien, Österreichische Nationalbibliothek, cod. lat. 2302.

Cf. the description by M. Grabmann in "Die Aristoteleskommentare des Simon von Faversham," *Sitzungsberichte der Bayerischen Akademie der Wissenschaften, Philosophisch-historische Abteilung*, Jahrgang 1933, Heft 3 (München, 1933), pp. 30 ff. = *Gesammelte Akademieabhandlungen* (Paderborn, 1979), 1: 800 ff. Inspected by S. Ebbesen in 1973.

This is a parchment manuscript of 128 leaves, measuring 343 × 230 mm (ff. 27-44, max. 232 × 225 mm), apparently consisting of several unrelated parts bound together. Ff. 1-46 appear to belong together; there may be as many as four hands (m¹: 1-8; m²: 9-15, m³: 16-44, m⁴: 45-46), but the first three hands are very similar and seem to belong to the very early fourteenth century. They may well be English. Ff. 1-46 contain *quaestiones* on logic, most of which are certainly by Simon.

The *Quaestiones novae* occupy ff. 1rA-8vA. Ff. 1-8 constitute a quire. *Incipit*: "<C>irca librum Elencorum primo queritur utrum ars sophistica sit de integritate loyce." *Explicit*: "concedetur (?) et ad minorem etc." *Colophon*: "Expliciunt questiones Simonis Anglici super Elencos." On top of fol. 1r a secondary hand has added "Questiones Symonis Anglici super Elencorum et alie plures."

HISTORY OF THE TEXT

To all appearances, all three manuscripts must have had an ancestor (α) which contained a joint edition of the *Veteres* and the *Novae*. The editor made no changes in the text of the *Veteres* that we can detect, but he left out such parts of the *Novae* as were mere repetitions of the *Veteres*. The *Novae* contain a total of eight references to the *Veteres*, though only one shared by all three manuscripts.

The references are these:

1. QN 3, MSS *MO*: "Quaeritur utrum elenchus sophisticus sive syllogismus sophisticus – et quis istorum magis – sit subiectum in scientia sophistica. Sed non plus de hac ad praesens, quia ista quaestio est quarta in ordine inter quaestiones alias reportatas a magistro Simone de Faverisham et ibi quaeratur." In *O*, which writes the titles of each *quaestio* at the bottom of the page on which it starts, the title of qu. 3 is provided with the addition: "et ista quaestio quaeratur in quaestionibus alias reportatis a magistro Simone,[31] quoniam non disputatur hic." The reference is to QV 4.

2. MS *O*, at the bottom of fol. 101v, before the title of QN 8, has this title to which nothing corresponds in the text: "utrum terminus aequivocus habeat sua significata per modum copulationis aut per modum disiunctionis." In the margin the scribe has added "Quaeratur in aliis quaestionibus." The reference is to QV 15.

3. In QN 9 MS *V* omits a lengthy *ratio in oppositum* and more than half of the *corpus quaestionis*, saying "Oppositum cum ratione patet alibi. Supposito quod sit triplex analogia, ad hanc quaestionem secundum magistrum Simonem est dicendum...." The reference must be to QV 18.

---

[31] For the expression "reportatae a magistro X" in the sense of "reported from Master X's lectures," not "by master X," cf. J. Pinborg, "Neues zum Erfurter Schulleben des XIV. Jahrhunderts nach Handschriften der Jagiellonischen Bibliothek zu Kraków," *Bulletin de philosophie médiévale*, 15 (1973), 146-151, at p. 151.

4. In QN 13 MS *V* similarly omits a long explanation, saying that the matter "est in aliis quaestionibus declaratum." The reference must be to QV 23.

5. QN 15, which is extant in *M* and *O* only, ends with the words: "De causis apparentiae in compositione et divisione et de modis illarum fallaciarum et de modo respondendi ad eas quaeratur in aliis quaestionibus." The reference must be to QV 23.

6. Similarly QN 16 ends in *MO* with the words (omitted by *V*): "De modis istius fallaciae [i.e., the fallacy of accent] quaeratur in aliis quaestionibus." This is presumably a reference to the lost part of QV.

7. In QN 18 all three MSS say: "Secundum autem hanc causam apparentiae possunt accipi tres modi huius fallaciae, qui apparent in quaestionibus alias reportatis," and *MO*, but not *V*, continue: "etiam quare hic est figura dictionis 'quicquid heri vidisti hodie vides, sed album etc.', et similiter in multis aliis paralogismis, et tamen non est aliqua similitudo dictionis inter hominem et Socratem, et similiter de aliis." The reference is presumably to the lost part of QV.

8. In QN 27 MS *V* omits the *rationes pro et contra* explaining that the question raised has been treated elsewhere ("de hoc expeditum est alibi"). Presumably the reference is to a question on the fallacy of ignorance of refutation that occurred in the lost part of QV.

The above passages suggest that *α* had the following features:

(a) It contained both the *Quaestiones veteres* and the *novae*, like MS *M*.
(b) Unlike *M* in its present state, it contained more than 24 *quaestiones* of QV.
(c) It had the title of the *Quaestiones* written at the bottom of the page, as in *O*.
(d) In QN 9, 13, 27 it had the unabbreviated text, like *MO*.

The editor was hardly Simon himself (see 1. supra). His identity may never be revealed, but one cannot help thinking of Robert of Clothale who appears as the editor of Simon's *Quaestiones* on the *Physics* in the colophon of that work in MS *O* fol. 239v: "expliciunt questiones disputate a magistro Simone de Faversham super libro Phisicorum reportate a Roberto de Clothale."

A few errors in QN shared by *MOV* or by *MO* may go back to *α*. It is not possible to demonstrate the existence of a hyparchetype. It is, however, certain that *O* is not derived from *M* or vice versa since each has lacunas not found in the other and *O* preserves the QN. On the whole, the text of *O* is definitely better than that of *M*.

V's redaction of the *Novae* differs considerably from that of *MO*. The abbreviations of quu. 3, 13, 27 indicate that the redactor used a manuscript containing the complete edition. But he must have used more than one manuscript. This is clear because:

(a) He obviously used *O* or one of its descendants since the *Novae* are mutilated in the same way in *O* and *V* (they break off in the middle of qu. 47), and it is evident that the mutilation is the result of the loss of a gathering after *O* fol. 110 (see the app. on qu. 47). It is consistent with this that *O* and *V* share several errors against *M*.

(b) He cannot have relied solely on *O*, even supposing that *O* once contained the *Veteres* too. This is clear because of several instances of agreement between *M* and *V* against *O*, not all of which can be explained by the hypothesis that *V*'s text is the result of conjectural emendation. Thus *V* does not share with *O* the omissions at QN 1.75, 6.11, 13.73, 14.43, 23.32, 31.35, 38.67, nor several other minor omissions and errors that our apparatus does not mention.

Could his other manuscript have been *M* ? Perhaps, but this is not very probable. *M* and *V* do have common errors against *O* at QN 2.64, 8.13, 13.15, 20.10, 21.14, 22.55, 24.62, 30.11, 35.80, 41.43, 41.120, 42.27, 43.31, 43.76, 45.71, 46.70; but *V* is right against *MO* at QN 8.19, 11.48, 11.78, 13.91, 14.103, 16.29, 20.60, 21.12, 22.71, 23.20, 32.116, 35.36, 38.66, 40.71, 40.73.

It must, however, be admitted that in some of the instances of *O* : *MV* and *V* : *MO* listed above it is not quite certain which reading is the correct one, and almost all cases concern such small deviations that they cannot prove much. However, the fact that major errors shared by *M* and *V* scarcely occur militates against the assumption that *M* is among the ancestors of *V*.

A further complication is this: *V* contains several additions over *MO*. It seems plausible that they are the work of the same redactor who shortened quu. 3, 13, 27, but there is one curious thing about them: they are generally such that they could perfectly well have had Simon himself for their author. In quu. 1, 5, 31 *V* alone has references to Albert the Great. In qu. 40, and possibly in qu. 1 where a name has been erased, *V* alone refers to Aegidius. In qu. 2 *V* alone has a reference to Themistius on *De anima*. Other passages that occur in *V* only contain references to Aristotle (quu. 5, 8, 10, 11, 12, 13, 25, 33, 38, 39, 46), "Alexander" (qu. 10), and Boethius (qu. 46). References to Albert abound in Simon's works. In the *Elenchi quaestiones* he several times refers to Aegidius and often uses him without citing his source. Themistius on *De anima* is also quoted, e.g., in Simon's *Quaestiones* on *Isagoge* (qu. 4; ed. Mazzarella, page 23) and in a treatise on the *Liber sex principiorum* that Lewry has tentatively ascribed to Simon.[32]

The reference to Albert (and Aegidius?) in qu. 1 is particularly interesting because here all the manuscripts contain the statement that is (rightly) ascribed to Albert (and Aegidius?), but only *V* mentions the source. Would a later editor of Simon's *quaestiones* do such source-hunting? Albert says (*Exp. SE* 1.1.1): "... secundum quod logica dicitur a logos quod est ratio et non a logos quod est sermo." Aegidius (*Exp. SE*, ed. Augustinus, fol. 2rB): "quia logicalis scientia dicitur a logos et logos graece latine sermo vel ratio interpretatur, dialectica proprie loquendo non dicitur logica a logos quod est sermo, sed a logos quod est ratio." In qu. 1 *V* says, "logica enim sec. Albertum et //// (*rasura VII fere litt.*) non dicitur a logos quod est sermo sed a logos quod est ratio. Logos enim est aequivocum apud graecos." The words which are peculiar to *V* are "secundum Albertum et ////." The rest is also in *M* and *O*.

It thus seems possible that besides *O* (or a descendant of *O*) the redactor of the *V* version used a manuscript that was independent of the proximate ancestor (presumably *α*) of *MO*. We see no means by which to solve the problem in a definite way, although perhaps an examination of the relations between *V*'s versions of other works of Simon's and the rest of the tradition might throw light on the nature of *V*'s *Quaestiones novae*.

V omits the proem of QV and quu. 15, 26, 28, 36. The reason for these omissions are not clear. Nor is it obvious why *V* has qu. 14 in a wrong place, after qu. 30. No feature of *O* or *M* can explain the transposition.

In general, *V*'s text of the *Novae* is vastly inferior to both *M* and *O*: omissions and other errors due to sloppy copying occur throughout the text in *V*; it is doubtful whether it would be possible to reconstruct a comprehensible text, using *V* alone. By contrast, *M* is usually, and *O* almost invariably, intelligible. Because of this and the fact that we have not been able to determine exactly the mutual filiation of the three manuscripts, we have chosen to edit the *Veteres* from the sole extant manuscript (*M*) with such conjectural emendations as seemed reasonably certain and with a complete critical apparatus. We have edited the *Novae*, from *MOV*, on the following principles:

Unless concern for the sense of the text make other procedures necessary, we choose the majority reading whenever all three text-

---

[32] P. Osmund Lewry, "The Commentaries of Simon of Faversham and MS. Merton College 288," *Bulletin de philosophie médiévale*, 21 (1979), 77.

instances are available. We make few conjectural emendations in the text, but propose some more in the apparatus.

We prefer *O* to *M*, *O* to *V* and *M* to *V* if only two manuscripts are available.

The apparatus records all variants which may throw light on the filiation of the manuscripts; thus we always mention the fact if one of the manuscripts omits a word while another has it above the line or in the margin. We do not, however, record all instances of differences between *a.c.* and *p.c.* readings; *M* and *O* have had many omissions repaired by correctors who may not be identical with the main scribes.

Whenever all three manuscripts are available we record in the apparatus:

(1) all cases in which we have chosen a minority reading;
(2) all cases in which the three manuscripts have three different readings, except for some cases of such trivialities as "ideo etc. *O*: ergo etc. *M*: etc. *V*";
(3) private readings of *O* or *M* which appear to be quite or almost as good as the majority reading (trivialities like "ergo" for "ideo" being excepted);
(4) major variants, particularly additions and omissions, peculiar to one MS. In deciding what is to count as a major variant we treat *V* differently from *MO*, being much more informative about the latter than about the former.

When only two manuscripts are available (usually *MO*) we record all important and several trivial variants, being particularly lavish with information about *O* readings not accepted in the text.

<h2 style="text-align:center">TITLES OF THE QUAESTIONES</h2>

MS *M* contains on ff. 127r-128r a table of the *quaestiones* of Simon's works that occur on ff. 5-120 of the same manuscript. But since the table was obviously composed on the basis of *M* itself, the titles lack authority. The table's dependence on *M* is evident because (a) for the *Veteres* it lists only the 24 *quaestiones* of the mutilated manuscript (actually omitting qu. 16 which was overlooked because it is incorporated into qu. 15); (b) it does not mention qu. 42 of the *Novae* because in *M* the beginning of that *quaestio* is not clearly marked.

In *O* the title of each of the *Novae* is written at the bottom of the page, under the column in which it begins. No *quaestio* is omitted. The titles are written in the hand of the text scribe; and though all titles of the extant *quaestiones* could have been extracted from *O* itself, the fact that one title is that of a *quaestio* which the medieval editor of Simon's commentaries had omitted without putting a note to that effect in the text, presumably means that the bottom-of-the-page titles of *O* are as old as the medieval edition itself (cf. p. 17).

We have therefore used *O*'s title for QN 1-47. For QN 48 we have used the formulation of the list in *M*, fol. 127v. We have ourselves supplied the titles for the *Veteres*. All titles that lack the support of *O* are printed within angle brackets that mean "editors' addition."

Apparatus locorum laudatorum

Whenever Simon cites another author by name we have tried to identify the passage referred to and recorded the results of our research at the bottom of the page on which the citation occurs. We have also tried to trace the "somebodies" (*aliqui, quidam*) whose opinions he refers to, but we have not recorded the results of our research except when we thought we had found something of interest. We have not consistently made notes about tacit quotations and loans, though there are, of course, plenty of unascribed quotations of Aristotle, and also extensive borrowing from earlier medieval scholars (cf. pp. 11-13).

It should be borne in mind that Simon's quotations, like those of all his contemporaries, are usually second-hand quotations, stemming from earlier *quaestiones* on the *Elenchi* and/or from anthologies. Moreover, again like his contemporaries, he tends to render the sense of the passage referred to rather than its actual wording. Consequently, many of our identifications are tentative, while others, though definitely correct, may appear unconvincing to a reader who just looks up the passage referred to without taking the medieval interpretation or misinterpretation of that passage into consideration. We have tried to distinguish between certain and less certain identifications by prefixing the latter with a "cf."

Orthography

Both in the text and in the apparatus we have expanded abbreviated words into their full form and used classical orthography. Book numbers are written in Roman numerals. Thus "IV Metaphysicae," not "4to me^{ce}" (as the manuscripts often write). The punctuation is ours, and so is the paragraphing. The medievals used different principles from ours, and the manuscripts often disagree between them.

Copenhagen, 1981   Sten Ebbesen

Simon of Faversham

Quaestiones veteres super libro Elenchorum

SIGLUM

M   Milano, Biblioteca Ambrosiana, cod. C.161.inf., ff. 113rA-120vB

< Prooemium >

De sophisticis autem elenchis
et de hiis qui videntur elenchi etc.[1]

Sicut dicit Philosophus in principio Metaphysicae,[2] "omnes homines
5 natura scire desiderant." Illud desiderium est in hominibus multiplici
ratione. Una ratio est quia illud naturaliter desideratur ab homine per
quod homo assimilatur substantiis nobilissimis in genere entium; sicut
enim dicit Proclus,[3] omnes res inferioris ordinis naturaliter appetunt
assimilari rebus superioris ordinis, et in quantum magis assimilantur eis,
10 magis perficiuntur; sed res inferioris ordinis non possunt assimilari rebus
superioris ordinis nisi per scire, unde substantiae separatae per scire
primae causae dinoscuntur assimilari, cognoscunt enim omnia, scilicet
materialia et immaterialia, per influentiam sibi inditam a causa prima;
quare etc.
15 Alia ratio est quia unumquodque naturaliter appetit suam operationem,
omnis enim res habens operationem est propter illam operationem. Nunc
autem intelligere est operatio hominis, ergo homo illud maxime appetit; et
quia quod naturaliter desideratur est finis sive perfectio ultima, ultima
autem perfectio hominis est scientia – et haec scientia speculativa, non
20 practica – quia igitur in perfectione hominis postrema consistit eius
felicitas, ideo ille est perfectissimus qui ad hoc pertingit; pertingere autem
possunt istam felicitatem qui studio et contemplationi veritatis suum finem
instituunt, ut dicit Commentator.[4] Unde dicit Eustratius[5] i Ethicorum:
"Nulli volenti et perfecte studenti impossibilis est perquisitio boni." Et
25 illud bonum dicitur esse summa felicitas, et ideo per oppositum illi sunt
infelices qui a speculando perfectionem intellectus demergunt se in
considerationem bestialem, unde in talibus dominatur vita sensualis et

---

1 Incipiunt quaestiones super libro elenquorum secundum dictum *(?)* doctorem S. *(?) in
mg. sup. add. manus secundaria.* 24 perfecte: ut oportet *Eustratius.* | impossibilis:
impossibile *M.* | perquisitio: possessio *Eustratius.* 25 illud bonum: illud bonum *add. et
del. M.* 27 vita: rationalis *add. et del. M.*

[1] Arist., se c.1 (164a20-21).
[2] Arist., *Metaph.* 1 c.1 (980a21).
[3] Cf. Proclus, *Element. theol.* 35-36 (ed. Vansteenkiste, pp. 279-280).
[4] Locum non invenimus.
[5] Eustratius, en 1 (cag xx: 88.17-18; cl.cag vi.1: 145.22-23).

succumbit vita intellectualis. Talium autem vitam Commentator[6] innuens
esse bestialem dicit: "O infelices homines qui computati estis in numero
30 bestiarum non attendentes divinum, quod est in vobis, per quod ad
superiora conscenditis et intelligentiis similes estis, exceptis paucis
honorandis viris." Unde secundum Aristotelem[7] vita dicitur tripliciter:
vita voluptuosa et vita activa civilis et vita contemplativa; et ibi dicit
Commentator[8] quod prima est vituperabilis omnino, secunda laudabilis,
35 tertia honorabilis; prima vita vivunt populares, secunda virtuosi et pauci,
sed tertia sapientes et paucissimi. Unde intelligendum quod vita
contemplativa est vita honorabilissima, vita nobilissima; pauci tamen eam
quaerunt et pauci ad eam attingunt; quod innuens Algazel[9] in tractatu suo
De naturalibus dicit: "O felix prior aetas quae nobis tot protulit sapientes
40 quae velut fulgentibus stellis mundum irradiavit! Sed heu, pro dolor, alii
curis terrenis inserviunt, alii in ambitiosa saeculi dignitate ardescunt, alii
circa eloquentiae studium insistunt, per quod periit liberale studium."
Liberale autem studium studium philosophiae est, philosophia enim est
habitus liberalis non cuiuslibet sed natura liberi; tales autem dicuntur
45 omnes studio, mente et ingenio bene dispositi. Unde dicit Boethius[10] quod
"nullum obtusum ingenio philosophico nectare vidimus inebriari."

Quare autem pauci sunt qui philosophiam quaerunt et paucissimi ad
eam veniunt, una causa est secundum Commentatorem,[11] quia quidam
credunt quod nihil sit determinatum in veritate, unde veritatem consequi
50 est sequi avem in aere semper volantem, et sicut avis volans attingi non
potest, sic non potest ipsa veritas in entibus inquiri; et ideo tales retrahunt
se ab amore philosophiae. Isti autem non sunt moti ratione, quia quamvis
de una re sint multae opiniones, non tamen est credendum cuilibet, sed
illi quae magis manifesta apparet etiam et sensibili cognitioni, quia
55 "experimentum sermonum verorum est ut conveniant rebus sensatis." [12]
Alii autem scientiam istam non quaerunt quia non habentur in honore
a vulgaribus. Isti autem non sunt moti ratione, quia non ad id quod est,

---

33 activa: *om. Arist. l.c.*   34 omnino: supra lin. *M.*   39 dicit: dicens *M.*
41 ambitiosa: *vel* ambitiosi *M.*   47 quaerunt: *vel* quaerant *M.*   49 veritate: veritatem
M.   51 inquiri: adquiri *M a.c.*   54 etiam: *fortasse corruptum.*

[6] Locum non invenimus. Cf. *Iohannis Daci Divis. scientiae* (CPD I.1: 17.18-21); *Boethii
Daci Modos significandi* (CPD IV: 269.82-84); *Boethii Daci De summo bono* (CPD VI.2: 369-
370).
[7] Arist., EN 1 c.3 (1095b17-19).
[8] Locum non invenimus.
[9] Cf. Gundissalinus, *Liber de divisione*, ed. Baur, p. 3.4-10.
[10] Ps.-Boethius, *De disciplina scolarium* 4.34 (ed. Weijers, pp. 119-120).
[11] Cf. Averr., *Metaph.* 4 c.21.
[12] Averr., *Ph.* 8 c.22.

sed ad illud quod esse debet inspiciendum est; unde licet studentes in
philosophia non habeantur in honore, deberent tamen haberi in hono-
60 re, quia honor debetur philosophantibus secundum quod dicitur ab
Aristotele.[13]

Quidam autem retrahunt se a philosophia quia eius dulcedinem non
gustaverunt, ut legistae qui ipsi philosophiae insurgunt et abhorrent eam
sicut homines insani. Et causa est quia ignorant ipsam, et ideo de ipsa
65 nesciunt iudicare, quia iudicium de qualibet re praecedit // cognitio de illa   M113rB
re. Nullus enim iudicat de sapore, nisi cognitionem habeat de sapore.
Unde in quantum vilificant philosophiam allegant ignorantiam propriam.

Intelligendum etiam quod alii derelinquunt philosophiam propter
defectum, et isti ratione meliori moventur. Licet enim philosophari sit
70 simpliciter melius quam ditari, indigenti tamen est melius ditari.[14] Sic
igitur apparent causae quare a multis philosophia ipsa non quaeritur.

Iuxta hoc similiter est intelligendum quod quidam non possunt gustare
philosophiae dulcedinem propter complexionem naturalem, quidam
propter assuetudinem in oppositis principiorum, quidam autem propter
75 paucitatem instructionis in logica.

Primum patet, quia quidam sunt ex complexione naturali duri et obtusi
ingenii ita quod eorum obtusitas nullo modo potest mollificari.

Secundum patet quoniam quidam sunt in tantum assueti in oppositis
principiorum, quod illa quae manifesta sunt in philosophia sibi videntur
80 falsissima. Dicit enim Commentator[15] se vidisse quosdam propter
assuefactionem in oppositis principiorum geometriae negasse quod non
est minimum in continuis, et similiter quod ex nihilo nihil fit. Ista autem
causa, ut recitat Commentator,[16] induxit Avicennam ponere errores plures
in philosophia.

85 Quidam autem propter paucitatem instructionis in logica, quia oportet
quod quilibet instruatur in via ad rem antequam perfecte sciat eam [illam
rem]. Cum ergo logica sit via in omnes scientias, videlicet speculativas et
practicas, ideo dicit Philosophus[17] quod "dialectica cum sit inquisitiva ad
omnium methodorum principia viam habet."

59 deberent: deberentur *M*.   63 et: et *add. et del. M*.   65 re: est *add. et del. M*.
82 quod: est *add. et del. M*.

[13] Locum non invenimus.
[14] Cf. Arist., *Top.* 3 c.2 (118a10-11).
[15] Averr., *Metaph.* 2 cc.14-15.
[16] Averr., *Metaph.* 2 c.15.
[17] Arist., *Top.* 1 c.2 (101b2-4).

90   Qui igitur voluerit perfici per scientias altissimas, cuiusmodi sunt
speculativae scientiae, oportet quod prius perficiatur per logicam, nec est
simul quaerere aliam scientiam, quia non est simul quaerere scientiam et
modum sciendi, ut dicit Philosophus II Metaphysicae,[18] quia volens sic
quaerere dicitur[19] similis medico qui dat potionem aegrotanti et aegrotante
95   mortuo inspicit libros suos. Patet igitur quod logica est necessaria ad
cognitionem cuiuslibet scientiae.

Unde intelligendum primo quod tota logica est de actu rationis, ut dicit
Alpharabius;[20] sicut enim fundamentum grammaticae est ex lingua, sic[ut]
fundamentum ipsius logicae est ex actu rationis et ipso intellectu. Unde
100   sicut grammatica est directio in scriptura, sic logica est directio in
ratiocinando. Secundum igitur diversitatem actuum rationis accipiendae
sunt diversae partes logicae.

Iuxta quod intelligendum est quod triplex est actus rationis. Primus
actus est simplicia apprehendere, secundus est apprehensa componere,
105   tertius est apprehensa composita et divisa ad invicem conferre. Intellectus
autem quantum ad primum actum dicitur formare terminum simplicem,
quantum autem ad secundum actum enuntiationem, quantum ad tertium
dicitur formare syllogismum. Unde prima pars logicae est de termino
simplici, puta liber Praedicamentorum; secunda pars de enuntiatione,
110   sicut liber Peri hermeneias; tertia, sicut tota Nova Logica, est de syllogismo.

Unde Novae Logicae quaedam pars est inventiva, quaedam iudicativa.
Iudicativa puta Priora et Posteriora; inventiva autem tres habet partes,
scilicet rhetoricam, poeticam et sophisticam, quam prae manibus habe-
115   mus. Omnes autem partes logicae ea dicuntur uti.

< QUAESTIO 1
UTRUM SOPHISTICA SIT NECESSARIA AD PERFECTIONEM HOMINIS. >

Quia ergo omnes partes logicae utuntur sophistica, ideo quaeritur utrum
ipsa sophistica sit necessaria ad perfectionem hominis.
5   Et arguitur quod non:
< 1. > Quia illa scientia quae est apparens et non existens non est
necessaria ad perfectionem hominis. Sed ars sophistica est huiusmodi.

104 componere: *fort.* < vel dividere > *addendum.*

[18] Arist., *Metaph.* 2 c.3 (995a13-14).
[19] Averr., *Metaph.* 2 c.15.
[20] Cf. Alpharabius, *De scientiis* c.2 (ed. Palencia, pp. 128-129).

Ergo etc. Maior patet. Minor probatur per Philosophum inferius,[1] qui
dicit quod sophista est copiosus ab apparente scientia et non existente.
10 Dicit etiam[2] quod sophistica est copiosa ab apparente scientia et non
existente.

<2.> Item perfectio hominis est cognitio veritatis. Illa ergo scientia
sine qua potest haberi cognitio veritatis non est necessaria ad perfectionem
hominis. Sed philosophia prima quae est perfectio hominis potest haberi
15 sine sophistica, quia dicit Philosophus in fine huius[3] quod sophistica non
fuit ante tempus suum, sed philosophia fuit ante tempus suum. Ergo etc.

Oppositum arguitur sic:

Illa scientia est necessaria ad perfectionem hominis per quam homo
potest evitare errorem per se considerando et cum aliis disputando. Sed
20 per scientiam sophisticam potest homo evitare errores per se considerando
et cum aliis disputando. Ergo etc.

Dicendum est quod scientia sophistica necessaria est ad hominis
perfectionem, cuius ratio est quia tota philosophia et partes philosophiae
sunt necessariae ad hominis perfectionem, sicut Philosophus dicit IV Meta-
25 physicae.[4] Sicut enim tota philosophia docet totum ens, sic partes philosophiae partes entis. Et ideo illa scientia quae docet aliquod genus entis
propter cognitionem // veritatis vel est pars philosophiae vel sub aliqua   M113vA
parte philosophiae continetur. Scientia autem sophistica docet aliquod
genus entis; et item docet hoc genus propter cognitionem veritatis, et hoc
30 per principia et causas infallibiles. Docere autem aliquod genus entis per
causas infallibiles cognitio veritatis est, quae pertinet ad perfectionem
hominis. Manifestum est ergo quod ista scientia est necessaria ad perfectionem hominis.

Item, illa scientia est necessaria ad hominis perfectionem per quam
35 removetur omne impedimentum quod contingit homini circa veritatis
inquisitionem. Sicut enim dicit Alexander in commento suo hic,[5] operans
domum non habet perfecte artem faciendi domum nisi habeat artem
removendi omne impedimentum circa domum. Sic inquirens veritatem
non habet potentiam perfecte inquirendi veritatem < nisi habeat poten-
40 tiam > removendi quodlibet impedimentum circa inquisitionem veritatis.

---

9 & 10 scientia: sapientia *Aristoteles*.   10 sophistica: *fortasse* sophista *M*.
15 sophistica[2]: sophista *M*.   27 est: ens *M a.c.*

[1] Arist., SE c.1 (165a22-23).
[2] Arist., SE c.11 (171b27-29); cf. Arist., SE c.1 (165a21).
[3] Arist., SE c.34 (183b34-36).
[4] Cf. Arist., *Metaph.* 4 c.2 (1004a).
[5] "Alexander", *Comm.* SE F. Prooem. 4bis (ed. Ebbesen, p. 534).

Per istam autem scientiam removentur impedimenta circa cognitionem veritatis, quia omne impedimentum quod contingit homini in inquisitione veritatis, aut contingit homini considerando cum se ipso vel disputando cum alio. Sed utrumque removetur per considerata hic: primo per hoc
45 quod docetur solutio syllogismorum in dictione, secundo per hoc quod solutio paralogismorum extra dictionem. Et ideo necessaria est philosophantibus ad evitandum confusionem, quia si ignorent sophisticam scientiam ab insciis fallentur. Unde ad evitandum confusionem valet ars sophistica. Similiter ad consequendum gloriam, quia per artem sophisti-
50 cam possunt resistere rationibus eorum et cum eis disputare. Unde dicit Commentator super I Posteriorum,[6] quod Aristoteles in sophistica scientia docet sophisticas coactiones sicut medici docent potiones nocivas; docent enim non ut eis utamur sed ut fugiamus eas. Et ideo ad evitandum confusionem necessaria est sophistica scientia philosophantibus. Item
55 est necessaria hominibus apparere volentibus ad consequendum gloriam et honorem, quia per artem sophisticam potest homo disputare cum sophistis et respondere rationibus eorum, et per consequens consequi gloriam et honorem.

Ad rationes:
60   <1.> Ad primam. Cum arguitur "Illa scientia etc.," concedatur maior. Et cum dicitur in minore: "Scientia sophistica etc.," dico quod hoc est falsum quia si dicatur quod scientia sophistica sit apparens et non existens simpliciter, falsum est; sed est apparens et non existens talis qualis apparet.
65   <2.> Ad aliam. Concedo maiorem et nego minorem, quia sicut dicit Philosophus III Metaphysicae,[7] ligatus mente est similis ligato pede. Ligatus autem pede non potest ulterius procedere quousque vinculum solvatur; sic ligatus mente non potest ulterius procedere in cognitione veritatis quousque solvatur vinculum mentale. Hoc autem solvi non potest
70 complete sine arte sophistica. Ideo etc. Ad confirmationem dico quod ante tempus Aristotelis non erat scientia sophistica Aristotelis nec in artem redacta; tamen ante tempus eius multi arguebant sophistice, et sic ante tempus eius erat usualis; aliter enim in cognitionem veritatis non possent devenisse.

---

45 syllogismorum: paralogismorum *malimus*   55 consequendum: sequendum *M*.
63 sed: si *M*.   72 redacta: redactam *M*.   74 devenisse: convenisse *M a.c.*

---

[6] "Alexander", *In APo.* F.3 (CIMAGL 16 [1976], p. 92); cf. QN 1.
[7] Arist., *Metaph.* 3 c.1 (995a30-33).

< Quaestio 2

Utrum sophistica sit scientia. Utrum realis vel rationalis. Utrum communis vel specialis. >

Consequenter quaeritur utrum sophistica sit scientia.

5   Et arguitur quod non:

< 1. > Quia sophista non est sciens, ergo sophistica non est scientia. Antecedens patet. Dicit enim Philosophus[1] in littera quod sophista est copiosus ab apparente scientia et non existente. Et etiam iv Metaphysicae[2] dicit quod sophista aestimat se scire et in veritate nihil scit.

10   < 2. > Item, omnis scientia ordinatur ad aliquod bonum. Sed sophistica non ordinatur ad bonum sed ad apparentem redargutionem. Ergo etc. Minor patet i Ethicorum,[3] ubi dicitur quod omnis ars et omnis scientia alicuius boni operatrix esse videtur. Similiter i Politicorum[4] dicitur quod omnis ars et omnis scientia aliquod bonum coniecturat.

15   Oppositum arguitur sic:

Ille habitus per quem contingit alios decipere et ab aliis non decipi, si sit per rationem acquisitus, est scientia. Sed sophistica est huiusmodi. Ergo etc.

Et est intelligendum ad hoc quod si nomen scientiae proprie accipiatur,
20 sophistica non est scientia sed modus sciendi. Scientia enim proprie est de hiis quae possunt esse obiectum intellectus; talia autem sunt res verae existentes extra animam. Cum vero intellectus intelligit alia < et > intelligendo alia intelligit se, ut potest haberi ex iii De anima,[5] nihil quod est in intellectu poterit esse obiectum intellectus. Cum igitur intentiones
25 non sunt verae res, non poterunt esse proprium obiectum intellectus. Et ideo sophistica cum sit de syllogismo sophistico, qui est quid causatum ab intellectu, est modus sciendi et non scientia, quia tradit artem arguendi sophistice in scientia. Extendendo tamen nomen scientiae, scientia est.

---

8 scientia: sapientia *Aristoteles; cf.* qv *1*.   11 sophistica: sophista *M*.   16 alios: decipi *(?) add. et del. M*.   17 sophistica: scientia *M*.   22 < et > *addimus coll. Aegidii Romani Expositione f. 2vB*: "Cum ergo intellectus per se et primo intelligat ipsas res et alia a se, et intelligendo ea intelligat seipsum, ut potest haberi ex 3° De anima, commento 15, nihil quod est in intellectu secundum quod huius [*lege* huiusmodi] poterit principale esse obiectum intellectus."

[1] Arist., se c.1 (165a22-23).
[2] Arist., *Metaph.* 4 c.2 (1004a26); cf. Averr., *Metaph.* 4 textus 5.
[3] Arist., en 1 c.1 (1094a1-2).
[4] Cf. Arist., *Pol.* 1 c.1 (1252a1-4).
[5] Cf. Arist., *De an.* 3 c.4 (429b).

M113vB   Sed advertendum quod sophistica // potest dupliciter considerari: primo
30   modo dicitur habitus aggeneratus per syllogismum sophisticum, et hoc
modo non est scientia, quia potest procedere ex communibus et falsis,
scientia vero procedit ex propriis et veris. Vel potest esse habitus docens
ex quibus et qualibus est sophisticus syllogismus, et talis est scientia, quia
tradit in aequivocatione causam apparentiae, cuius < modi > est identitas
35   vocis, et causam non existentiae, cuiusmodi est diversitas significatorum;
et sic intelligas in aliis. Et ideo sicut demonstratio procedit per certa
principia ad conclusionem necessariam, sic sophistica per certa principia
procedit ad sophisticam conclusionem. Unde qui habet cognitionem de
tali syllogismo per principia certa non habet sophisticam sed demonstrati-
40   vam. Et hoc est quod Alexander dicit hic[6] quod Philosophus in arte
sophistica docuit dolos sine dolo, quia per certas sophisticationes arguit. Et
ideo scientia hic tradita non est sophistica sed demonstrativa.

   Sed aliquis quaereret ulterius: si sophistica est scientia, cuius < modi >
scientia est? Aut realis, aut rationalis.
45   Planum est quod non est realis, quia non est de rebus veris extra
animam. Est tamen rationalis; non tamen quia per rationem procedit, quia
sic omnis scientia est talis; nec quia de tali quod cadit sub ratione, quia
omnis scientia sic est de ratione; sed est rationalis tamquam causatum a
ratione, quia si ratio non esset, non esset syllogismus sophisticus. Et quia
50   scientia sophistica est applicabilis ad omnem scientiam, ideo est scientia
communis. Verum est tamen quod ista scientia alio modo est communis et
metaphysica, licet circa idem laborent; quia illud quod metaphysicus
considerat est ens non contractum ad aliquod genus entis, sophistica vero
est de uno genere entis sicut de syllogismo sophistico.
55   Et ex istis dictis apparet solutio omnium quaestionum quae solent hic
quaeri.[7] Et est prima quaestio quae solet quaeri: utrum sophistica sit
scientia; et dato quod sit scientia, utrum sit scientia realis vel rationalis; et
dato quod rationalis, utrum sit communis vel specialis.
   < 1. >   Ad rationem primam dico quod sophista potest dici ille qui habet
60   habitum aggeneratum per syllogismum sophisticum et credit illi habitui, et
talis aestimat se scire et tamen non scit. Alio modo dicitur sophista qui scit
ex quibus et qualibus fit syllogismus sophisticus, et ille dicitur sciens, quia
scientiam habet de syllogismo sophistico per principia et causas.

---

37 conclusionem: *vel* cognitionem *M.*   38 conclusionem: cognitionem *M.*
41 arguit: *lectio incerta, fortasse* apparuit *M.*   48 causatum: *fort.* causata *scribendum.*

---

[6] "Alexander", *Comm.* SE F.165a21, 2B (ed. Ebbesen, p. 371).
[7] Cf. Inc. Auct., *Quaest.* SE (CPD VII), quu.801-803.

< *2.* > Ad aliam rationem. Cum arguitur "Omnis scientia etc.," aliqui[8]
65 dicunt quod omnis scientia per se et primo ordinatur ad bonum, tamen ad
malum ordinatur per accidens, sicut est videre de †istis inferioribus† quod
aliquando est bonum respectu unius, malum respectu alterius. Concedo
tamen maiorem. Et ad minorem potest responderi: Sicut prius dictum est,
sophistica potest dici habitus aggeneratus per syllogismum sophisticum; et
70 talis non est bonus, quia omne bonum aut est finis bonus aut ordinatum
ad finem bonum; sed sophistica ista nec < est > finis bonus [bonus] nec
ordinatur ad aliquod bonum. Alio modo potest dici habitus docens ex
quibus et qualibus fit syllogismus sophisticus; et iste ordinatur ad bonum
quia ad deceptionem vitandam, quia deceptio non aggeneratur in aliquo
75 per syllogismum sophisticum nisi quia nescit ipsum dissolvere. Philosophus[9] enim dicit quod impossibile est quod aliquis solvat vinculum nisi
cognoscat ligamentum. Syllogismus autem sophisticus est quoddam
ligamentum mentis; et ideo impossibile est illud solvere nisi homo sciat ex
quibus componitur syllogismus sophisticus. Et cum scientia solvendi
80 habeatur per hanc doctrinam, manifestum est quod ipsa est scientia.

< QUAESTIO 3
UTRUM VERITAS POSSIT SCIRI SINE ARTE SOPHISTICA. >

Consequenter quaeritur utrum veritas possit sciri sine arte sophistica.
Et arguitur quod sic:
5 < *1.* > Quia veritas potest sciri sine eo quod ponit impedimentum circa
cognitionem veritatis. Sed sophistica ponit impedimentum aliquod circa
cognitionem veritatis, quia ponit impedimentum circa rationem et per
rationem cognoscitur omnis veritas. Ideo etc.
Oppositum arguitur, quasi per medium contrarium:
10 Veritas non potest sciri sine eo per quod removetur omne impedimentum circa cognitionem veritatis. Sed per artem sophisticam removetur
omne impedimentum circa cognitionem veritatis, sive per se considerando
sive cum aliis disputando. Ergo etc.
Dicendum est ad hoc quod aliud est addiscere aliquid et aliud est scire
15 aliquid, quia addiscere est via in scire. Verum est quod sine arte sophistica
potest aliquis addiscere veritatem, tamen sine arte sophistica non potest

16 aliquis: scire *add.* (*et del.?*) M.

[8] Ita dicit Anonymus Pragensis, *Quaest.* SE, qu.2 (Praha, Knihovna Metropol. Kapitoly,
MS L.66, fol. 81rB).
[9] Arist., *Metaph.* 3 c.1 (995a29-30).

aliquid scire perfecte et complete. Et ratio huius est quia ad perfectam cognitionem veritatis non sufficit verum eligere, sed oportet vias erroneas evitare. Nihil autem vitatur nisi cognitum, et ideo antequam nos sciamus
20 evitare vias erroneas oportet eas cognoscere. Viae autem erroneae $<$ per
M114rA sophisticam$>$ cognoscuntur; // et ideo per eam removentur.

Item, sicut dicit Alexander,[1] in omni scientia sunt aliquae rationes quae verum elenchum impediunt. Dissolutionem autem illarum rationum non cognoscimus nisi per artem sophisticam; ideo ad omnem scientiam et
25 veritatem necessaria est cognitio artis sophisticae. Et hoc est quod dicit hic quidam commentator[2] – dicitur tamen quod Alexander dixerit, sed ego nescio – "necessaria est ars sophistica quae miro artificio suos reddit beatos et gradatim hominibus scientiam tribuit, per quam pueri partim videntur sapientiores sapientissimis, quae copiam dat loquendi et in omni
30 scientia loquendi dat audaciam, cuius totus labor et vigor consistit in modo opponendi et respondendi." Sic ergo apparet quod ars sophistica valet ad cognitionem veritatis.

Tertio declaratur hoc ex quodam alio: ad completam cognitionem veritatis necessarium est cognoscere virtutem nominum, necessarium
35 similiter est cognoscere similitudinem et dissimilitudinem rerum et nominum. Qui autem ignorant virtutem nominum multotiens decipiuntur per se considerando et cum aliis disputando. Istam autem deceptionem possumus vitare per artem sophisticam, et ideo ipsa est utilis ad veritatis cognitionem.

40 $<1.>$ Tunc ad rationem in oppositum. Cum arguitur "Veritas etc.," concedo maiorem et nego minorem. Et tu dicis: "Ars sophistica ponit impedimentum circa rationem." Dico quod sophistica quae est habitus falsus ponit impedimentum circa rationem, et illa non valet ad scientiam et veritatem. Sophistica tamen quae docet ex quibus et qualibus est ars
45 sophistica non ponit impedimentum circa rationem, sed est demonstrativa. Et illa valet ad veritatis cognitionem, prior vero non valet ad veritatis cognitionem.

20 erroneae: evitantur *(?) add. (et del.?) M.*   30 totus: *nescioquid add. (et del.?) M.*
34 virtutem: veritatem *M.*

[1] "Alexander", *Comm.* SE F. Prooem.4 (ed. Ebbesen, pp. 339-340).
[2] "Alexander", *Comm.* SE F. Prooem.4 (ed. Ebbesen, p. 340).

< Quaestio 4
Utrum syllogismus sophisticus
sit subiectum in scientia sophistica. >

Consequenter quaeritur utrum syllogismus sophisticus sit subiectum in
5 scientia sophistica.

Et arguitur quod non:

< 1. > Quia nulla scientia probat suum subiectum esse. Sed ista
scientia probat syllogismum sophisticum esse. Ergo etc. Maior patet, quia
si subiectum probaretur in scientia nihil ibi supponeretur, et sic
10 demonstrationes procederent in infinitum. Hoc autem est inconveniens,
ideo etc. Minor patet ex processu Philosophi.[1]

< 2. > Item, quod non est non est subiectum in hac scientia, quia
"quod non est non contingit scire." [2] Sed syllogismus sophisticus non est,
quia est apparens et non existens. Et si non existit, manifestum est quod
15 non est. Ideo etc. Item, si est apparens, aut suae apparentiae subiacet
existentia, aut non. Si sic, ergo non est sophisticus. Si non subiacet
existentia, ergo non est. Et per consequens non est subiectum in hac
scientia.

Oppositum arguitur:

20 Illud quod determinatur in aliqua scientia est subiectum in ea. Sed syllogismus sophisticus determinatur in hac scientia. Ergo etc.

Item, illud a quo denominatur scientia est subiectum in ea. Sed a syllogismo sophistico denominatur ista scientia. Ergo etc.

Sicut dicit Commentator in III De anima,[3] sermo in principiis debet esse
25 longus, quia parvus error in principiis magnus est in principiatis.
Subiectum scientiae est principium in scientia, et ideo de subiecto oportet
facere longum sermonem.

Aliqui dicunt[4] quod ens est subiectum in hac scientia et non syllogismus
sophisticus. Et ratio eorum est quia circa idem versatur intentio
30 metaphysici, sophistici et dialectici. Sed ens est subiectum metaphysici.
Ergo ens erit subiectum sophistici. Sed ulterius dicunt quod ens potest
considerari dupliciter: vel in se et absolute, et sic non est subiectum in hac

10 procederent: probarent *M.*

---

[1] Arist., SE c.1 (164a23 sqq.).
[2] Arist., *APo.* 1 c.2 (71b25-26).
[3] Averr., *De an.* 3 c.4 (ed. Crawford, p. 384).
[4] Cf. Anonymus Pragensis, *Quaest.* SE, qu.4 (Praha. Knihovna Metropol. Kapitoly, MS
L.66, fol. 81vA), ubi talis opinio "cuidam commentatori nomine Armonio" attribuitur.

scientia; vel secundum quod cadit sub intentione intellectus, ut sub hac intentione quae est "syllogizare ex apparenter probabilibus," et sic est
35 subiectum in hac scientia.

Sed ista opinio non habet veritatem, quia quando aliqua considerantur in scientia sub ratione alicuius unius, illud unum est subiectum in scientia illa. Et hoc patet in potentiis naturalibus: quia enim omnia quae apprehenduntur a visu apprehenduntur ab eo sub ratione coloris, ideo
40 color dicitur esse proprium obiectum visus. Ens autem consideratur in scientia sophistica non secundum quod ens, sed secundum quod per ipsum contingit syllogizare sophistice. Non ergo erit hic subiectum, sed syllogismus sophisticus.

Item, isti videntur idem concedere et negare. Dicunt enim quod ens in
45 se et absolute non est subiectum huius scientiae, sed secundum quod cadit sub hac intentione quae est "syllogizare ex apparenter probabilibus." Ens autem quod cadit sub tali intentione nihil est nisi syllogismus sophisticus. Ergo concedunt quod syllogismus sophisticus est subiectum istius scientiae – quod negabant.

50 Item ratio eorum non est ad propositum, quia dicitur: "Sophisticus, metaphysicus etc." Sed hoc est verum de sophistico secundum quod utens est, et non secundum quod docens, quia secundum quod utens, est circa
M114rB omnem scientiam; et sic non intelligimus hic, sed de // syllogismo sophistico secundum quod docens.

55 Quidam[5] autem, minus profunde considerantes, in conclusione communicant cum hiis, sed differunt in modo ponendi. Concedunt enim quod syllogismus sophisticus non est subiectum in ista scientia, quia illud est subiectum in scientia cuius cognitio principaliter intenditur in scientia; sed syllogismus sophisticus non intenditur sciri in hac scientia, nec in quadam
60 alia, cum sit quaedam obliquitas et privatio, obliquitas autem et privatio a nulla scientia principaliter intenditur. Quid ergo ponunt isti esse subiectum ? Certe dicunt quod syllogismus dialecticus. Et hoc probant: quia quando aliquid determinatur in scientia, et hoc per comparationem ad alterum, illud alterum est subiectum in scientia. Sed hic determinatur
65 syllogismus sophisticus per comparationem ad syllogismum dialecticum. Ergo etc. Et item dicunt quod syllogismus dialecticus est subiectum in scientia sophistica, non secundum suam communitatem, quia sic est subiectum libri Topicorum; sed secundum quod syllogizatur ex apparenter probabilibus, sic est subiectum istius scientiae.

70 Sed ista opinio non habet veritatem, quia maior rationis falsa est: cum enim dicitur quod "illud est subiectum in scientia quod principaliter

---

[5] Cf. Aegidius Romanus, *Expos.* SE (ed. Augustinus, fol. 6vB).

intenditur in scientia," dico quod falsum est. Et hoc patet per condiciones requisitas ad naturam subiecti: subiectum enim debet esse tale quod sub ratione eius debent omnia considerari in scientia. Item debet esse
75 notissimum in scientia ita quod ex cognitione eius procedatur ad cognitionem omnium aliorum in scientia. Et ideo debet esse notissimum nobis; et ideo dicit Philosophus I Posteriorum[6] quod de subiecto oportet praesupponere quid est et quia est. Tale autem non est illud cuius < cognitio > principaliter intenditur in scientia, quia cognitio eius est finis
80 scientiae, cognitio autem subiecti non est finis in scientia sed principium; ergo non est illud subiectum scientiae quod principaliter intenditur in scientia.

Hoc etiam apparet ex alio: In scientia divina principaliter intenditur cognitio Dei et substantiarum separatarum. Et tamen non sunt subiectum
85 in prima philosophia, quia eis non competunt condiciones requisitae ad hoc quod aliquid sit subiectum.

Et intelligendum quod illud quod principaliter intenditur in scientia est cognitio conclusionum scientiae, scientia < vero > conclusionum < est > ex cognitione primorum principiorum complexorum, cognitio primorum
90 principiorum complexorum ex cognitione primorum incomplexorum. Et tamen conclusiones non sunt subiectum in scientia. Sic ergo patet quod maior rationis falsa est.

Minor etiam veritatem non habet, quando dicitur quod sophisticus syllogismus est pura obliquitas et privatio. Verum enim est quod obliquitates
95 et privationes verae < et > purae a nulla scientia principaliter intenduntur sicut nec a natura. Modo syllogismus sophisticus non est principaliter pura privatio nec obliquitas, immo ad minus est ens apparenter, et propter hoc non intenditur principaliter hic de syllogismo sophistico prout obliquus est sed prout apparens. Et hinc est quod non distinguuntur hic
100 fallaciae secundum non existentiam, sed distinguuntur penes causas apparentiae. Et ideo bene dixit Philosophus VIII Topicorum[7] quod similis est consideratio dialectici et sophistae, quousque locum inveniant. Cum enim inveniant locos distinguuntur ab invicem, quia loci distinguuntur ab invicem. Et ideo utriusque non potest esse unum subiectum in hac scientia
105 prout est obviativus; < quia > quaeram ab eis de quo determinatur in VIII

---

75 ita: iterum *vel* item *M*.   79 scientia: scientiam *M*.   87 intelligendum: iterum *M*.
101 VIII: 4 *M*.   102 sophistae: philosophi *Aristoteles l.c.*

[6] Cf. Arist., *APo.* 1 c.1 (71a11-16).
[7] Arist., *Top.* 8 c.1 (155b7-8).

Topicorum, et constat secundum omnes expositores[8] quod in illo VIII determinatur de syllogismo dialectico obviativo. Ergo hic non determinabitur de illo.

Item, si tu dicas quod syllogismus dialecticus sit hic subiectum prout
110 habet obliquari per syllogismum sophisticum, tu ponis quod obliquitas sit subiectum huius scientiae: quia quandocumque aliquid consideratur alicubi in comparatione ad alterum, illud alterum est subiectum ibidem. Sed syllogismus dialecticus secundum ipsos est hic subiectum, ut obliquatur per syllogismum sophisticum. Ergo obliquitas est hic subiectum.
‹ 115 Et ideo non est dicendum quod syllogismus dialecticus sit aliquo modo subiectum in ista scientia tamquam principaliter intentum.

Et tunc ad maiorem rationis per quam ulterius hoc confirmant: concedo. Ad minorem, cum dicunt quod ‹ in › ista scientia determinatur de syllogismo sophistico, ‹ dico quod › secundum quod sophisticus, nec
120 consideratur ut obliquus. Iuxta quod est intelligendum quod obliqui in quantum obliqui determinatio habetur per comparationem ad rectum. Sed in ista scientia determinatur de syllogismo sophistico non ut obliquus, sed ut apparens. Ideo etc.

Tertia ‹ est › opinio,[9] quae ponit quod subiectum in scientia duplex
125 est: "circa quod" et "de quo." Subiectum circa quod est ens, sed subiectum de quo est syllogismus sophisticus.

Isti melius dicunt quam primi, non tamen sufficienter. Non enim illud
M114vA // est subiectum in scientia circa quod, quia illud est subiectum in scientia proprie quod habet rationem primi cogniti in scientia. Sed subiectum circa
130 quod non habet rationem primi cogniti in scientia. Ideo etc.

Et iterum, scientiae distinguuntur secundum distinctionem subiectorum. Si ergo subiectum circa quod esset proprie subiectum, cum dialecticus et sophisticus et metaphysicus sint circa idem, istae tres scientiae essent una scientia – hoc autem est impossibile.

135 Propter quod dicendum est alio modo, scilicet quod subiectum per se in scientia sophistica est syllogismus sophisticus.

Iuxta quod considerandum est quod illud non dicitur esse subiectum in scientia in quo est scientia sicut in subiecto, quia sic anima est subiectum omnium. Sed subiectum in scientia est illud quod per se consideratur in
140 scientia et ex cuius cognitione proceditur ad cognitionem omnium

---

121 determinatio habetur: *lectio incerta*.   122 non: *inter lin. M*.

[8] Cf., e.g., Adenulphus Anagninus, *Comm. Top.* (Perugia, B.C., MS 1077, foll. 27rA et 101vA); Robertus, *Comm. Top.* (Oxford, Bodleian Lib. MS Canon. Misc. 403, foll. 182rB, 192rA, 211vA); Albertus Magnus, *Expos. Top.* 8.1 (ed. Jammy, p. 818A).
[9] Cf. Robertus, *Comm.* SE (Oxford, Bodleian Lib., MS Canon. Misc. 403, fol. 222vA).

aliorum et cuius proprietates et passiones probantur in scientia. Sed talis
est syllogismus sophisticus in hac scientia. Ergo syllogismus sophisticus
est subiectum in hac scientia. Et patet minor, quia de locis sophisticis
determinatur in hac scientia, qui sunt passiones syllogismi sophistici.
145 Similiter determinatur in ista scientia de partibus syllogismi sophistici,
puta de syllogismo peccante in materia et de syllogismo peccante in forma.

< QUAESTIO INCIDENTALIS >

Sed ut dissolvatur quaestio tertio proposita,[10] quis illorum esset subiectum
per prius: vel syllogismus sophisticus vel elenchus sophisticus; dicendum
150 est quod syllogismus sophisticus. Quia illud est subiectum in scientia cuius
ratio prior est et communior ratione omnium aliorum quae considerantur
in scientia. Sed ratio syllogismi sophistici est prior et communior ratione
sophistici elenchi, quia syllogismus est prior elencho. Propter quod magis
ponitur syllogismus sophisticus esse subiectum istius scientiae quam
155 elenchus sophisticus.
    Et si tu dicas quod illud de quo determinatur in hac scientia debet esse
simile dialectico, quia sophista est simia dialectici; sed syllogismus dialecticus in sua ratione includit contradictionem, ergo illud quod determinatur in hac scientia debet habere apparentem contradictionem, hoc
160 autem est elenchus sophisticus, ergo elenchus sophisticus erit subiectum
istius libri (et haec est ratio fratris Aegidii[11]), – dicendum est ad hoc quod
syllogismus sophisticus similitudinem habet cum syllogismo dialectico et
demonstrativo et quolibet alio. Habet enim apparentiam syllogismi
dialectici et demonstrativi et simpliciter, et similitudinem cuiuslibet habet,
165 existentiam autem non habet; et ideo hic non determinatur solum de
apparenti dialectico sed etiam de apparenti demonstrativo. Et quia syllogismus sophisticus est apparens, ideo Philosophus in ista scientia
determinat de omni eo quod habet apparentiam et non existentiam. Et
ideo dicit Alexander[12] quod hic intendit doctor determinare de syllogismo
170 sophistico communi omnibus hiis quae habent apparentiam cuius non
habent existentiam. Ideo non solum determinat hic de peccante in materia
et in forma dialectici, sed demonstrativi; et de omni peccante sic in materia
et in forma quod habet apparentiam illius cuius non habet existentiam.

149 sophisticus[1]: dialecticus *M*.

[10] Nusquam proposita est.
[11] Cf. Aegidius Romanus, *Expos.* SE (ed. Augustinus, fol. 6vB).
[12] "Alexander", *Comm.* SE F.164a20, 1bis (ed. Ebbesen, pp. 534-535).

Et tu dices: Nonne Philosophus dat suam intentionem ad sophisticos
175 elenchos cum < dicit > :[13] "De sophisticis elenchis..."? Dico quod subdit:
"sunt autem paralogismi." Ratione cuius videtur quod non determinat de
elenchis sophisticis nisi in quantum sunt paralogismi; quare sequitur
conclusio principalis, scilicet quod syllogismus sophisticus potius est hic
subiectum quam elenchus sophisticus.

180   < AD RATIONES PRINCIPALES >

Ad rationes.

< 1. > Ad primam. Cum arguitur "Nulla scientia probat suum
subiectum esse, etc.," Commentator versus finem ı [Elenchorum] Physicorum[14] recitat rationem Avicennae, per quam probat quod substantiae
185 separatae non sunt subiectum scientiae divinae. Et est ratio quia nulla
scientia probat suum subiectum esse. Commentator[15] respondet et dicit
quod si subiectum in scientia sit dubitatum ab antiquis nihil < prohibet >
probare tale subiectum esse in scientia; non tamen debet probari ex
propriis illius scientiae, quia subiecto in scientia nihil est notius; potest
190 tamen probari per aliqua notiora quoad intellectum nostrum.

Et cum dubitatur ab aliquibus syllogismum sophisticum esse, Philosophus[16] probat ipsum esse. Et hoc probat ex eisdem ex quibus negabant
syllogismum sophisticum esse, scilicet quia est apparens et non existens.
Et ex hoc probat Aristoteles syllogismum sophisticum esse, sic: Sicut est
195 in rebus ita est in orationibus. Sed in rebus ita est quod quaedam apparent
esse tales quales non sunt. Ergo etc. Et dicit hic Albertus[17] quod illae
scientiae quae stabilitatum subiectum sibi accipiunt a prima philosophia
non oportet quod probent suum subiectum esse. Sed ista scientia non
sumit stabilitatum subiectum [enim] a prima philosophia, cum subiectum
200 primae philosophiae sit ens, et syllogismus sophisticus magis includit non
M114vB ens quam // ens. Et ideo bene potest probare suum subiectum esse.

< 2. > Ad aliam rationem. Cum arguitur "Syllogismus sophisticus est
apparens etc.," concedo quod syllogismus sophisticus est apparens et non
existens illud quod apparet, tamen ei subiacet aliqua existentia, sicut
205 apparet de stanneis quae apparent esse argentea, non tamen sunt argentea,
sunt tamen aliquo modo entia sicut stannea; et eodem modo syllogismus
sophisticus apparet esse bonus, et non est bonus; est tamen apparens. Et
ita ei subiacet aliqua existentia, non tamen illius cuius est apparentia.

185 nulla: in illa *M*.   187 antiquis: *fort.* aliquibus *scribendum*.   188 esse: est *M*.

[13] Arist., SE c.1 (164a20-21).
[14] Cf. Averr., *Ph.* 1 c.83.
[15] Locum non invenimus.
[16] Arist., SE c.1 (164a23 sqq.).
[17] Albertus Magnus, *Expos.* SE 1.2.2 (ed. Jammy, p. 843A).

< QUAESTIO 5
UTRUM SCIENTIA DE SYLLOGISMO SOPHISTICO
SIT SOPHISTICA. >

Consequenter quaeritur utrum scientia de syllogismo sophistico sit sophis-
5 tica.
Et arguitur quod sic:
< *1.* > Quia sicut se habet scientia de syllogismo dialectico ad
dialecticam, sic scientia de syllogismo sophistico ad sophisticam; sed
scientia de syllogismo dialectico est dialectica, ergo scientia de syllogismo
10 sophistico est sophistica.
Oppositum arguitur:
Illa scientia per quam cognoscitur omnis dolus, et per quam a
quocumque alio removetur dolus, non est sophistica sed demonstrativa;
sed per scientiam de syllogismo sophistico cognoscitur omnis dolus et a
15 quolibet alio removetur, unde dicit Alexander[1] quod Philosophus in hac
scientia tradit nobis dolos sine dolo. Sequitur ergo quod scientia de syllogismo sophistico non est sophistica.
Ad istam quaestionem dicendum est duo, scilicet quod scientia de syllogismo sophistico non est sophistica; tamen scientia quae acquiritur per syl-
20 logismum sophisticum est sophistica.
Declaratio primi est quia illa scientia quae est demonstrativa sui scibilis
per causas et principia eius non est sophistica sed demonstrativa; sed
scientia de syllogismo sophistico est demonstrativa syllogismi sophistici
per principia et causas proprias syllogismi sophistici, ergo etc. Minor
25 patet, quia tradit principia et causas syllogismi sophistici in quarum virtute
sunt omnes syllogismi sophistici. Unde dicit Alexander[2] quod Aristoteles
tradit nobis etc.
Probatio secundi quia cognitio conclusionis per praemissas quae
videntur facere ad cognitionem conclusionis, et tamen non faciunt, est
30 sophistica et non demonstrativa; sed scientia acquisita per syllogismum
sophisticum < est > huiusmodi; videtur enim facere ad cognitionem
conclusionis et non facit; ergo etc.
Item, talis cognitio non procedit ex propriis principiis, sed aliquando ex
communibus ad propria; nec est de rebus manentibus, sed de rebus quae
35 possunt aliter se habere; ergo etc.

---

8 dialecticam: dialecticum *M, ut videtur.* | sophisticam: sophisticum *M.*
17 sophistica: scientia *M.*   33 non: quae *M a.c.*

---

[1] "Alexander", *Comm.* SE F.165a21, 2C (ed. Ebbesen, p. 372).
[2] "Alexander", *Comm.* SE F.165a21, 2C (ed. Ebbesen, p. 372).

<*1.*> Ad rationem respondeo et concedo maiorem; et ad minorem dico distinguendo, sicut antiqui distinxerunt de dialectica sive dialectico: quaedam enim est utens et quaedam est docens. Dialectica docens docet ex quibus et qualibus est syllogismus dialecticus, et illa non est dialectica
40 proprie, sed magis demonstrativa. Dialectica utens est quae procedit ex praemissis probabilibus ad conclusionem probabilem, et scientia acquisita per talem syllogismum est dialectica, alia vero non. Eodem modo distinguendum est de sophistica.

<< Quaestio 6
Utrum scientiae sophisticae sit considerare
de syllogismo peccante in materia. >

Consequenter quaeritur circa litteram. Quia communiter exponitur: "*De*
5 *sophisticis elenchis*,[1] id est de syllogismo peccante in materia, *et de hiis qui videntur elenchi*, id est de syllogismo peccante in forma," ideo quaeritur utrum istius scientiae sit considerare de syllogismo peccante in materia.
   Et arguitur quod non:
   <*1.*> Quia huius scientiae non est considerare de aliquo quod est syl-
10 logismus simpliciter. Sed syllogismus peccans in materia est syllogismus [peccans] simpliciter. Ergo etc.
   <*2.*> Item, sicut syllogismus ignorantiae se habet ad demonstrati-vum, sic peccans in materia ad dialecticum. Sicut enim syllogismus ignorantiae procedit ex oppositis syllogismi demonstrativi, sic syllogismus
15 peccans in materia procedit ex oppositis syllogismi probabilis. Sed syllo-gismus ignorantiae est de consideratione demonstrativi. Ergo syllogismus peccans in materia est de consideratione dialectici; non ergo erit de consideratione huius artis.
   Hoc etiam confirmatur, quia sicut syllogismus ignorantiae est privatio
20 syllogismi demonstrativi, sic peccans in materia est privatio syllogismi dialectici. Sed cuius est determinare habitum, et privationem. Sed dialectici est considerare syllogismum dialecticum, ergo < eius > est con-siderare syllogismum sophisticum.

40 quae: quod *M*.

21 determinare: demonstrare *M*.

[1] Arist., se c.1 (164a20-21).

< * * * >

25   Et dicendum quod huius scientiae est considerare de syllogismo peccante in materia ut de syllogismo peccante in forma. Et ratio huius est quia illa quorum sunt eadem principia et causae cadunt sub consideratione unius et eiusdem scientiae. Sed syllogismi peccantis in materia et syllogismi peccantis in forma sunt eadem principia et causae. Ergo // cadunt M115rA
30 sub consideratione eiusdem scientiae. Manifestum est autem quod peccans in forma est de consideratione istius scientiae. Ergo etc.

    Minor patet per Philosophum in illo capitulo "Quoniam autem habemus," [2] et declarari potest sic: quia syllogismus peccans in materia est qui habet propositionem falsam et improbabilem, apparentem tamen
35 probabilem; †apparet ergo probabilis per syllogismum peccantem in forma. Peccans autem in forma habet maximam falsam, et maxima falsa est causa falsitatis in syllogismo dicto. Maxima autem peccantis in forma est "quandocumque aliqua duo denotantur inesse uni, quicquid denotatur inesse uni, et alteri." Et ita apparet quod principia sunt eadem unius et
40 alterius. Ex quo sequitur conclusio principalis quod considerantur ab eadem arte, et per consequens sunt de consideratione huius scientiae. Et intuenti patet hoc per exemplum: †"omne balneum est naturale; omne balneum est artificiale; ergo omne balneum est naturale."† Iste syllogismus est peccans in materia, et habet suam apparentiam ex conclusione
45 peccantis in forma, scilicet ab †ista† "omnis aqua est naturalis; omne balneum est aqua; ergo omne balneum est naturale."†

    Ad cuius evidentiam intelligendum quod sicut syllogismus dialecticus habet suos locos et maximas, et sicut super unum locum dialecticum

---

24 < * * * >: < In oppositum est Aristoteles > *vel sim. scribas coll. Inc. Auct. Quaest. SE, (CPD VII) qu. 13,805.*   29 ergo: ca *add. et del.* M.   *35-46 Locus corruptissimus. Cum superius praemissae ad conclusionem* 'apparet ergo probabilis per syllogismum peccantem in forma' *(35-36) ducentes datae non sint, haec conclusio aut falso loco posita est, aut* 'apparet vero...' *vel* 'apparet ergo probabilis < et non nisi > per...' *vel sim. scribendum. Ulterius exemplum linn. 41-46 (Et intuenti ... est naturale) transponendum esse videtur, ut quod et transitum a conclusione principali ad explicationem (ll. 47 sqq.) rumpat et ante lin. 37 desiderari videatur ut vox* 'dicto' *(lin. 37) habeat quo referat. Quo vero loco transpositum inserendum sit non liquet. Si transponatur, fortasse* 'ut intuenti patet per hoc' *pro* 'et intuenti patet hoc per' *(ll. 41-42) scribendum erit. Oritur autem quaestio quid ll. 38-39 faciendum sit; maxima enim* 'quandocumque-alteri' *nec omni peccanti in forma nec ei qui est de balneo naturali competit; ipsum vero exemplum (45-46) sanum est et usitatissimum, sed syllogismus peccans in materia (42-43) deformatus est; recte hunc fere in modum formandus est:* 'omne balneum est naturale; hoc balneum artificiale est balneum; ergo hoc balneum est naturale.'   36 falsa: false *M*.   42 hoc: *vel* hic *vel* haec *M*.   43-44 syllogismus: est *add. et del.* M.

[2] Arist., SE c.8 (169b18 sqq.).

fundantur infiniti syllogismi < dialectici, sic et syllogismus sophisticus
50 habet suos locos et maximas, et super unum locum sophisticum fundantur
infiniti syllogismi > sophistici. Et hinc est quod sicut loci dialectici sunt
principia syllogismi dialectici, sic loci sophistici sunt principia syllogismi
sophistici, et uni loco sophistico debetur una maxima sophistica, sicut uni
loco dialectico debetur una maxima dialectica – sicut aequivocationi
55 debetur maxima ista "si nomen unum et significatum erit unum";
amphiboliae ista "si oratio est una secundum materiam et formam, et
constructio erit una," et sic inducendo maximae syllogismi sophistici sunt
illa < principia > super quae fundantur omnes loci sophistici, sicut super
maximas dialectici loci dialectici.

60   Intelligendum etiam secundum Albertum[3] quod maximae loci sophistici possunt ingredi syllogismum secundum substantiam, et sic habetur
syllogismus peccans in materia; vel secundum virtutem, et sic habetur syllogismus peccans in forma. Declaratio primi: "omne nomen unum
significat unum; 'canis' est nomen unum; ergo significat unum" – iste est
65 syllogismus peccans in materia, maior enim est falsa, et ita sumitur hic
maxima [vera] sophistica secundum substantiam in syllogismo, < scilicet > "si nomen est unum, et significatum est unum." Declaratio
secundi: "omnis canis currit; caeleste sidus est canis; ergo caeleste sidus
currit" – iste est peccans in forma; quia principium dictum sumitur hic
70 secundum virtutem, et syllogismus prior peccans in materia apparentiam
suam habet ex isto, ideo etc.

     Ad rationes dico:

     < 1. > Ad primam dico quod primo et principaliter non determinatur
hic de syllogismo peccante in materia, nisi quia scientiae huius est
75 considerare de omni eo quod habet apparentiam cuius non habet
existentiam. Quia ergo syllogismus peccans in materia habet apparentiam
eius cuius non habet existentiam, ideo istius scientiae est de illo
determinare; et ideo ut sic consideratio de syllogismo peccante in materia
pertinet ad hanc scientiam.

80   < 2. > Ad aliud dico quod non est simile de syllogismo ignorantiae,
quia syllogismus ignorantiae dicit tantum privationem demonstrativi, sed
peccans in materia dicit privationem dialectici et demonstrativi, et cum
hoc dicit apparentiam utriusque; ratione cuius consideratio syllogismi
peccantis in materia pertinet ad scientiam istam.

---

52 syllogismi[2]: loci *M*.   58 sicut: sunt *M*.   59 maximas: maximam *M*.
81 tantum: de *add. et del. M*.   83 apparentiam: privationem *M*.

---

[3] Locum non invenimus; cf. Albertus Magnus, *Expos.* SE 1.5.3 (ed. Jammy, p. 899B).

< Quaestio 7

Utrum syllogismus peccans in materia
vel syllogismus ex falsis sit syllogismus. >

Consequenter quaeritur utrum syllogismus peccans in materia, vel syllo-
5 gismus ex falsis, sit syllogismus.

Et arguitur quod non:

< *1.* > Quia omnis processus rationis terminatur ad aliquem habitum
rationis; sed syllogismus omnis est processus rationis; ergo terminatur ad
aliquem habitum rationis. Habitus enim rationis non est nisi scientia,
10 fides, vel opinio. Sed syllogismus ex falsis non terminatur ad aliquod
istorum, cum habeat praemissas falsas et improbabiles. Ergo etc.

< *2.* > Item, syllogismus est ex propositionibus, ergo syllogismus
verus ex propositionibus veris. Sed syllogismus peccans in materia non est
ex propositionibus veris. Ergo non est verus syllogismus.

15 < *3.* > Item, falsum et non ens convertuntur; ergo falsus syllogismus
non est syllogismus. Sed est falsus syllogismus: dicit enim Philosophus in
illo capitulo "Quoniam autem habemus" [1] quod falsus syllogismus est aut
qui falso syllogizat aut quia falsum syllogizat. Iste enim qui peccat in
materia falsum syllogizat; ergo est falsus syllogismus.

20 < *4.* > Item, nihil est ponendum in genere quod non est ponendum in
aliqua eius specie, quia genus non est aliqua natura alia a speciebus. Sed
syllogismus peccans in materia non est aliqua species syllogismi, quia non
est dialectici, cum non inducat probabilitatem vel opinionem; nec
demonstrativi, cum veritatem et necessitatem non inducat, sed falsitatem;
25 // nec rhetorici, cum non inducat suspicionem; nec poetici, quia non   M115rB
inducit aestimationem; ideo etc.

Oppositum arguitur:

Sicut antecedens se habet ad consequens in condicionali, ita se habent
praemissae ad conclusionem in syllogismo. Sed aliqua condicionalis est
30 necessaria antecedente existente impossibili, secundum Commentatorem
VIII Physicorum: [2] haec enim est necessaria "paries volat; ergo habet alas."
Ergo etc.

De ista quaestione est diversa opinio apud antiquos et apud modernos.

---

9 enim: autem *malimus*.   18 enim: autem *malimus*.   22 aliqua: alia *M*.
23 inducat: indicat *M*.   33 de ista quaestione: ad istam quaestionem *M*.

---

[1] Cf. Arist., sᴇ c.8 (169b20-33).
[2] Averr., *Ph.* 8 c.78.

Quidam dixerunt quod syllogismus peccans in materia non est syllo-
35 gismus, quia quod quid est quod significatur per nomen est principium
cuiuslibet demonstrationis; ideo quod quid est syllogismi est principium
demonstrandi syllogismum de aliquo. Sed quod quid est syllogismi non
competit syllogismo peccanti in materia, quia dicit Philosophus ɪ Priorum[3]
quod "syllogismus est oratio in qua quibusdam positis necesse est aliud
40 evenire eo quod haec sunt; dico autem 'eo quod haec sunt' propter hoc
contingere [dico autem propter hoc contingere]," id est conclusionem
accidere propter praemissas, ut praemissae sint causae conclusionis. In
syllogismo autem peccante in materia praemissae non sunt causae conclusionis, quia sunt falsae; falsum autem et non ens convertuntur; cum
45 igitur non ens non sit causa alicuius, sequitur conclusio principalis, scilicet
etc. Unde dicebant quod syllogismus ex falsis de quo determinatur in ɪ
Priorum[4] est syllogismus ex hypothesi, et ille non est syllogismus
simpliciter, quia circumscripta hypothesi syllogismus ex falsis non est
amplius syllogismus; quare etc.
50 †Quocumque sit de conclusione, praemissae procedentes sunt decepto-
riae,† quia non oportet quod praemissae sint causae essendi conclusionis
ita quod sint causae essendi rem conclusionis, sed quod praemissae
habeant necessitatem inferendi conclusionem. Et hoc patet per Aristotelem ɪ Priorum,[5] qui dicit quod "syllogismus est oratio in qua etc. necesse
55 est aliud accidere," id est quod necessaria sit illatio conclusionis ad
praemissas. Quare manifestum est quod non plus requiritur ad syllogismum nisi quod praemissae sint causae conclusionis in consequendo,
non autem in essendo. Ideo etc.
Item, positio in se non est vera, quia cum quocumque se compatitur
60 forma syllogistica, cum eodem se compatitur syllogismus. Sed forma
syllogistica se compatitur cum veritate et falsitate, cum probabilitate et
improbabilitate, unde ab hiis omnibus abstrahit, quod patet per definitionem syllogismi; syllogismus autem reperitur ubi propositiones sunt
falsae sicut in veris propositionibus, secundum quod dicit Philosophus[6]
65 quod "propositio est oratio affirmativa vel negativa."

---

40 hoc: haec *Aristotelis codd. meliores.*   41 dico ... contingere: *fere eadem Arist. l.c.,*
sed hoc loco inconvenientia sunt.   50 quocumque: *vel* quiccumque *M.*   57 consequendo: *vel* concludendo *M.*   63 autem: enim *malimus.*

[3] Arist., *APr.* 1 c.1 (24b18-21).
[4] Quemnam locum respiciat noster incertum est. De syllogismo "ex falsis" *APr.* 2 c.2
agit Arist.
[5] Arist., *APr.* 1 c.1 (24b18-20).
[6] Arist., *APr.* 1 c.1 (24a16).

Et quod ipsi dicunt, quod syllogismus ex falsis est syllogismus ex hypothesi, potest intelligi bene et male. †Unde cum dicitur quod ex hypothesi quia non syllogizatur conclusio simpliciter, sed quia oportet quod termini directo modo ordinentur, ita quod in ipsis reperiantur duae
70 medietates conclusionis verae arguendo sicut "omnis lapis est animal; omnis homo est lapis; ergo omnis homo est animal;" si autem ponitur "homo" a parte praedicati, "animal" a parte medii, non sequeretur conclusio vera. Et hinc est quod syllogismus ex falsis dicitur syllogismus ex hypothesi.†

75 Lincolnensis[7] dicebat de ista quaestione quod de syllogismo peccante in materia verum est dicere quod simpliciter est syllogismus, et tamen non est syllogismus simpliciter. Et ponit †primi† exemplum: potest dici quod accidens potest dici per se ens, non tamen dicitur ens per se, quia sola substantia dicitur ens per se; eodem modo ex parte ista. Quod [quod]
80 autem sit syllogismus, hoc confirmat per Aristotelem in Topicis[8] ubi enumerat syllogismos: dicit enim quod syllogismus peccans in materia "syllogismus est et syllogismus dicatur."

Istam opinionem posset aliquis improbare. Ista enim duo non videntur simul stare quod peccans in materia sit simpliciter syllogismus et quod
85 non sit syllogismus simpliciter, quia "simpliciter dicitur quod nullo addito dicitur;"[9] cum igitur de peccante in materia sit verum dicere quod est syllogismus nullo addito, verum est dicere quod est syllogismus simpliciter.

Simile etiam non videtur esse ad propositum. Verum enim est quod ens per unam rationem dicitur de accidente, per aliam de substantia, unde de
90 uno verum est dicere quod est ens per se, puta de substantia, de alio autem quod est ens in alio, puta de accidente. Sed per eandem rationem dicitur syllogismus simpliciter de demonstrativo et dialectico et aliis. Ideo etc.

Ideo dicendum est quod syllogismus ex falsis et improbabilibus syllogismus est, si alium defectum non habeat. Dicit enim Aristoteles in ı

---

67 unde: bene *expectes*.   70 arguendo sicut: *fort. transponenda*.   81 syllogismos: syllogismus *M*.   93 ideo: item *M*.

---

[7] Locum non invenimus. Cf. Anonymus Laudianus (saec. xıı ex.?), *Comm.* se (Oxford, Bodleian Lib., ms Laud. misc. 368, fol. 220vA): "Propter hoc dicebat primus magister noster Robertus Lincolniensis quod aliud est aliquam orationem dici syllogismum simpliciter, aliud autem aliquam simpliciter dici syllogismum; simpliciter enim dicitur syllogismus de quo sine omni adiuncto potest dici quod sit syllogismus, tales autem sunt quidam sophistici; sed dicitur simpliciter syllogismus qui nec habet peccatum in materia nec in forma, quales sunt soli demonstrativi et dialectici qui sunt ex probabilissimis, et non alii, tales ergo non sunt aliqui sophistici." Cf. cimagl 21 (1977), 6-7.

[8] Arist., *Top.* 1 c.1 (101a1-2).

[9] Arist., *Top.* 2 c.11 (115b29-30).

95 Priorum[10] quod, cum in syllogismo per impossibile sint duo processus,
    unus est ad conclusionem falsam, alius ex interemptione conclusionis
    falsae ad interemptionem hypothesis, primus est syllogisticus. Ibi tamen
    sunt ambae praemissae falsae, vel altera. Ubi ergo sunt praemissae falsae,
    est syllogismus.

M115vA 100 Item, // Philosophus ɪ Posteriorum,[11] ubi determinat de ignorantia
    dispositionis et ignorantia negationis, dicit quod ignorantia dispositionis
    est deceptio quae fit per syllogismum. Ista autem deceptio est ex processu
    qui procedit ex oppositis principiorum. Talis autem processus est
    manifeste falsus. Ideo etc.

105 Item, hoc dicit hic in illo capitulo "Quoniam autem habemus" [12] quod
    syllogismus falsus est dupliciter, vel qui falso syllogizat, vel quia falsum
    syllogizat. Ille autem qui falsum syllogizat est peccans in materia. Cum
    enim peccans in materia syllogizet, est syllogismus. Manifestum est ergo
    quod peccans in materia est syllogismus.

110 Hoc etiam declaratur ratione: syllogismus simpliciter est qui est ex
    propositionibus dispositis in modo et figura; non enim plura requiruntur
    nisi quod propositio una sit ut totum, reliqua ut pars; propositionibus
    autem sic dispositis de necessitate sequitur conclusio. Sed propositionibus
    dispositis in modo et in figura accidit quod sint verae vel falsae, quia ex
115 alio habent quod sint dispositae in modo et in figura, et quod sint verae vel
    falsae; quia quod sint dispositae in modo et in figura habetur per
    definitionem syllogismi, et quod sint verae vel falsae ex propriis
    significatis terminorum.

    Item hoc declaratur, et melius: Nullus negabit quin iste syllogismus sit
120 bonus "omne animal est substantia; omnis homo est animal; < ergo
    omnis homo est substantia > ;" ergo ex opposito conclusionis cum
    utralibet infertur utriuslibet < oppositum > ex necessitate. Tunc ex
    opposito conclusionis cum maiore infertur oppositum minoris – et in tali
    syllogismo erit aliqua propositio < falsa et im > probabilis, quia eius
125 opposita fuit manifeste vera, ut suppositum est. Patet igitur quod syllo-
    gismus ex falsis est syllogismus, quia non requiritur quod praemissae sint
    causae conclusionis in essendo sed in consequendo. Syllogismus autem ex
    falsis, eo quod ex falsis est, non propter hoc est syllogismus (quia syllo-

---

95 per: prae *M*.   96 est: *fort. delendum*.   108 enim: autem *malimus*. | ergo:
autem *M*.   110 ex: probabilibus *add. et del. M*.   116 falsae: ex propriis significatis
terminorum *add. et del. M*.   127 consequendo: *vel* concludendo *M*.

[10] Cf. Arist., *APr.* 1 c.23.
[11] Arist., *APo.* 1 c.16 (79b23-24).
[12] Arist., sᴇ c.8; cf. supra.

gismus requirit quod praemissae sint causae conclusionis, sed falsum in eo
130 quod falsum nullius ⟨ est causa ⟩), sed ex eo quod falsae praemissae sint
dispositae in modo et in figura est syllogismus.

Et tunc ad rationes:

⟨ 1. ⟩ Ad primum dico quod processus rationis assimilatur motui
naturae, ⟨ sed ⟩ nos videmus in processu motus naturae quod non
135 semper terminatur ad formam, sed quandoque ad oppositum et ad
privationem, sicut est de corruptione. Similiter non omnis processus
rationis terminatur ad habitum, sed ad eius oppositum, cuiusmodi est
syllogismus sophisticus. Ideo dico ad maiorem quod falsa est. Vel sic:
omnis processus rationis qui probat aliquid terminatur ad aliquem
140 habitum rationis; sed syllogismus ex falsis nihil probat, nec syllogismus
simpliciter in quantum talis, quia sic sequeretur quod idem esset prius et
posterius se ipso ⟨ *** ⟩, quod magis pertinet ad librum Priorum; ideo
non oportet quod terminetur ad aliquem habitum rationis.

⟨ 2. ⟩ Ad aliam dico quod propositiones verae dicuntur dupliciter: vel
145 quia habent omne illud quod requiritur ad naturam propositionis, vel sic
quod sint signum alicuius veri. Unde dico quod syllogismus ex falsis fit ex
propositionibus veris primo modo, quia est ex propositionibus quae
habent totum illud quod requiritur ad naturam propositionis; non tamen
fit ex propositionibus veris secundo modo, quia non fit ex talibus propo-
150 sitionibus quae sunt signa alicuius veritatis.

⟨ 3. ⟩ Ad aliam dico quod falsum dicitur dupliciter: uno modo dicitur
falsum cuius oppositum de necessitate est verum, sicut ista est falsa
"diametrum esse commensurabilem costae," et tale falsum convertitur
cum non ente; alio modo dicitur falsum quia praetendit illud quod non est,
155 et isto modo sunt umbrae falsae et somnia falsa ⟨ et ⟩ homo falsus, unde
isto modo dicitur syllogismus peccans in materia esse ex falsis, quia ex
talibus quae apparent talia qualia non sunt.

⟨ 4. ⟩ Ad aliam rationem. "Nihil est ponendum etc." – verum est. Ad
minorem dico quod ratio supponit falsum, quia supponit quod syllo-
160 gismus simpliciter se habet ad speciales syllogismos sicut genus ad species.
Hoc autem falsum est, quia se habet sicut totum in modo ad suas partes;
non enim inveniuntur differentiae per se quae dividant formam syllogismi, sed omnes differentiae dividentes syllogismum sunt materiales; ideo
etc.

---

129 sed: quia *M*.   142 ⟨ *** ⟩: de syllogismo enim probante determinare pertinet
ad librum Posteriorum et non de syllogismo simpliciter *vel sim. suppleas*.   152 falsa:
vera *M*.; *possis, si mavis*: ⟨ falsa 'diameter est commensurabilis costae' quia eius opposita
est ⟩ vera ⟨ scilicet ⟩ diametrum esse ⟨ in ⟩ commensurabilem costae.   153 commensurabilem: commensurabile *M*.   155 falsa ⟨ et ⟩ homo: sᵃ hᵒ *M, ut videtur.*

165   Aliter dicitur quod duo sunt genera entium: quaedam sunt entia extra
animam, quaedam secundum animam. Unde primo modo nihil ponitur in
genere quin ponatur in aliqua eius specie, quia genus isto modo non est
M115vB aliud a natura suae speciei, unde nihil ponitur in animali quin // ponatur
in aliqua eius specie. Aliud est genus entium secundum animam; unde
170   sicut genus in illis separatur a suis speciebus secundum intellectum, sic
secundum suum esse, unde suum esse est suum intelligi. Cum ergo syllogismus sit ens secundum animam, esse syllogismi simpliciter non est aliud
quam syllogismus; cum igitur syllogismus simpliciter potest separari
secundum intellectum a demonstrativo et dialectico etc., et secundum
175   esse. Et ideo, licet syllogismus ex falsis non sit aliqua species syllogismi
simpliciter, erit syllogismus, quia genus illo modo separatur a suis
speciebus.

Aliter dicitur quod est sub aliqua specie syllogismi simpliciter, quia
syllogismus simpliciter dividitur in ostensivum et ex hypothesi, et syllo-
180   gismus ex hypothesi dividitur in syllogismum ex falsis et syllogismum ex
oppositis; et ideo syllogismus peccans in materia et syllogismus ex falsis
est species syllogismi simpliciter, cum sit species syllogismi ex hypothesi
qui est species syllogismi simpliciter.

< Quaestio 8
Utrum syllogismus peccans in forma per prius peccet
contra dialecticum vel contra syllogismum simpliciter. >

Consequenter quaeritur utrum syllogismus peccans in forma per prius
5   peccet contra dialecticum vel contra syllogismum simpliciter.

Et quod contra dialecticum arguitur:

< 1. > Quia peccans in forma prius peccat contra illum syllogismum
cuius apparentiam habet, quia eiusdem habet apparentiam et peccatum.
Sed peccans in forma habet apparentiam syllogismi dialectici. Ergo etc.
10   Minor patet quia peccans < in forma > est litigiosus qui est ex apparenter
probabilibus.

< 2. > Item, Philosophus dicit inferius[1] quod loci sophistici sumendi
sunt secundum dialecticam. Sed peccantes in forma sunt sumendi penes

---

165 genera: signa *M*.   166 animam[1]: anima *M*.   168 unde: ut *malimus*.
171 intelligi: intelligere *M*.   176 simpliciter: *utrum ante an post* simpliciter *inter-
pungendum sit dubitari potest.*

---

[1] Arist., SE c.9 (170a35).

locos sophisticos. Ergo sunt sumendi secundum dialecticam. Sed non
15 sumuntur penes dialecticam nisi quia peccant contra dialecticam. Ergo
etc.

Oppositum arguitur:

Illud quod peccat contra syllogismum simpliciter et potest habere
convenientiam cum dialectico secundum quod dialecticus, prius peccat
20 contra syllogismum simpliciter. Sed peccans in forma peccat contra syllogismum simpliciter et potest habere convenientiam cum dialectico, puta
"omnis aqua est naturalis; balneum est aqua; ergo etc." – iste syllogismus
peccat contra syllogismum simpliciter et habet convenientiam cum dialectico, quia procedit ex probabilibus. Ergo etc.
25 Quidam dixerunt quod peccans in forma < primo > peccat contra dialecticum. Et ratio eorum erat quod sicut locus dialecticus se habet ad locos
sophisticos, sic syllogismus dialecticus ad syllogismos [dialecticos] sophisticos. Sed locus sophisticus primo repugnat loco dialectico, ergo syllogismus sophisticus primo repugnabit syllogismo dialectico. Sed syllo-
30 gismus peccans in forma est syllogismus sophisticus; ergo primo peccat
contra dialecticum.

Ratio non videtur convenire. Quod enim accipiunt quod locus sophisticus primo et per se repugnat loco dialectico, non dicunt verum, quia
locus sophisticus primo peccat contra prima principia syllogismorum
35 unde syllogismi sunt, scilicet dici de omni [et dicit de omni] et dici de
nullo; et ideo in paralogismo secundum quamcumque fallaciam est
variatio medii termini praeterquam in paralogismis acceptis secundum
petitionem principii, et similiter sunt quattuor termini; solum enim in
petitione principii est illatio necessaria, et non < in > aliquibus aliis fal-
40 laciis.

Unde notandum est quod omnes loci sophistici sunt primo et
principaliter obliquitates et privationes istorum principiorum, scilicet dici
de omni et dici de nullo, et ex consequenti syllogismorum dialecticorum.
Et hoc apparet per Philosophum hic,[2] qui dicit quod omnes loci sophistici
45 peccant contra syllogismum "eo quod immodificati sunt" (et antiqua correctio habet "eo quod insyllogizati sunt"). Manifestum est igitur quod
primo peccant contra syllogismum simpliciter. Item dicit Philosophus[3]

14-15 dialecticam (ter): vel dialecticum M. (compendium dya^m).   23 contra: sim (?)
add. et del. M.   29 dialectico: sophistico M.   37 termini: fort. et omnes M.
41 unde: vel verum M.; nō add. et del. M.   45-46 correctio: correpctio M.

---

[2] Arist., SE c.6 (168a21); cf. Vivarium 17 (1979), 70.
[3] Nusquam dicit.

quod cuilibet loco sophistico correspondet una maxima; unde dicit[4] quod loci sophistici "verum elenchum obnubilant" – et per consequens syllo-
50 gismum, cum elenchus sit syllogismus; ergo non primo dialecticum, cum dialecticus syllogismus unde dialecticus non sit elenchus.

Et si aliquis[5] dicat: "Recta habitudo localis per se et primo competit syllogismo dialectico, ergo < falsa > habitudo localis primo peccat contra syllogismum dialecticum. Sed in syllogismo peccante in forma est falsa
55 habitudo localis. Ergo etc.," dico quod recta habitudo localis quae est principium syllogizandi ex probabilibus per se et primo competit dialec-tico, sed recta habitudo localis quae est principium primum syllogizandi simpliciter correspondet primis principiis, puta dici de omni et dici de nullo; unde falsa habitudo localis quae est principium syllogizandi ex
60 improbabilibus repugnat dialectico, sed non locus sophisticus qui tam syllogizat de contingentibus apparentibus sicut de necessariis apparen-tibus.

Et ideo dicendum est aliter, scilicet quod syllogismus sophisticus peccans in forma primo peccat contra syllogismum simpliciter. Et ratio
M116rA 65 huius est quia illud quod peccat primo contra inferius // non peccat de necessitate contra superius; sed syllogismus dialecticus est inferius ad syllogismum simpliciter; ergo illud quod peccat contra dialecticum non de necessitate peccat contra syllogismum simpliciter. Si ergo syllogismus peccans in forma primo peccet contra dialecticum, non de necessitate
70 peccat contra syllogismum simpliciter; hoc autem est falsum, quia per peccantem in forma nihil aliud intelligitur nisi syllogismus peccans contra condiciones generales < syllogismi, id est > contra syllogismum simpli-citer.

Item, Philosophus ı Posteriorum[6] dicit quod illud primo inest alicui
75 quod inest sibi non per aliquod prius, et omnibus aliis per naturam illius inest, sicut habere tres triangulo. Similiter illud primo repugnat alicui quod non repugnat illi per naturam alterius, et quod repugnat aliis per naturam illius. Sed peccans in forma non magis peccat contra dialecticum quam contra demonstrativum; sicut enim necessaria illatio conclusionis
80 est in syllogismo demonstrativo, sic est probabilis illatio in syllogismo dia-

---

48 cuilibet ... maxima: *locus suspectus; lacunam latere verisimile est.* 55 quae: *inter lin. M.* 58 correspondet: syllogismis simpliciter *add. et del. M.* 79 demonstra-tivum: sophisticum *M.*

[4] Arist., sᴇ c.17 (175b1-2).
[5] Cf. Aegidius Romanus, *Expos.* sᴇ (ed. Augustinus, fol. 9vB). "Quosdam" superius nominatos eundem Aegidium esse verisimile est.
[6] Cf. Arist., *APo.* 1 cc.4-5.

lectico. Dato ergo quod sibi repugnat, ergo per aliquid prius; hoc autem est forma syllogistica. Cum ergo peccet contra formam syllogisticam absolute, peccat contra syllogismum simpliciter. Ideo etc. Ex consequenti autem peccat contra dialecticum, cum sit inferius ad syllogismum simpli-
85 citer.

Ad rationes:

< 1. > Ad primam: Concedo maiorem. Et ad minorem dico quod syllogismus peccans in forma non peccat primo contra dialecticum, sed aequaliter contra dialecticum et demonstrativum, quia aequaliter habet
90 apparentiam dialectici et demonstrativi. Sicut enim sophisticus syllo-gismus procedit ex apparenter probabilibus, similiter ex apparenter neces-sariis. Unde intelligendum quod quantum ad hoc quod proprium instrumentum sophistici est syllogizare ex apparenter probabilibus, primo peccat contra dialecticum; sed absolute contra syllogismum simpliciter.
95 Et ad hoc considerantes aliqui[7] dixerunt quod syllogismus peccans in forma secundum naturam prius peccat contra syllogismum simpliciter, tamen secundum intentionem prius peccat contra dialecticum.

Sed diceret aliquis:"Aristoteles I Posteriorum[8] dicit quod in demon-strativis non est paralogismus" – dicendum quod in eiusdem terminis in
100 quibus est demonstratio contingit fieri syllogismum sophisticum, ut hic est syllogismus sophisticus: "triangulus habet tres in eo quod primum; isosceles est triangulus; ideo etc." Iuxta quod intelligendum est quod non est syllogismus sophisticus qui lateat demonstratorem; si enim sit ex variatione medii vel aliquo alio modo, statim percipit.
105 < 2. > Ad aliam rationem dico quod hoc est intelligendum quod loci sophistici sunt sumendi secundum dialecticam, non quia primo peccet contra dialecticam, sed quia aliquando fit secundum dialecticam.

< QUAESTIO 9

UTRUM IDEM SYLLOGISMUS POSSIT ESSE PECCANS
IN FORMA ET PECCANS IN MATERIA. >

Consequenter quaeritur utrum idem syllogismus possit esse peccans in
5 forma et peccans in materia.

84 dialecticum: dialectico *M, ut videtur.*   100 contingit: fa *add. et del. M.*
101 primum: primo *M.*   103 sophisticus: dialecticus *M.*   105 hoc: *vel* hic *M.*   106-
107 dialecticam (*ter*): dya^m *M.*

[7] Ita Anonymus Pragensis, *Quaest.* SE, qu.5 (Praha, Knihovna Metropolit. Kapitoly MS L.66, fol. 81vB).
[8] Arist., *APo.* 1 c.12 (77b27-28).

Et arguitur quod non:

<*1.*> Quia impossibile est idem esse syllogismum et non syllogismum. Sed peccans in materia est syllogismus, peccans in forma non est
syllogismus. Ergo etc.

10   <*2.*> Oppositum patet per Philosophum I Topicorum,[1] qui dicit quod
cum syllogismus litigiosus dicatur tripliciter, scilicet peccans in forma et
peccans in materia et falsigraphus, peccans in materia "syllogismus est et
syllogismus dicatur".

< QUAESTIO 10

15   UTRUM SOPHISTA MAGIS APPETAT VIDERI ESSE SAPIENS
ET NON ESSE QUAM ESSE ET NON VIDERI. >

Secundo quaeritur de hoc quod dicit Philosophus[2] quod sophista magis
appetit videri esse sapiens etc. Et quaeritur utrum sophista magis appetat
videri esse sapiens et non esse quam esse et non videri.

20   <*1.*> Quod esse arguitur, quia sophista non appetit videri esse
sapiens nisi quia esse sapientem videtur sibi bonum; ergo magis appetit
esse sapiens quam non esse et videri, cum unumquodque propter quod
illud appetitur, ipsum in se magis appetitur.

In oppositum est Aristoteles in littera.[3]

25   < RESPONSIO AD QUAESTIONEM 9 >

Ad primum dicendum est quod idem syllogismus potest esse peccans in
forma et peccans in materia, quia per peccans in forma intelligimus
aliquid quod est peccans contra principia syllogismi eo quod syllogismus
est; per peccans in materia intelligimus aliquid quod peccat contra prin-
30 cipia syllogismi specialia, ut contra probabilitatem vel veritatem [vel
falsitatem], ut iste syllogismus "homo est accidens; Socrates est homo;
ergo Socrates est accidens" potest esse peccans in forma et etiam peccans
in materia, quia dato quod maior sit vera, adhuc non sequitur conclusio.
Sed est intelligendum ulterius quod syllogismum esse peccantem in
35 materia potest intelligi dupliciter: vel ut peccat in materia syllogismi
specialis, puta demonstrativi vel dialectici, scilicet sumendo aliquam

---

18 et: item *M*.   35 materia[1]: forma *M*.

[1] Arist., *Top.* 1 c.1 (100b23-101a10).
[2] Arist., SE c.1 (165a19-21).
[3] Arist., SE c.1 (165a19-21).

propositionem falsam et improbabilem; vel ut peccat in materia syllogismi
simpliciter. Isto ultimo modo syllogismus peccans in materia de
necessitate peccat in forma, quia forma requirit materiam, et materia
40 deficiente deficit forma; syllogismus autem simpliciter habet materiam et
formam, quia duas propositiones et tres terminos pro materia, quibus
deficientibus deficit et syllogismus. Primo autem modo non.

   < 1.-2. > Et per hoc patet ad rationes, quia syllogismus peccans // in M116rB
materia utroque modo non est syllogismus.

45   < RESPONSIO AD QUAESTIONEM 10 >

Ad secundam quaestionem est intelligendum quod cuiuscumque hominis
regulati recta ratione est finis ultimus. Iste autem finis ultimus dicitur esse
summa felicitas, ista autem felicitas consistit in cognitione omnium
entium, et maxime in cognitione entis primi, de cuius cognitione est
50 consideratio philosophiae primae, et ideo dicit Philosophus x Ethicorum[4]
quod in philosophia mirabilis est hominis delectatio. Finis autem ultimus
hominis est perfectum esse per scientiam speculativam, unde habens
scientiam speculativam dicitur habere practicam. Unde dicit Alexander[5]
quod qui est speculativus est liberalis et ceteras virtutes habens. Hinc est
55 quod omnis homo recta ratione regulatus in finem ultimum tendit; hoc
autem est per scientiam speculativam; ideo quilibet recta ratione regulatus
appetit ipsam; sed sophista est de numero hominum, et hinc est quod
tendit in finem ultimum, sed finem ultimum attingere non potest nisi per
scientiam speculativam, ideo etc.
60   Sed intelligendum quod aliqui non recta ratione regulati magis appetunt
videri quam esse, quia quod sapienti non apparet bonum ratione carenti
apparet bonum. Unde non est idem delectabile homini et asino. Unde finis
sophistae est inanis gloria. Quia igitur videri et non esse est talis gloria,
ideo appetit talia per quae potest consequi finem istum, et ideo intromittit
65 < se > in omni scientia ut appareat scire omnia.
   Iuxta quod intelligendum quod licet consideratio sophistae sit circa
omnem scientiam, tamen maxime est circa dialecticam. Dicit enim
Alexander[6] quod inter omnes scientias sophista imaginatur dialecticam,
quia sophista maxime est circa materiam disputabilem. Sed dialecticus est

---

   52 perfectum esse: *lectio incerta*.   56 regulatus: speculatus *M*.

   [4] Arist., EN 10 c.7 (1177a25).
   [5] Alexander apud Averr., *Ph*. 1 (ed. Venetiis, 1562; in aliis edd., 8), prooemium.
   [6] "Alexander", *Comm*. SE F.164a20, 1B (ed. Ebbesen, p. 344).

70 huiusmodi, habet enim media quasi instrumenta ad quamcumque
conclusionem, et ad utramque partem contradictionis. Unde dicit idem
Alexander[7] quod sophista est simia dialectici.

<*1.*> Ad rationem dicendum quod sophista non appetit sapientiam
propter esse, sed propter videri, et ideo respondendum est ad maiorem per
75 interemptionem.

<QUAESTIO 11
UTRUM SIGNIFICATIO SIT FORMA ESSENTIALIS DICTIONIS. >

Consequenter quaeritur circa partem illam "Modi autem arguendi sunt
duo," [1] et ibi quaeratur propter aequivocationem utrum significatio sit
5 forma essentialis dictionis.

Et arguitur quod sic:

<*1.*> Quia illud quod ponitur in definitione alicuius et pertinet ad
rationem eius est forma essentialis eius. Sed significatio ponitur in
definitione vocis et pertinet ad rationem eius. Ergo etc. Maior patet. Minor
10 declaratur per Philosophum in ii De anima,[2] qui dicit quod vox est sonus
causatus ex repercussione aeris inspirati ad vocalem arteriam ab anima
imaginante; et subdit quod sonus significans vox est; ideo etc.

Oppositum arguitur:

Quia illud quod advenit alicui ab extrinseco non est forma essentialis
15 eius. Sed significatio advenit voci ab extrinseco ab impositore; quia enim
impositor imponit <vocem ad repraesentandum> talem rem, ideo hoc
significat.

Aliqui[3] dixerunt quod differt dicere significatum et significationem,
quia significatum est res significata, et ista non est in voce sicut in
20 subiecto, sed sicut in signo, sicut vinum est in circulo sicut in signo; significatio autem est relatio vocis significantis ad rem significatam, et quia

---

70 quasi instrumenta: *lectio incerta.*   73 appetit: scientiam *add. et del. M.*

11 inspirati: inspiranti *M.* | arteriam: alteriam *M.*   16 <vocem ad repraesen-
tandum> *exempli gratia supplevimus.* | hoc: *vel* haec *M.*   19 res: vox *M a.c.*
20 subiecto: substantia *M.*

---

[7] "Alexander", *Comm.* SE F.164a20, 1B (ed. Ebbesen, p. 344).

[1] Arist., SE c.4 (165b23).

[2] Arist., *De an.* 2 c.8 (420b27-33).

[3] De "voce dupliciter dicta" vide quae dicit Anonymus Pragensis, *Quaest.* SE, qu.8
(Praha, Knihovna Metropolit. Kapitoly MS L.66, fol. 82vA). De "significato" et "significatione" vide Inc. Auct., *Quaest.* SE qu.811, in ratione secunda pro parte negativa.

omnis relatio est in termino a quo tamquam in subiecto, ideo etc. Et dicunt quod vox dupliciter potest considerari: vel vox unde vox absolute, et sic non est significativa; alio modo dicitur vox in quantum sibi debetur
25 significatum, et sic significatio est forma essentialis eius.

Isti supponunt falsum, quia dicunt quod voci unde vox est accidit significare. Hoc enim est falsum, ut praeallegatum est ex intentione Philosophi II De anima.[4]

Ideo dicendum est aliter. Sicut vult Averroes super V Ethicorum,[5] illa
30 quae sunt iusta naturaliter fiunt iusta positive per determinationem ad materiam contrahentem, puta sacrificare diis est iustum naturale, sed sacrificare diis ovem vel aliquid tale est iustum positivum; similiter punire latronem naturale est, sed punire ipsum isto genere punitionis vel illo positivum est. Similiter in proposito: vocem significare est naturale, sed
35 vocem significare hoc vel illud est ex voluntate imponentis, et hoc accidit; sicut graecus percipiens vocem a latino percipit illam significare, sed quid significat ignorat. // Cum igitur vocem significare sit naturale, mani- M116vA festum quod significare sit forma essentialis eius, sed significare hoc determinate, non.
40   Ad rationem:

< 1. > Concedo maiorem. Ad minorem dico quod minor est vera de significatione absolute dicta.

< Quaestio 12

Utrum possibile sit aliquam vocem esse aequivocam. >

Consequenter < quaeritur > utrum possibile sit aliquam vocem esse aequivocam. Et videtur quod non:
5   < 1. > Quia vox aliquid significat. Sed aequivocum nihil significat. Ergo etc. Maior patet ex praecedenti quaestione. Minor etiam patet per Philosophum IV Metaphysicae[1] dicentem: "Quod unum non significat nihil significat." Sed voc aequivoca non significat unum; ergo etc.

---

30 sunt: fiunt M.   31 materiam: naturam M.   35-36 imponentis, et hoc accidit; sicut: *fortasse* imponentis. Ex hoc accidit quod *scribendum*.   35 hoc[2]: *vel* haec M. 36 illam: illud M.

7 IV: 5 M a.c.

---

[4] Arist., *De an.* 2 c.8 (420b32-33).

[5] De "iure positivo" Averr., EN 5 c.7 – sed exempla ibi non extant; primum est ex Arist., EN 5 c.10 (1134b22); cf. Hamesse, *Les Auctoritates Aristotelis* (1974), p. 239 (12.100).

[1] Arist., *Metaph.* 4 c.4 (1006b7).

< *2.* > Item, unitas materiae arguit unitatem formae essentialis
10 perficientis illam materiam, quia a quo aliquid habet esse, ab eodem habet
esse unum. Sed significatio est essentialis forma dictionis. Ergo unius
vocis una erit significatio.

Sed arguitur quod omnis vox sit aequivoca:

< *3.* > Quia Commentator super viii Physicorum[2] dicit quod omne
15 < nomen > primo significat formam, secundo aggregatum. Sed ista, cum
non sint unius rationis, < non significantur > uno nomine nisi aequivoce.
< Quare > videtur quod omne nomen sit aequivocum.

< *4.* > Item, < omne > nomen significat aliquam rem, quia omne
nomen significat aliquid motivum intellectus, et omne motivum
20 intellectus est res aliqua. Iterum, omne nomen significat aliquam passionem animae, quia per Aristotelem libro Peri hermeneias[3] voces sunt signa
passionum quae sunt in anima. Significat ergo rem et passionem. Sed ista
non sunt unius rationis. Ergo etc.

Ad quaestionem dico quod possibile est quamlibet vocem esse aequi-
25 vocam, et dico quod non omnis vox est actualiter aequivoca.

Primum declaratur ex parte vocis significantis, quia quando aliquid est
in potentia ad aliqua plura et nullum eorum sibi determinat, nullum
eorum sibi repugnat (sicut patet, quia homo est in potentia ad album et
nigrum et nullum eorum sibi repugnat). Sed quaelibet vox cum sit in
30 potentia ad plures res significandum et nullam rem sibi determinat, nulla
sibi repugnat.

Iterum hoc declaratur ex parte rei significatae. Sicut enim vox non
determinat sibi rem, sic nec res vocem; quia si sic, non posset una res
significari diversis idiomatibus. Hoc autem est falsum. Cum igitur nullam
35 vocem sibi determinet, ideo etc.

Iterum ex parte imponentis. Patet quod imponens est agens per
voluntatem, et ideo potuit imponere unam vocem ad unam rem significandum vel ad plures res significandum.

Tamen non quaelibet vox est actualiter aequivoca, quia actualem signi-
40 ficationem non possumus probare nisi ex usu auctorum; nunc autem
auctores utuntur aliquibus vocibus tamquam plura significantibus,
aliquibus tamquam unum; ideo etc.

---

15 secundo: secundum *M.*   16 < non significantur > *et* < Quare > *exempli gratia*
supplevimus. Possis etiam < non significantur > univoce sed aequivoce. < Quare >

[2] Averr., *Metaph.* 8 c.7.
[3] Arist., *Int.* c.1 (16a3-4).

Ad rationes:

<1.> Ad primam. Cum arguitur "Quod non significat unum etc.,"
45 intelligendum quod nomen non significat rem nisi mediante aliquo
conceptu rei, quia vox non immediate imponitur rei sed mediante aliquo
conceptu. Hoc satis patet quia si homo vellet imponere hoc nomen
"asinus" ad significandum asinum, oportet quod primo concipiat ipsum.
Quia ergo rerum diversarum non potest esse unus conceptus, nec earum
50 erit nomen unum mediante uno conceptu, sed mediantibus pluribus
conceptibus. Tunc ad formam rationis dico: quod unum non significat
nihil significat, sicut qui unum non intelligit nihil intelligit. Qui enim
unum non intelligit una ratione intelligendi nihil intelligit; similiter quod
unum non significat una ratione significandi nihil significat. Hinc est quod
55 nomen unum una ratione significandi significat unum, diversis rationibus
significandi plura.

<2.> Ad rationem aliam. Aliqui[4] dicunt duobus modis. Primo
concedunt maiorem. Ad minorem dicunt quod significatum est forma
accidentalis vocis, sicut patet ex praecedenti quaestione. Et ideo sicut nihil
60 prohibet plures formas accidentales esse unius rei, sic nec plures significationes unius vocis quae sunt huius rei vel illius determinate.

Alii[5] dicunt aliter, scilicet quod ista quattuor differunt: vox et dictio,
pars et terminus. Vox enim dicitur prout est in prolatione, pars autem
secundum quod sibi debetur modus significandi per quem construitur in
65 oratione; dictio dicitur per rationem significandi sibi concessam ab
imponente, terminus in quantum in eum resolvitur propositio. Unde
dicunt quod significatio non est forma essentialis vocis sed prolatio, quia
hoc debetur voci, dictioni debetur significatio. Unde quia possibile est
vocem aequivocam habere unam prolationem potest esse vox una, est
70 tamen dictiones plures.

Salvando quod praedictum est, scilicet quod significatio est forma
essentialis dictionis, potest dici quod significare est forma essentialis
dictionis, // non tamen significare hoc vel illud determinate. Et sicut non M116vB
est inconveniens aliquid habere plures formas accidentales, sic non est
75 inconveniens aliquid habere plures significationes quae dentur ei ab
imponente, quia illae sibi accidunt.

Ad rationes alias:

<3.> Ad primam probantem quod omne nomen sit aequivocum:
Verum est quod hoc fuit de intentione Commentatoris quod omne nomen

68 significatio: significationem *M*.

[4] Cf. Aegidius Romanus, *Expos.* se (ed. Augustinus, fol. 10vB).
[5] Cf. Inc. Auct., *Quaest.* se, qu.813 (cpd vii: 285).

80 primo significat formam, secundo aggregatum. Sed hoc non est verum,
quia illud significat nomen quod significatur per definitionem; ratio enim
< eius > cuius nomen est signum est definitio. Cum ergo definitio non
tantum dicat formam sed aggregatum, quia hoc pertinet ad definitionem
speciei, ergo illud quod per nomen significatur non est forma sed totum
85 aggregatum. Unde sicut aliud est quod intelligitur et illud quo intelligitur,
sic aliud est quod significatur et quo significatur; illud enim quod
intelligitur est totum aggregatum, illud quo intelligitur est forma; similiter
quod significatur est totum aggregatum, illud quo significatur est forma.
Et sic forte intellexit Commentator quod forma est illud quo significatur
90 totum aggregatum. Tunc ad formam argumenti: dico quod falsum est
proprie loquendo; vox enim non significat aggregatum nisi per formam.

    < 4. > Ad aliud. Solvendum est secundum Ammonium in libro Peri
hermeneias[6] super illud verbum "voces sunt notae earum passionum
etc.":[7] uno modo passiones animae dicuntur motus facti in appetitu
95 sensitivo, ut irasci, gaudere; cuiusmodi vocat Philosophus ı De anima[8]
operationes totius coniuncti. Alio modo passio < dicitur > animae ipsum
intelligere, secundum quod dicitur "intelligere est quoddam pati." [9] Tertio
modo dicitur passio animae ipsa res intellecta; et dicitur passio quia quodam modo infert passionem in anima. Et passio isto modo est eadem cum
100 re et eiusdem rationis; et sic sumitur ibi "voces etc."

< QUAESTIO 13

UTRUM VOX AEQUIVOCA SIT DICTIO UNA. >

Consequenter quaeritur utrum vox aequivoca sit dictio una.
    Et arguitur quod sic:
5   < 1. > Quod est vox una est dictio una. Sed dictio aequivoca est vox
una. Ergo etc. Maior patet, quia quod est animal et est [hoc] unus homo est
animal unum.

    < 2. > Item, omne nomen unum est dictio una. Sed aequivocum est
nomen unum. Ergo etc. Minor patet; Philosophus enim dicit hic[1] quod

92 Ammonium: armonium *M*.

[6] Cf. Ammon., *Int.* (CAG IV.5: 6-7 = CLCAG II: 10-12).
[7] Arist., *Int.* c.1 (16a3-4).
[8] Arist., *De an.* 1 c.1 (403a7).
[9] Arist., *De an.* 3 c.4 (429a13-14); cf. Inc. Auct., *Quaest.* SE, qu.811 (CPD VII) linn. 73-75.

[1] Arist., SE c.1 (165a9-13).

10 quia res sunt infinitae, nomina vero finita, ideo oportet unum nomen
plures res significare; ideo etc.

Oppositum arguitur:

Quia dictio sumitur a ratione dicendi; quod ergo dicit plura est dictiones
plures. Sed aequivocum dicit plura. Ergo etc.

15 Dicendum est quod idem subiecto dicitur dictio, vox et pars. Sed vox, ut
dictum est prius,[2] est sonus causatus ex repercussione aeris inspirati ad
vocalem arteriam ab anima imaginante. Dicitur dictio per rationem
dicendi vel significandi sibi concessam ab imponente; pars prout habet
modum significandi < et > ei debetur ratio construendi; per idem enim
20 pars [et] est pars et construitur in aliqua oratione, quoniam per modos
significandi, partes enim constructionis dicuntur per modum significandi
secundum Priscianum.[3] Manifestum est ergo quod vox aequivoca est vox
una quia habet unum modum proferendi, tamen est dictiones plures quia
plura habet significata et plures rationes significandi sibi concessas ab
25 imponente. Et hinc est quod in aequivocatione operantur multiplex
actuale, quia vox est una secundum materiam et formam, unde in "cane"
reperiuntur tria significata, ut caeleste sidus etc.

Sed cum ista dictio "canis" repraesentat tria, estne una pars et unum
nomen? Ad evidentiam huius est considerandum quod pars dicitur a
30 ratione significandi. Sed ratio significandi duplex est, scilicet activa et
passiva: activa est illud quo vox formaliter significat, ratio passiva est illud
quo res significatur per vocem. Nunc autem ita est quod ratio significandi
active refertur ad vocem, ratio significandi passive ad rem significatam.
Similiter dico quod modus significandi duplex est, active et passive: active
35 quo vox formaliter consignificat proprietatem rei, passive quo proprietas
rei per vocem consignificatur. Secundo intelligendum quod modus significandi active est in voce sicut in subiecto, passive in re significata. Et ex
hoc apparet quod in hac voce "canis" sunt diversi modi significandi
passive, et differunt secundum numerum sicut res quae significantur
40 differunt ab invicem secundum numerum. Modi significandi active non
sunt diversi secundum numerum, quia vox in qua sunt non est diversa
secundum numerum. Unde "canis" secundum quod repraesentat tria est
unius nominativi casus, unius generis et sic de aliis accidentibus.

---

20 aliqua: alia *M*.   25 hinc: haec *M, sed forsitan gravior lateat corruptela; non enim
liquet quod subiectum verbo* "operantur" *subsit*.   34 similiter: sic *M*.   41 est: sunt *M*.
| diversa: diversi *M, ut videtur*.

[2] QV 11.
[3] Locum non invenimus; cf. QN 7.

Ex hoc ad propositum. Cum quaeris utrum vox aequivoca sit dictio
45 una, dico quod "canis" est nomen unum secundum numerum. Cuius ratio
est quia modus significandi active est in voce ut in subiecto, vox autem
termini aequivoci est una numero quia unum modum proferendi habet.
Cum ergo modus significandi sit in voce sicut in subiecto, et per talem
M117rA modum significandi // dicitur esse pars, hinc est quod haec dictio "canis"
50 dicitur esse nomen unum, cum habeat casum unum et genus unum.

Sed tu dices: "Modus significandi est in voce prout significativa est,
quia non attribuitur non significativis, sicut significare simpliciter non
attribuitur rei non significanti; hinc est quod modus significandi voci
significativae attribuitur. Sed vox termini aequivoci prout significativa est
55 non est una; ergo nec terminus unus." Dico quod vox aequivoca prout
significativa est diversificatur secundum rationem, est tamen una
secundum subiectum, quia est significativa huius et illius; et quia accidens
sumit diversitatem ex diversitate esse subiecti secundum numerum et non
ex diversitate secundum rationem; ideo, licet vox aequivoca sit diversa
60 secundum rationem, est tamen una secundum esse; et ideo modus significandi activus sibi debetur unus.

Sed tu dices: "Modus significandi active refertur ad modum significandi
passive sicut activum ad passivum. Sed modi significandi passive sunt diversi. Ideo etc." Verum est quod modus significandi active refertur ad
65 modum significandi passive sicut activum ad passivum, et ut sic multiplicato uno multiplicatur aliud; nihilominus contingit considerare modum
significandi active ut accidens quoddam est, et modum significandi
passive ut accidens et accidens; et ut sic recipit multiplicationem et non
multiplicationem a subiecto. Et quia modus significandi active est in
70 subiecto non multiplicato secundum numerum, ideo non multiplicatur; et
quia modus significandi <passive> habet subiectum multiplicatum
secundum numerum, ideo multiplicatur secundum numerum. Ex quo
contingit quod uno multiplicato secundum numerum non multiplicatur
reliquum.

75 Ad rationes:

<1.> Ad primam dico quod maior falsa est. Si enim ex eodem esset
vox vox et dictio, oporteret quod vox una esset dictio una. Nunc autem ex
alio est vox una et dictio una. Ideo etc.

<2.> Ad aliam rationem. Si intelligimus per nomen partem orationis
80 sub modo significandi distinctam ab aliis partibus, non oportet quod si sit
nomen unum quod sit dictio una, quia nomen est per modum significandi
et nomen unum <tantum> potest habere unum modum significandi

79 nomen: orationem *M*.

active, dictio dicitur per relationem ad res quae sunt plures. Si nos intelligimus per nomen vocem significativam huius vel illius, non sub modo
85 significandi, quod est nomen unum bene est dictio una. Iuxta quod est
intelligendum quod nomen aequivocum est una pars secundum materiam
et secundum formam.

Et si dicatur: "'Amor' est aequivocum ad nomen et ad verbum, estne
una pars orationis?" Dico quod est < una > pars orationis secundum
90 materiam et non secundum formam, quia vox est una et vox in termino
aequivoco est ut materia, ideo debet esse una pars secundum materiam;
non autem secundum formam, quia modus significandi active non est
unus, quia proprietas a qua accipitur modus significandi non est eadem;
unde "amor" in uno significato significat per modum quietis, in altero per
95 modum fieri; ideo etc.

Iuxta quod est notandum quod omne nomen aequivocum, ut superius
dictum est, est una pars orationis secundum materiam et formam; < sed
cum hoc stat quod vox aequivoca possit esse una pars secundum
materiam et non secundum formam, > puta "amor" non est una pars
100 orationis secundum quod est nomen et secundum quod est verbum.

< QUAESTIO 14

UTRUM VOX AEQUIVOCA SIGNIFICET PLURA RESPECTU UNIUS AUDIENTIS. >

Consequenter quaeritur utrum vox aequivoca significet plura respectu
unius audientis.
5   Et arguitur quod sic:
< 1. > Quia vox aequivoca idem significat respectu unius audientis et
respectu plurium, quia significare est essentiale voci et quod audiatur ab
uno vel a pluribus accidit, et nullum accidentale perimit substantiale. Sed
respectu plurium audientium significat plura. Ideo etc.
10   < 2. > Item, vox aequivoca est quae significat plura aequaliter et ex
impositione; ergo respectu cuius vox aequivoca significat plura est
aequivoca, et respectu cuius non significat plura non est aequivoca. Si
ergo respectu unius audientis vox non significat plura non est aequivoca;
ergo unus audiens non respondebit < per distinctionem ad paralogis-
15 mum > aequivocationis.

---

85 unum: unde *M, ut videtur.*   97-99 < sed ... formam > *exempli gratia supple-*
vimus.

13 respectu: nomen *M.*   14-15 < per ... paralogismum > *addidimus coll. Inc. auct.,*
Quaest. SE (CPD VII: 286.18-19).

<*3.*> Item, prolata voce aequivoca "canis", audiens aut apprehendit omnia significata, aut primo unum et postea aliud. <Si primo modo, habeo propositum. Si primo unum et postea aliud,> ergo non differt terminus aequivocus a termino analogo. Probatio, quia illud significat
20 terminus quod audiens per ipsum apprehendit. Sed audiens primo apprehendit unum et postea aliud; ergo terminus sic significat. Sed significare unum per prius et reliquum per posterius est <ratio> termini

M117rB analogi; ergo non differt ab analogo; quod est inconveniens // secundum Philosophum[1] et alios sapientes.

25 Oppositum arguitur:

Significare sequitur intelligere; ergo quod non est possibile in intelligendo non est possibile in significando. Sed non est possibile aliquem intelligentem simul intelligere plura. Ergo etc.

Ad quaestionem dico duo: primo quod vox aequivoca plura significat
30 respectu plurium audientium, unum vero respectu unius. Probatio primi: "significare est intellectum constituere;"[2] sed vox aequivoca potest constituere plures intellectus respectu plurium audientium; ergo etc. Respectu autem unius audientis non significat plura, et huius declaratio est ex eodem, quia significare est intellectum constituere, sed non est
35 possibile intellectum alicuius simul constitui ex pluribus significatis; simul enim non potest plura significata intelligere; ideo etc.

Sed intelligendum quod in actu significandi sunt duo: vox constituens intellectum et intellectus constitutus per vocem. Quod autem vox non significat plura non est defectus ex parte vocis, quia vox de se nata est
40 plura repraesentare, sed est defectus ex parte intellectus ipsius audientis, quia intellectus unius audientis non est natus simul apprehendere plura. Et hoc declaratur in exemplo: ut in pomo reperiuntur obiecta plurium sensuum, ut color, dulcedo, frigiditas, sed videns colorem non potest percipere alia obiecta, ut dulcedinem vel frigiditatem; non est autem
45 defectus ex parte pomi, quia visui omnia aequaliter repraesentat, sed est

---

17-18 <Si ... aliud> *supplevimus coll. Inc. auct., Quaest. SE (CPD VII: 286.24).*
27 significando: significare *M.*   28 intelligentem: *fort.* audientem *scribendum.*
29 sqq. duo: primo ... probatio primi: *expectas 'duo: primo ... secundo ... probatio primi ... probatio secundi', sed cave librarium culpes; is enim procul dubio fideliter descripsit quae aut Simon aut eius reportator neglegenter expresserat, nam primum est "quod vox aeq. plura significat resp. plurium audientium," secundum "quod unum resp. unius" sive, quod idem est, "quod resp. unius audientis non significat plura," cuius 'declaratio' probatio est secundi.*

[1] Utrum locum determinatum in mente habuerit Simon non liquet.
[2] Arist., *Int.* c.3 (16b20).

defectus ex parte videntis, de ratione enim videntis est colorem
apprehendere, non dulcedinem vel frigiditatem; similiter in proposito
defectus non est ex parte vocis, quia vox ex sua ratione nata est plura
significata repraesentare, sed est defectus ex parte intellectus audientis.

50   Sed si aliquis dicat: "Estne possibile quod intellectus simul apprehendat
multa? Et videtur quod sic, quia visus simul potest apprehendere multa;
ergo similiter intellectus simul apprehendet intelligibilia plura, quia est
eiusdem virtutis in intelligendo cuius visus est in videndo," dico quod non
est simile, quia visus est virtus in organo corporeo et quanto, et omne tale
55 dividitur ad divisionem organi. Omne autem divisibile partem et partem
habet; omne autem habens partem et partem potest diversa recipere. Et
hinc est quod virtus visiva secundum diversas partes plura apprehendit,
puta album et nigrum. Intellectus autem est quid immateriale et
indivisibile, et ideo ad quod se convertit totaliter se convertit. Et hinc est
60 quod simul plura non potest apprehendere.

Et si aliquis ferat instantiam de intellectu componente: "Nonne simul
apprehendit subiectum et praedicatum, et ista sunt plura?" Quidam dicunt
quod quantum ad primam operationem non intelligit plura, quantum
tamen ad secundum dicunt quod plura intelligit. Certe dico quod intel-
65 lectus nullo modo apprehendit plura simul, et hoc plura ut plura; sed plura
ut unum bene potest. Unde intellectus simplex unum simplex apprehendit
sic componens multa sub ratione unius.

Ad rationes:

< 1. > Ad primam dico quod quantum est ex parte vocis ipsa simul
70 potest plura significare. Et cum dicitur: "Vox aequivoca significat plura
respectu plurium audientium," dico quod verum est: quantum est ex parte
vocis significantis simul potest plura significare; sed quia ad significare, ut
dictum est, non requiritur tantum vox constituens intellectum, sed intellectus constitutus per vocem, et respectu intellectus constituti per vocem
75 non est significare plura, [sed] hinc est quod defectus esse dicitur ex parte
intellectus apprehendentis.

< 2. > Ad aliam dico quod respectu cuius vox non significat plura, ita
quod sit defectus ex parte vocis, non est vox aequivoca. Nunc autem est
ita quod non est defectus ex parte vocis. Similiter ad minorem dicitur
80 quod verum est. Defectus enim non est ex parte vocis aequivocae, sed ex
parte intellectus apprehendentis; et ideo erit vox aequivoca non significans
plura respectu unius audientis. Et cum arguitur ulterius: "Ergo nullus

---

46 enim: autem *M*.   50 intellectus: intellectu *M*.   64 certe: *suspectum, fort.* ego
scribendum.   66 unde: unum *M*.   73 dictum est: dicitur *M*.

potest respondere ad orationem aequivocam," dico quod non sequitur,
quia non est defectus ex parte vocis sed ex parte audientis.

85   <*3.*> Ad aliam rationem. Cum arguitur "Prolata aliqua voce etc.,"
dico quod primo apprehendit unum et postea reliquum. Et tu dicis: "Ergo
non differt a nomine analogo." Dico quod immo, quia nomen analogum

M117vA ex impositione habet quod primo significet unum et // postea aliud, sed
vox aequivoca ex impositione habet quod simul significet omnia sua signi-

90 ficata. Et cum arguitur ulterius quod terminus eodem modo significat quo
audiens apprehendit per ipsum etc., dico quod audiens non apprehendit
primo unum significatum et postea aliud quia vox primo unum signi-
ficaum repraesentat et postea reliquum, quia omnia aeque primo significata repraesentat quantum est ex parte sui, sed defectus est ex parte intel-

95 lectus apprehendentis. Item potest responderi aliter quod analogum significat posterius mediante priori significato; sic autem non est de termino
aequivoco; ideo etc.

< QUAESTIO 15
UTRUM TERMINUS AEQUIVOCUS REPRAESENTET SUA SIGNIFICATA
PER MODUM COPULATIONIS AUT PER MODUM DISIUNCTIONIS. >

Consequenter quaeritur utrum terminus aequivocus repraesentet sua
5 significata per modum copulationis aut per modum disiunctionis.

Et arguitur quod per modum copulationis:

<*1.*> Quia terminus aequivocus repraesentat sua significata eo modo
quo ponit ea sub praedicato. Sed terminus aequivocus ponit sua significata
sub praedicato per modum copulationis, dicit enim Philosophus libro Peri

10 hermeneias[1] quod si quis imponat hoc nomen "tunica" homini et equo et
dicatur "tunica est alba," idem est ac si diceretur "homo est albus et equo
est albus," et ita sub praedicato ponit sua significata per modum
copulationis. Ergo etc.

<*2.*> Item < terminus > aequivocus aut repraesentat sua significata

15 per modum copulationis aut per modum disiunctionis. Sed non per
modum disiunctionis. Ergo etc. Minor patet, quia si significaret ea per
modum disiunctionis, illa "canis currit" esset de disiuncto subiecto; sed
propositio de disiuncto subiecto est vera pro altero sensu, ergo ista "canis

85 aliqua: alia *M*.   90 quo: quod *M*.   96 sic: si *vel* sed *M*.

[1] Arist., *Int.* c.8 (18a19-23).

currit" esset vera pro altero significato, et ita terminus aequivocus non
20 esset distinguendus, quod esset inconveniens.

< Oppositum arguitur: >

<3.> Philosophus <ibi> "Aut igitur dividendum"[2] dicit quod
paralogismi secundum aequivocationem peccant in eo quod duplex. Sed si
terminus aequivocus repraesentaret sua significata per modum copulatio-
25 nis, non peccarent in eo quod duplex, quia si per modum copulationis
repraesentaret ea, tunc si propositio pro uno sensu esset falsa, omni sensu,
et per consequens non esset distinguenda, sed simpliciter interimenda,
sicut est de copulativa falsa pro altera parte; ipsa enim tota est falsa.

Aliqui dicunt quod terminus aequivocus repraesentat sua significata
30 per modum copulationis, quia dicunt per Aristotelem in libro Peri
hermeneias[3] quod in aequivocis non est danda contradictio quia propositio
in qua ponitur terminus aequivocus est propositio plures, sed propositio
potest esse plures tribus modis, aut in qua < plura > praedicantur de uno
etc., unde ista "canis currit" non est plures quia < plura > praedicantur de
35 uno, sed quia unum praedicatur de pluribus; "canis" enim sic plura
repraesentat per modum copulationis. Et hoc confirmant per Aristotelem
libro Peri hermeneias:[4] "si 'tunica' imponatur homini et equo et dicatur
'tunica est alba' idem est dicere quod homo est albus et equus est albus."

<3.> Et tunc responde<n>t ad rationem quod Philosophus non
40 dixit quod paralogismi secundum aequivocationem peccant in eo quod
duplex secundum veritatem, sed secundum famositatem; unde dicunt
quod Philosophus non vult quod paralogismi aequivocationis sunt
distinguendi secundum veritatem, sed solum secundum famositatem
[similiter] communiter loquentium et quod Philosophus multa dicat
45 secundum famositatem quae contradicunt veritati; et probant per
Simplicium libro Praedicamentorum et Commentatorem v Metaphysicae;
dicit enim Commentator[5] quod Aristoteles dicit in Praedicamentis[6] motum

---

20-22 inconveniens ... philosophus: contra philosophum *M*; *correximus coll. Inc.
Auct. Quaest. SE qu. 815 (CPD VII: 289). Fieri potest ut etiam in sequentibus corruptela
lateat; si enim Inc. Auct. l.c. inspexeris, videbis duas rationes tertiae nostri correspondere;
ut fortasse concludendum sit magnam lacunam quae finem tertiae verae et initium quartae
absorbuerit in media tertia nostrae editionis latere.*   44 communiter: *vel* convenienter
M.

---

[2] Arist., SE c.6 (168a24-25).
[3] Cf. Arist., *Int.* c.8 (18a13-27) et c.6 (17a34-35).
[4] Arist., *Int.* c.8 (18a19-23).
[5] Averr., *Metaph.* 5 c.18.
[6] Cf. Arist., *Cat.* c.6 (4b24).

et tempus esse species quantitatis, in v Metaphysicae[7] dicit quod sunt
quantitates per accidens, unde dicit quod in Praedicamentis dicit
50 Philosophus hoc secundum famositatem, in v Metaphysicae secundum
veritatem; unde dicit Simplicius in Praedicamentis[8] quod Aristoteles in sua
iuventute vacavit componendo Praedicamenta, unde fere omnia quae ibi
dicuntur, dicuntur secundum famositatem et opinionem aliorum. Similiter
dicunt quod Aristoteles dixit terminum aequivocum esse distinguendum
55 secundum opinionem aliorum.

Si quis bene advertat, isti destruunt totam [sententiam] scientiam
sophisticam quia qui destruunt subiectum alicuius scientiae destruunt
illam scientiam, sed isti destruunt subiectum scientiae sophisticae, ergo
etc. Probatio minoris, quia dicunt quod sic dicendo "canis currit, caeleste
60 sidus est canis," hic non est peccatum in forma, et qua ratione non est hic
nec alibi, et ita destruunt syllogismum peccantem in forma qui est
subiectum scientiae sophisticae, ideo etc.

Item, Philosophus secundo huius[9] dicit quod recta solutio est
manifestatio falsi syllogismi et propter quid accidit falsum, et dicit quod
M117vB 65 paralogismi secundum aequivocationem recte solvendi sunt per distinc//-
tionem, sed rectitudo praesupponit veritatem, quare videtur quod paralogismi aequivocationis sunt distinguendi secundum veritatem et non
secundum opinionem aliorum.

Ideo dicendum est quod terminus aequivocus nec repraesentat sua
70 significata per modum copulationis nec per modum disiunctionis, sed
repraesentat sua significata simul et actualiter. Probatio quia illud quod
praecedit omnem copulationem et omnem disiunctionem non repraesentat sua significata per modum copulationis vel disiunctionis; sed impositio
termini aequivoci ad plura significata repraesentandum praecedit omnem
75 copulationem et omnem disiunctionem, quia impositio termini aequivoci
non fuit facta sub copulatione vel sub disiunctione, et non significat alio
modo quam imponitur; ergo etc.

Item, quando aliqua plura importantur per modum copulationis vel
per modum disiunctionis, unum importatur sub habitudine ad alterum.
80 Sed termini aequivoci non important sua significata sub habitudine unius
ad alterum; dicit enim Commentator v Metaphysicae[10] quod iste terminus
'canis' ita significat canem latrabilem ac si non haberet aliud significatum,

---

56 sententiam: *lectio incerta.*

[7] Arist., *Metaph.* 5 c.13 (1020a26-32).
[8] Cf. Simpl., *Cat.* (CAG VIII: 2 et 67 = CLCAG V: 3 et 90).
[9] Arist., SE c.18 (176b29-30).
[10] Locum non invenimus; cf. Inc. Auct., *Quaest.* SE (CPD VII, pp. XLIV-XLV).

et sic [istud] inducendo in aliis significatis. Sed licet non repraesentet sua
significata per modum copulationis vel per modum disiunctionis, tamen
85 repraesentat ea simul, quia sic dicendo "canis currit" currere simul
attribuitur omnibus significatis; et ad hoc advertens Boethius[11] dixit quod
terminus aequivocus habet rationem totius integralis: sicut enim totum
integrale omnes partes eius continet et simul, similiter terminus aequivocus repraesentat actualiter et simul omnia sua significata; et etiam se-
90 cundum ipsum habet naturam totius universalis: sicut enim totum
universale habet salvari in quolibet supposito, sic terminus aequivocus
repraesentat quodlibet significatorum ita quod una vox aequivoca
quodlibet significatum repraesentat. Et ita patet qualiter sit respondendum
ad propositionem < copulativam vel > disiunctivam, quoniam quod est
95 simpliciter vera vel simpliciter falsa, ut si dicatur "estne vera 'Deus est et
tu es asinus'?" dico quod simpliciter falsa est; licet enim ista pars "Deus
est" sit vera, tamen quia non significat Deum esse absolute, sed in
habitudine ad propositionem falsam, scilicet te esse asinum, ideo ex tali
habitudine redditur propositio falsa. Similiter ad istam "tu es homo vel
100 asinus" dico quod simpliciter vera est propter habitudinem ad propositionem veram. Ad propositionem autem multiplicem respondendum est
quod est ut sic et est ut non.

Apparet ergo quomodo terminus aequivocus sua significata repraesentet.

<Quaestio 16
Utrum sequatur "canis currit; ergo latrabile currit." >

Sed quaereret aliquis: "Dato quod terminus aequivocus sua significata
repraesentet nec per modum copulationis nec per modum disiunctionis,
5 sequiturne 'canis currit; ergo latrabile currit'?"
Quod sic arguitur:
< 1. > Quia tunc est consequentia bona quando consequens includitur
in antecedente; unde bene sequitur "homo est; ergo animal est" quia
consequens includitur in antecedente. Cum igitur in proposito latrabile in
10 hoc quod est canis includatur, sequitur "canis currit; ergo latrabile currit."
< 2. > Item, quando aliqua duo sunt convertibilia, quicquid sequitur
ad unum sequitur ad reliquum. Cum igitur "tunica" imponatur homini et
equo, et ista "tunica est alba" convertitur cum ista "homo est albus et

---

83 istud: *lectio incerta.*   100 simpliciter: similiter *M.*

[11] Locum apud Boethium non invenimus, cuius nomen fort. pro Alberti perperam
positum est; cf. Albertus Magnus, *Expos.* se 1.2.2.

equus est albus," < quicquid sequitur ad istam "homo est albus et equus
15 est albus" > sequitur ad istam "tunica est alba." Sed sequitur "homo est
albus et equus est albus; ergo homo est albus." Ergo sequitur "tunica est
alba; ergo homo est albus." Et ita sequitur conclusio principalis.

In oppositum arguitur:

Consequentia nulla est in qua antecedens potest esse verum sine
20 consequente; ut dicendo "animal est; ergo homo est" antecedens potest
esse verum sine consequente, ergo non valet consequentia. Sed sic est in
proposito, "canis currit; ergo latrabile," quia ista est vera "canis currit" si
caeleste sidus currit < et > si haec non sit vera "marina belua currit," [ergo
etc.] quia ad construendum multiplicem orationem sufficit construere pro
25 altero significato; quare antecedens potest esse verum sine consequente.

Dicentes igitur quod terminus aequivocus repraesentat sua significata
per modum copulationis dicunt quod sicut ad propositionem de copulato
praedicato sequitur pro altera parte, sic ubi ponitur terminus aequivocus
sequitur alterum significatum.

30 Sed quia terminus aequivocus, ut praedictum est, sua significata non sic
repraesentat, ideo dicendum est secundum quod dicit Philosophus;[1] dicit
enim quod respondenti ad orationem multiplicem sine distinctione, non
est mirum si sibi multotiens accidit improbabile. Qui enim respondet isti
propositioni "canis currit; ergo latrabile currit" dicendo quod sequitur
35 simpliciter, respondet orationi multiplici sine distinctione. Et ideo non est
mirum si sibi multotiens accidit improbabile. Et ideo dicit Philosophus[2]
quod orationi multiplici non est respondendum quod est sic determinate,
M118rA vel sic; // sed dicit quod dicendum est: "Est ut sic et est ut non." Et ideo
dicendum est quod isti orationi "canis currit; ergo latrabile currit"
40 respondendum est quod sequitur uno modo, alio modo non; quia pro uno
significato sequitur, pro alio significato non sequitur.

Sed tu dices: "Dico quod sequitur 'canis currit; ergo latrabile currit' pro
animali latrabili; ergo sequitur 'latrabile currit; ergo latrabile currit.' Et
per consequens est petitio principii." – Dicendum quod idem sequi ad
45 seipsum secundum unam et eandem rationem est inconveniens, ita quod
idem et secundum eandem rationem accipiatur in antecedente et in
consequente. Idem tamen sequi ad seipsum non est inconveniens dummodo secundum aliam rationem accipiatur in antecedente et consequente.

20 ut: sed *M*.   25 quare: aristoteles *vel* arguitur *vel sim. add. et del. M*.   35 est:
mir *add. et del. M*.

[1] Cf. Arist., se c.17 (175b28-37).
[2] Arist., se c.19 (177a20-22).

Unde aliter accipitur "animal latrabile" in antecedente, quia secundum
50 rationem aequivocam, et aliter in consequente, quia secundum rationem
univocam. Unde in antecedente reperitur animal latrabile per hoc quod est
"canis," sed non solum ipsum, sed aliud, ut sidus caeleste et piscis
marinus. Unde nihil commune habent nisi vocem. In consequente per
rationem univocam reperitur, ut per hoc quod est "animal latrabile." Sed
55 sic non est si dicatur "canis latrabilis currit; ergo canis latrabilis currit,"
quia eadem ratione reperitur in antecedente et consequente. Et ideo non
est bona consequentia. Et hoc apparet per exemplum, quia sequitur
"Socrates et Plato currunt; ergo Socrates currit," tamen nulla est
consequentia dicendo "Socrates currit; ergo Socrates currit." Sed hoc non
60 est nisi quia < in prima > "Socrates" aliter accipitur in antecedente et
consequente, [Et ideo non est bona consequentia. Et hoc apparet per
exemplum.] unde aliter consideratur aliquid acceptum per se et acceptum
cum alio. Unde "Socrates currit; ergo Socrates currit" non est consequentia probans.
65   Dicta autem confirmantur per intentionem Alexandri,[3] qui dicit quod
sicut subiectum et praedicatum se habent ad propositionem, sic antecedens et consequens ad consequentiam. Sed ad propositionem ubi
subiectum est multiplex vel praedicatum multiplex non est respondendum
sine distinctione. < Ergo > ubi antecedens est multiplex, vel consequens,
70 non est respondendum sine distinctione. Et ideo ad istam consequentiam
"canis currit; ergo latrabile" non est respondendum sine distinctione. Et
hoc dicit Philosophus super fallaciam secundum plures interrogationes ut
unam,[4] dicit enim quod attribuens unum duobus in quantum duo sunt, de
duobus facit unum, similiter qui ad interrogationem quae plures est
75 respondet una responsione facit interrogationem plures esse unam; quare
videtur sequi quod dans unam responsionem orationi multiplici, facit de
multiplici simplicem; et ideo non est mirum, ut ipse dicit, si cuilibet
respondenti orationi multiplici una responsione accidat improbabile.
    < 1. > Ad rationem dicendum quod ad consequentiam bonam plus
80 requiritur quam quod consequens includatur in antecedente, scilicet quod
intelligendo antecedens necessario intelligatur consequens, ut intelligendo
hominem necessarium est intelligere animal. Et ideo bona est consequentia "homo est; ergo animal est," quia utraque condicio requisita ad bonam
consequentiam salvatur ibi. Sed in proposito contingit intelligere canem

---

[3] "Alexander", *Comm.* SE F.165b30, 3 (ed. Ebbesen, p. 536).
[4] Cf. Arist., SE c.5 (167b38 sqq.) et c.17 (175b36 sqq.).

85 non intelligendo latrabile. Et ideo non est bona consequentia "canis currit;
    ergo latrabile currit." Vel dicendum est ut prius quod est ut sic et est ut
    non.

        < 2. > Ad aliam rationem dico quod quando sunt duo convertibilia, eo
    modo quo sunt convertibilia, quicquid sequitur ad unum sequitur ad
90 alterum. Et cum dicitur: "'tunica est alba' et 'homo est albus et equus est
    albus' convertuntur," dico quod quoad quid sunt convertibilia; sicut enim
    per unum importantur duo et praedicatum attribuitur actu pluribus,
    similiter per reliquum; tamen differunt, quia in uno significantur plura per
    modum copulationis et in alio non. Et ideo non oportet quod quicquid
95 sequitur ad unum sequatur ad alterum, quia in copulativa praedicatum
    attribuitur uni in habitudine ad alterum, et ideo ex ipso sequitur
    utrumque; in aequivoco autem non attribuitur praedicatum pluribus ita
    quod uni in habitudine ad alterum, et ideo non est necesse alteram partem
    sequi sicut in copulativa.

100   < SOLUTIO RATIONUM QUAESTIONIS 15 >

    Ad rationes primae quaestionis dicendum:
        < 1. > Ad primam. Cum dicitur "Terminus aequivocus ponit actu
    omnia sua significata sub praedicato; hoc autem est significare ipsa sub
    copulatione," dicendum, sicut dicit hic Aegidius,[5] quod simile est de
105 termino aequivoco repraesentante sua significata sicut de duabus
    prolationibus absque copulatione media. Unde ista "canis currit" actu
    continet multa, continet enim plures propositiones, ut tamen acceptae sunt
    sine copulatione media, sic scilicet: "caeleste sidus currit, marina belua
    currit." Et ideo actu plura significat, non tamen oportet quod significet ea
M118rB 110 per modum copulationis. //
        < 2. > Ad secundam dicendum quod neque per modum copulationis
    neque per modum disiunctionis habet ea. Et ideo sua divisio est in-
    sufficiens. Sed continet ea actu et simul.

        85 latrabile: latrabilem *M*.   94 alio: alia *M*.   95 sequitur: oportet quod quicquid
    sequitur *add. et erasit M*.   106 prolationibus: propositionibus prolatis *Aegidius*.
    108 sic: si *M*.   111 secundam: tertiam *M*.   112 sua: ista *malimus*.

        [5] Aegidius Romanus, *Expos.* SE (ed. Augustinus, fol. 11rB).

< QUAESTIO 17

UTRUM MULTIPLICITAS NOMINIS AEQUIVOCI DETERMINETUR
PER ADIUNCTUM. >

Consequenter quaeritur utrum multiplicitas nominis aequivoci determine-
5 tur per adiunctum, verbi gratia dicendo "canis latrabilis currit" utrum li
"canis" determinetur per li "latrabile" ad unum tantum.

Et arguitur quod sic:

Philosophus dicit hic inferius[1] quod hoc pronomen "hoc" est aequivocum ex eo quod potest esse casus nominativi vel accusativi, et dicit
10 quod quando dicitur "hoc est" est nominativi casus, quando dicitur "hoc
esse" est accusativi casus; ergo determinatur per adiunctum.

Item, Priscianus[2] dicit quod si dicatur "Aiax venit < ad Troiam > et
Aiax fortiter pugnavit," dubium est utrum de eodem Aiace dicatur; sed si
dicatur "Aiax etc. et idem fortiter pugnavit," manifestum est quod de
15 eodem fit sermo. Quare etc.

Oppositum arguitur:

< 1. > Quod non tollit alicui significatum nec modum significandi,
non videtur ipsum determinare. Sed determinatio quaecumque adveniens
termino aequivoco non tollit significatum nec modum significandi. Ergo
20 etc. Minor patet, quia significatum et modus significandi sunt essentialia
dictioni aequivocae, sed determinatio quaecumque adveniens est accidentalis; si ergo accidentale non perimit substantiale, nulla determinatio
adveniens termino aequivoco ipsum determinabit.

Alii dixerunt probabiliter satis quod terminum aequivocum contingit
25 considerare dupliciter: aut in se aut quoad utentes; si in se, sic non
determinatur, sed omnia significata actu et simul repraesentat; si quoad
utentes, sic determinatur, ut per comparationem ad opponentem et
respondentem, secundum quod scilicet utitur termino aequivoco pro uno
significato ratione alicuius determinantis superadditi.

30 Licet illud sit probabiliter dictum, tamen insufficienter dicitur, quia nos
utimur vocibus prout imponuntur ad significandum. Si ergo vox de se sit
in potentia ut repraesentet omnia sua significata, ergo ad utentes sic
repraesentabit. Ipso ergo termino aequivoco debemus uti sic quod †non
determinatur eius multiplicitas non determinetur per aliquod adiunctum†.

---

12 item: ideo *M, ut vid.* | ad Troiam *supplevimus coll.* CPD VII: 298.   13 pugnavit:
manifestum *add. et del. M.*   26 si: scilicet *M.*   30 quia: quod *M.*

---

[1] Arist., SE c.14 (173b34-38).
[2] Prisc., *Inst.* 17 c.9 n56.

35 Item, per Commentatorem,[3] respondendum est in quacumque materia
secundum quod virtus sermonis permittit. Si ergo terminus aequivocus ex
se omnia repraesentat, dicendum quod respectu cuiuslibet additionis
semper plura repraesentat.

Ideo dicendum est alio modo, scilicet quod terminus aequivocus per se
40 acceptus omnia sua significata simul et in actu repraesentat, tamen
acceptus immediate cum aliquo quod est determinatio unius significati
tantum stabit pro eo. Verbi gratia, sic dicendo "canis currit," indifferenter
stat pro omnibus; sic dicendo "canis latrabilis currit," tantum stat li
"canis" pro cane latrabili, quia contrahitur per li "latrabile." Sed hoc non
45 possumus probare scientifica ratione, sed per usum auctorum; auctores
autem terminum aequivocum per se sumptum distinguunt, acceptum
autem cum alio pertinente ad unum significatum non distinguunt. Et dico
quod hoc habet ex sua impositione quod acceptus per se omnia repraes-
sentet simul et in actu, et cum adiungitur cum alio determinante ad unam
50 rationem significandi, stat pro illo – ita quod illud habet per oppositum
respectu termini analogi, quia terminus analogus significat unum per se,
sumptus autem cum altero significat plura.

Sed intelligendum est ulterius quod si termino aequivoco addatur
mediate aliquid quod determinat ad unum significatum, non stat pro uno
55 significato; verbi gratia, sic dicendo "canis est latrabilis." Et hoc patet quia
quando aliqua propositio in qua ponitur terminus aequivocus est
multiplex et distinguenda, tunc multiplicitas talis termini aequivoci non
determinatur, quia si determinaretur, non esset distinguenda. Sed nos
videmus quod aliquae propositiones sunt distinguendae ubi ponitur
60 terminus aequivocus et praedicatum pertinet ad unum significatum
termini aequivoci; verbi gratia, dicendo "canis currit," hic non additur
aliquid immediate pertinens ad unum eius significatum, sed mediate,
scilicet li "currere," quod cedit in alterum extremum; et ideo distinguenda
est, et tamen li "currere" solum competit animali latrabili.
65   Ad rationes:

< 1. > Ad primam. Cum arguitur "Quod non aufert etc.," dico quod
maior falsa est, quia aliquid potest aliud determinare licet non auferat
modum significandi nec significatum.

---

35 respondendum: *fort.* loquendum *scribendum.*   45 usum: usus *M.*   52 altero:
alio *malimus.*   63 cedit: scedit *M a.c., ut vid.*   64 competit: contingit *M, sed
compendiose.*

[3] Locum non invenimus. Cf. Inc. Auct., *Quaest.* SE (CPD VII: 127.50-51). Fortasse ex
Averr., EN 1 c.3.

Et tu dices: "Sic dicendo 'canis' omnia sua significata repraesentat;
70 sed sic dicendo 'canis latrabilis', contrahitur; ergo de suo significato
aufertur." – Dico quod nihil aufertur, quia impositio termini aequivoci est
quod quando ponitur per se sine alio quod plura actu et simul repraesentet; et cum hoc // aliud habet ex impositione: quod cum ponitur cum   M118vA
aliquo pertinente ad unum significatum, stat pro illo.

75 Et potest responderi ad probationem. Cum dicitur "Nullum accidentale
transmutat essentiale," dico quod accidentale non transmutat substantiale
per se, transmutat tamen per accidens; unde transmutat accidentale
substantiale sicut substantiam, ut calidum et siccum ignis transmutat
frigidum et humidum aquae [ignem], ad quorum transmutationem
80 sequitur transmutatio formae ipsius aquae; similiter hic, cum dicitur
"canis latrabilis," per illud solum consequitur intellectus alterius significati, et ad hoc consequitur quod determinatur ad illud significatum.

< QUAESTIO 18

UTRUM SIGNUM UNIVERSALE ADVENIENS TERMINO AEQUIVOCO
DISTRIBUAT IPSUM PRO QUOLIBET SIGNIFICATO AUT PRO NULLO
AUT PRO QUODAM SIC ET PRO QUODAM NON. >

5 Consequenter quaeritur utrum signum universale adveniens termino
aequivoco distribuat ipsum pro quolibet significato aut pro nullo aut pro
quodam sic et pro quodam non, sicut verbi gratia "omnis canis," utrum li
"canis" distribuatur pro quolibet significato.

Et arguitur quod sic:

10   < 1. > Quia signum universale adveniens termino aequivoco aut
distribuit ipsum pro quolibet significato aut pro nullo, aut pro quodam sic
et pro quodam non. Si primo modo, habetur propositum; si secundo
modo, frustra additur signum; si pro aliquo sic et pro aliquo non, illud
non videtur esse verum, quia omnia significata aequaliter repraesentantur
15 per terminum aequivocum. Qua ratione ergo ipsum distribuit pro uno et
pro quolibet.

< 2. > Item, Philosophus dicit illo capitulo "Fallacia autem fit in hiis"[1]
quod difficile est distinguere multiplicitatem de ente et de uno; ens enim

---

69 'canis',: *fort.* 'canis < currit', 'canis' > *scribendum.*   73 aliud: *vel* illud *M.*
78 sicut: *fort.* sive *scribendum.*   79 frigidum et: calidum *add. et del. M.* | aquae: aquam
M.   81 consequitur: constituitur *malimus.*

7 non sicut: notificat *M, ut vid.*   15 distribuit: distribuitur *M.*

[1] Arist., SE c.7 (169a24).

videtur esse univocum in substantia et accidente, et tamen non est; tunc
20 ens aequivocum; sed dicendo sic "omne ens est" distribuitur pro significato quolibet, quare signum universale adveniens termino aequivoco
distribuet ipsum pro omnibus; quod autem dicendo "omne ens" li "ens"
distribuatur pro quolibet supposito videtur: Philosophus enim primo
Physicorum² dicit quod haec est falsa "tantum ens [est] quod est substantia
25 est [unum] et tantum ens quod est accidens est [unum]." Dicit tunc quod
utraque exclusiva est falsa; < sed quaelibet exclusiva falsa > convertitur
in universalem falsam; sed haec est falsa "tantum ens < quod > est
substantia < est >," ergo transformatur in universalem falsam; non in
aliam quam in istam "omne ens est substantia," sed non esset falsa nisi
30 "ens" distribueretur pro omnibus significatis; sicut est de hoc nomine
"ens," eodem < modo > de quolibet nomine aequivoco.

Oppositum arguitur sic:

Distributum et distribuibile correlative dicuntur sicut motum et mobile;
sed multiplicato uno correlativorum multiplicatur reliquum, ergo multi-
35 plicatis distribuibilibus multiplicantur distributiones; sed in termino aequivoco distributo inveniuntur plura distribuibilia, ergo etc.

Aliqui dixerunt quod signum universale adveniens termino aequivoco
distribuit ipsum pro omnibus significatis et hoc unico actu distribuendi. Et
ad hoc ostendendum procedebant sic: modi significandi proportionales
40 sunt principia unientia significata ad invicem, quia mediantibus ipsis
dictiones sunt ordinabiles ad invicem; sed sic dicendo "omnis canis"
inveniuntur modi significandi proportionales, scilicet casus casui respondet, et sic de aliis, ergo hic inveniuntur significata proportionalia; ergo hoc
quod est "omnis" ponit suum significatum circa hunc terminum "canis";
45 sed suum significatum est distribuere, quare etc. Item et uno actu distribuendi, et hoc est quia ratio est effectus naturae, et ideo agentia rationis
debent imitari agentia naturae, sed agens naturale potest simul agere in
plura passa calefacibilia, ergo similiter erit de actu rationis; sed distributio
est de actu rationis, et ideo uno actu distribuet pro omnibus significatis.
50 Credo quod hoc non sit verum dicere simpliciter et absolute loquendo
quod signum universale distribuat terminum aequivocum pro omnibus
significatis, quia si sic, eadem esset comparatio termini aequivoci ad sua

---

19 esse: unum *add. et del. M*.   22 li: ens *add. et del. M*.   23 supposito: *fortasse*
significato *scribendum*.   24-29 [est] ... substantia: *correximus coll.* QN 9 (*cf.* CPD VII: 132
et 315).   28 substantia: unum M *a.c., ut vid.*   29 substantia: unum M. | esset: esse M.
30 distribueretur: destrueretur M.   35 distribuibilibus: distributionibus M.
38 significatis: significati M.

² Arist., *Ph.* 1 c.2-3 (cf. Thomas Aquinas, *In Ph.* 1.3.21 et 1.6.42-43).

significata quae est termini univoci ad sua supposita; sed nos videmus
quod sub termino univoco distributo virtute dici de omni contingit sumere
55 quodlibet suppositum; sic virtute dici de omni contingeret sumere sub
< termino aequivoco > quodlibet significatum, et ita esset bona illatio
"omnis canis currit etc.," quod negat Aristoteles per totum istum librum,
dato quod esset simile.

Item rationes quas ipsi adducunt magis concludunt oppositum quam
60 propositum. Bene volo quod hoc signum "omnis" ponat suum significatum penes terminum aequivocum, et quod suum significatum est certe
significare quoniam universaliter, hoc est determinate modum accipiendi
terminum pro suppositis circa universale. Arguo tunc sic: Ubi sunt plures
modi accipiendi terminum pro suppositis, ibi // sunt plures distributiones; M118vB
65 sed in termino aequivoco sunt plures modi accipiendi terminum pro
suppositis, quia ibi sunt plura significata quorum quodlibet est universale
habens plura supposita; quare erunt plures actus [distinguendi] distribuendi, quod ipsi negant.

Ideo dicendum quod signum universale adveniens termino aequivoco
70 distribuit ipsum < pro omnibus significatis, sed non distribuit ipsum >
uno actu distribuendi, et ad huius evidentiam tria sunt intelligenda per
ordinem, scilicet quod signum universale adveniens termino aequivoco
simul distribuit terminum pro omnibus significatis suis; secundo quod
signum non distribuit ipsum [simul] < una distributione > pro omnibus
75 significatis, et hoc una distributione secundum numerum; tertio < quod >
distribuit ipsum pro omnibus significatis una distributione secundum
speciem.

Primum declaratur, quia circa illud idem hoc signum "omnis" ponit
suum significatum et officium, quia in syncategorematicis non differunt
80 officium et significatum, sicut dixerunt antiqui. Sed manifestum est quod
dicendo "omnis canis" li "omnis" circa hunc terminum "canis" ponit
suum significatum, quare etc. Si ergo distribuat ipsum pro uno, qua
ratione distribuit ipsum pro uno significato et pro alio, quare pro omni vel
pro nullo; sed non una distributione secundum numerum quia actus qui
85 est ab agente requiritur in patiente sicut in subiecto; nunc autem hoc est
verum quod accidens numeratur ad numerationem subiecti, et ideo
quantumcumque agens fuerit unum, dum tamen recipiens illam actionem
sit unum, una erit actio; si autem plura sint recipientia illam actionem,
actiones erunt plures. Hoc autem signum "omnis" est agens secundum

55 contingeret: sumere *add. et del.* M.   56 quodlibet significatum: quolibet
suppositum M.   60 bene: *vel* unde M.   61 certe: s *add. et del.* M.   63 circa
universale: *lectio incerta*.   64 terminum: termini M.   67 erunt: erit M.

90 rationem, ergo si agat in diversa secundum numerum, erunt diversae
distributiones secundum numerum. Cum igitur in termino aequivoco sint
plura distribuibilia, quia plura significata quorum quodlibet est distribuibile, signum universale adveniens non distribuet una distributione
secundum numerum. Unica tamen distributione secundum speciem
95 distribuit: nihil enim distribuitur nisi quod habet rationem universalis. Si
ergo distributio referatur ad terminum aequivocum, referetur ad significata prout accipiuntur in ratione universalis; ipsa autem accepta sub
ratione cuiusdam universalis accipiuntur ut eadem specie; quare distributio distribuens terminum aequivocum pro omni significato simul erit
100 una secundum speciem, alia tamen et alia secundum numerum, quia
distribuibilia sunt alia et alia secundum numerum. Nec aliter possumus
ponere quod ibi sit distributio una < nisi > secundum speciem, sed forte
dico quod illa distributio proprie loquendo non est proprie una secundum
speciem; si tamen aliqua sit ibi unitas, haec non erit unitas secundum
105 numerum, sed secundum speciem, ut dictum est.

Et sicut dictum est de termino aequivoco, ita intelligendum est de
termino analogo: si enim accipiatur terminus analogus cum distributione
simul distribuitur pro omnibus analogatis, non una distributione secundum numerum, sed una distributione secundum speciem. Unde ad
110 inveniendum istum modum analogiae intelligendum est quod triplex est
analogia: quaedam quae est plurium specierum aequaliter contentarum
sub eodem genere secundum quod una est magis perfecta, reliqua minus
perfecta; et ideo dicit Commentator[3] quod in entibus impossibile est
invenire duas species aequaliter perfectas sub eodem genere: differunt
115 enim secundum magis perfectum et minus perfectum secundum
< quod > magis et minus recedunt a primo principio, non est autem
possibile reperire duas species aequaliter distantes a primo principio, sicut
nec duos numeros aequaliter distantes ab unitate; ideo etc. Secunda
analogia est quando aliquid secundum unam rationem dicitur de pluribus
120 ita tamen quod de uno mediante alio, et sic dicitur "perspicuum" de
superioribus et inferioribus, quia mediante perspicuo in superioribus
invenitur perspicuum in inferioribus. Tertia analogia est secundum quod
aliquid dicitur de pluribus per diversas rationes, tamen secundum quod
attribuitur alicui uni, ut "ens" dicitur de substantia et accidente, secundum
125 tamen quod attribuitur alicui uni, ut substantiae. Unde dico quod

---

104 haec: *vel* hoc *M.*   107 cum distributione: cum signo universali *vel* cum signo
distributivo *vel sim. convenientius ponas.*   108 analogatis: *vel* analogicis *M.*

[3] Locum non invenimus.

analogum primo modo dictum et secundo distribuitur pro suis analogatis
una distributione, secundum numerum, analogum autem tertio modo
dictum non distribuitur pro suis analogatis una distributione secundum
numerum sed una secundum speciem.

130   Ad rationes:

<1.> Ad primam dico quod signum universale distribuit terminum
aequivocum simul pro quolibet significato, sed non sequitur "ergo distributione <una> secundum numerum," sed distribuit ipsum pro omnibus, tamen alio et alio actu distribuendi secundum numerum, quia diversa
135 sunt distribuibilia secundum numerum.

<2.> Eodem modo ad secundum.

<Quaestio 19

Quae sit causa apparentiae in fallacia aequivocationis,
utrum scilicet unitas vocis. >

Consequenter quaeritur quae sit causa apparentiae in fallacia aequi-
5 vocationis, utrum scilicet unitas vocis.

Et arguitur quod non:

<1.> Quia loci sophistici distinguuntur penes causas apparentiae; // M119rA
sed unitas vocis est causa apparentiae in fallacia accentus, quare non erit
in aequivocatione.

10   Oppositum patet per Philosophum in principio istius libri[1] qui dicit
quod in disputationibus non ferimus res nobiscum, sed utimur nominibus
pro rebus, et quia vox est una credimus quod res sit una.

Intelligendum, sicut dicit Alexander,[2] quod causa apparentiae in fallacia
aequivocationis est unitas vocis incomplexae secundum materiam et
15 formam. Per hoc quod dicit "unitas vocis" distinguitur a fallaciis extra
dictionem; per hoc quod dicit "vocis incomplexae" distinguitur a fallacia
amphiboliae; per hoc quod dicit "secundum materiam et formam"
distinguitur a compositione et divisione et accentu: in compositione enim
et divisione et accentu est eadem vox secundum materiam, non tamen
20 secundum formam. Specialiter etiam distinguitur a figura dictionis, quia

126 & 128 analogatis: *vel* analogicis *M*.

18 compositione[2]: comparatione *M a.c.*

[1] Arist., se c.1 (165a6-9).
[2] "Alexander", *Comm.* se F.165b30, 1B (ed. Ebbesen, pp. 433-434).

in figura dictionis sub unitate vocis secundum substantiam non latent plura significata, sed magis sub similitudine vocis; et quia ibidem non latent plura significata secundum substantiam vocis, ideo dicimus quod ibi est phantastica multiplicitas; sed in aequivocatione sub unitate vocis
25 secundum substantiam latent plura significata.

Sed ulterius intelligendum quod cum causa apparentiae sit unitas vocis incomplexae, penes ea quae subiacent voci incomplexae et penes divisionem eius debent distingui modi aequivocationis. Voci autem incomplexae subiacent duo, scilicet significatum et modus significandi. Si lateant
30 plures modi significandi, sic tertius modus; si lateant plura significata, hoc dupliciter: aut illa aequaliter significantur per terminum, et sic est primus modus; aut unum per prius et reliquum per posterius, et sic est secundus modus. Et si aliquis dicat: "Aequivocatio est aequa vocatio aliquorum multorum sub eadem voce; sed vox non vocat aeque plura nisi < in >
35 primo modo; ergo non erit aequivocatio nisi in primo modo," Alexander[3] dicit quod ista definitio non est proprie definitio aequivocationis, sed solum est definitio ipsius penes primum modum; quia secundum antiquos iste modus fuit maxime famosus, ideo ipsi ad hoc considerantes definierunt illum sic. Alexander tamen corrigit istam definitionem et dicit
40 quod aequivocatio est plurium sub eadem voce secundum materiam et formam qualiscumque designatio.

< 1. > Ad rationem patet per praedicta, quoniam in accentu causa apparentiae est identitas vocis secundum materiam tantum, hic vero identitas vocis secundum materiam et formam.

< QUAESTIO 20

UTRUM ANALOGUM PER SE SUMPTUM SIGNIFICET UNUM AUT PLURA. >

Consequenter quaeritur circa secundum modum aequivocationis. Et est secundus modus quando aliquis terminus significat plura, unum per prius
5 et reliquum per posterius, sicut analogum. Ideo quaeritur utrum analogum per se sumptum significet unum aut plura.

Videtur quod plura:

< 1. > Quia quod inest alicui per naturam suam non aufertur per aliquod sibi accidens. Sed analogum per naturam suam significat plura, quoniam

---

39 illum: *ita M, ut videtur; fort.* illam *scribendum.*

---

[3] "Alexander", *Comm.* SE F.165b30, 1B (ed. Ebbesen, pp. 433-434).

10 ex impositione, et impositio dictionum est natura earum, ut vult Petrus
Heliae super maius volumen;[1] quare acceptio eius per se vel cum alio illud
non auferet ab ipso. Ergo semper significabit plura.

<2.> Item, si terminus analogus per se acceptus tantum significaret
unum, cum terminus analogus semper accipiatur per se aut cum alio,
15 semper significaret unum †quia semper accipitur vel cum uno vel cum
alio.† Probatio consequentiae: si terminus analogus accipiatur per se,
stabit pro eo de quo dicitur per prius; si accipiatur cum alio contrahente
ipsum ad alterum, stabit pro eo; ergo semper stabit pro uno. Numquam
ergo erit terminus analogus distinguendus, ut videtur.

20 Oppositum volunt omnes expositores graeci[2] (Ammonius et Simplicius
et alii), et propter hoc dicunt quod non sequitur "homo mortuus; ergo
homo." Et hoc arguitur tali ratione: esse est analogum ad esse in re et ad
esse in opinione, quia per prius dicitur de esse in re extra, et Philosophus
dicit [quod] in fallacia secundum quid et simpliciter[3] quod non sequitur
25 <"hoc est opinabile, ergo est;" similiter in libro Peri hermeneias[4] dicit
quod non sequitur> "homo mortuus; ergo homo." Hoc autem non esset
nisi quia terminus analogus per se acceptus significat <unum et non>
plura.

Et est intelligendum ad hoc quod in nulla scientia potest probari quod
30 nomen significat hoc, quia quid significat nomen principium est omnis
demonstrationis. Principium autem debet supponi ab omnibus. Ergo quid
significat nomen ab omnibus debet supponi. Item, utrum nomen significet
hoc modo vel illo non debet probari; et etiam utrum nomen analogum per
prius dicatur de uno et per posterius de reliquo; et utrum, cum per se stat,
35 stet pro uno vel pro pluribus. Et ratio omnium istorum est quia illa quae
ad significatum termini pertinent debent supponi. Sed omnia ista ad
significationem termini pertinent. Quare etc. Sed solum debemus ea
probare per usum auctorum. <Nunc autem termino analogo ita utuntur

---

10-11 Petrus Heliae: Priscianus *M*.   12 auferet: auferret *M*.   13 significaret:
significet *M*.   15-16 quia ... alio: <Probatio minoris> quia semper accipitur vel per se
vel cum alio *conicimus*.   20 Ammonius: armonius *M*.   23 extra: ex *add. et del. M.*
25-26 hoc ... sequitur: *supplevimus coll. Inc. Auct. Quaest. SE qu. 822 (CPD VII: 311)*.
29 hoc: *vel* haec *M*.   36 significatum: significationem *malimus*. | supponi: supponit *M*
a.c.   38 usum: usut (*vel* utunt) ac *M a.c.*

[1] Petrus Helias, *Summa Prisc.* 1.3.10 (ed. Reilly, p. 22 = Paris, Arsenal, MS 711, fol.
4rB); cf. Inc. Auct., *Quaest.* SE (CPD VII: 76, 83, 129, 277-278, 283, 285).
[2] Cf. fortasse Ammon., *Int.* (CAG IV 5: 210-211 = CLCAG II: 381-382).
[3] Arist., SE c.5 (167a1-2).
[4] Arist., *Int.* c.11 (21a22-23).

auctores > ut cum per se sumitur stat pro uno. < Ergo > considerandum
M119rB 40 est quod sic // imponitur ad significandum. Et quod ita sit patet ex usu
Philosophi in ɪ †Physicorum;[5] dicit enim ibi quod cum "ens" dicatur
analogice de substantia et accidente, cum dicimus "ens," substantiam
significamus; sed cum dicimus "accidens est ens," subiungimus quod
accidens est ens quod est accidens.† Et vɪɪ Ethicorum[6] dicitur quod
45 "incontinens" dicitur analogice de incontinente tactu et gustu et de
incontinente secundum iram; incontinens autem tactus et gustus dicitur
"incontinens" absolute, sed incontinens irae non nisi dicatur "iste est
incontinens irae."

Et ut facilius dissolvantur rationes quae possunt fieri ad hoc, dicatur
50 quod sicut terminus aequivocus ex sua impositione habet quod per se
acceptus significet plura, sic [ut] terminus analogus per se acceptus ex sua
impositione habet quod stet pro illo cui primo competit; et sicut terminus
aequivocus ex sua impositione habet quod cum adiungitur aliquid
pertinens ad unum significatum stet pro illo, ut vult Boethius[7] dicens quod
55 aequivocationes terminantur per adiuncta, similiter terminus analogus
cum adiungitur cum aliquo pertinente ad unum significatum, stat pro illo.
Sed est ulterius iuxta hoc intelligendum quod [cum] terminus analogus
acceptus cum aliquo contrahente ad alterum significatum aliquando stat
pro illo significato solum, aliquando vero pro utroque. Si immediate
60 adiungatur terminus adveniens termino analogo non est distinguendus,
verbi gratia "mala expedientia sunt." Si autem iungatur mediate, tunc est
terminus analogus distinguendus ex eo quod potest stare pro uno vel pro
alio, verbi gratia sic dicendo "mala expediunt." Propter hoc Aristoteles ɪ
Priorum[8] non distinguit istam "omne B est A," et tamen distinguit istam
65 "omne B contingit esse A:" primum non distinguitur quia ibi non
adiungitur aliquid contrahens ad B in potentia, secundum distinguitur
quia ibi est aliquid contrahens ad secundarium significatum, et ei
adiungitur mediate cedens cum eo in alterum extremum. Sic dicendum est

---

41-44 Physicorum ... accidens[2]: *coll.* QN *8 hunc in modum textus corruptus sanandus
esse videtur:* Physicorum < et vɪɪ Metaphysicae > ; dicit enim ibi quod cum 'ens' dicatur
analogice de substantia et accidente, cum dicimus "ens" substantiam significamus; sed
cum dicimus 'albedo est ens', subiungimus quod albedo est ens quod est accidens.
56 pertinente: pertinens *M*.

[5] Locum non invenimus.
[6] Arist., ᴇɴ 7 c.6 (1147b20-1148b14).
[7] Boethius, *Divis.* (ᴘʟ 64: 890B).
[8] Arist., *APr.* 1 c.13 (32b25-32).

quod terminus analogus per se acceptus tantum significat unum; si cum
70 alio determinante ad secundarium significatum accipiatur, et hoc mediate
ita quod illud contrahens cedat in alterum [in alterum] extremum, debet
distingui ex eo quod potest intelligi sic vel sic.

Ad rationes:

    < 1. > Ad primam. Cum arguitur "Quod inest alicui" etc., dico quod
75 ex sua impositione habet quod significet plura eo modo quo dictum est; et
quod significet unum eo modo quo dictum est, habet similiter ex sua
impositione.

    < 2. > Et eodem modo ad aliam rationem.

< Quaestio 21
Utrum ista sit distinguenda "laborans sanus est." >

Consequenter quaeritur utrum ista sit distinguenda "laborans sanus est"
sicut ista "laborans sanabatur."

5   Et arguitur quod sic:

    < 1. > Per Aristotelem in littera,[1] qui dicit quod laborantem quidlibet
facere aut pati non unum idem significat, sed plura, ex quo accipitur quod
"laborans" adiunctum verbo activo et passivo plura significat. Sed sic
dicendo "laborans sanabatur" adiungitur verbo passivo, ergo etc.

10   < 2. > Item, Aristoteles[2] dicit †aliquid est sanus est aut laborans et non
laborans† sed dicit "sed laborans non nunc sed prius," ubi innuit, ut
videtur, quod ista "laborans sanus est" habet duos sensus.

    Oppositum arguitur: Sicut dicit Boethius[3] aequivocationes terminantur
per adiunctum, unde dicit quod cum "canna" sit aequivocum ad genus
15 masculinum et femininum, cum dicitur "Canna plenus" determinatur.
Ergo cum "laborans" sit aequivocum ad laborans de praesenti et ad

---

70 determinante: determinate *M*.   72 intelligi: distingui *M*.

9 passivo: *fort.* < et sic dicendo "laborans sanus est" adiungitur verbo activo quia esse
facere aliquid est > *vel sim. addendum; cf. Inc. auct., Quaest. SE (CPD VII: 319.41-42).*
10 dicit: aliquid *add. et del. M.*   10-11 aliquid ... laborans: *fortasse* [aliquid est] "sanus
est aut < em > laborans" – et < non > "non laborans" – *scribendum, nam Simonis
tempore et haec et illa scriptura ferebatur. Fieri potest ut verba* aliquid est *ex fine rationis
primae irrepserint; vide coniecturam nostram superius conditam.*

[1] Arist., SE c.4 (166a2-3); cf. Berlin, MS Quarto 393, fol. 61v (Arist., SE cum glossis):
"Nam laborantem et sedentem quidlibet facere aut pati non unum quidem significat"
[*supra* significat: "sed sup. plura"].
[2] Arist., SE c.4 (166a4-6).
[3] Boethius, *Divis.* (PL 64: 890B).

laborans de praeterito, cum adiungitur verbo de praesenti, tantum stabit
pro praesenti. Quare etc.

Ad hoc dicendum quod ista "laborans sanus est" non est distinguenda,
20 et ad hoc ostendendum sumo illam rationem termini analogi, quae dicta
est, scilicet quod cum terminus analogus per se sumatur tantum significat
unum, coniunctum autem alii contrahenti ad secundarium significatum
significat plura; nunc autem "laborans" est analogum, per prius enim
dicitur de laborante nunc, per posterius de laborante prius; ergo cum stet
25 per se et non cum alio contrahente ad alterum significatum, stabit solum
pro laborante nunc. Cum ergo ipsum sumptum per se tantum stat pro
laborante nunc, illud autem quod sibi additur < non > pertinet ad
secundarium eius significatum, quare solum stat pro primario eius significato, ut pro laborante nunc. Et hoc patet quia si ista sit distinguenda
30 "laborans sanus est," non est distinguenda nisi penes tertium modum
aequivocationis, tertius autem modus est quando aliqua dictio per se significat unum solum, coniuncta tamen alii plura; nunc autem "laborans" ex
nullo sibi addito sic dicendo "laborans sanus est" poterit habere quod stet
pro laborante in tempore praeterito, quare etc.

35 Sed aliquis[4] argueret quod si ista sit distinguenda "laborans sanabatur,"
M119vA // quod et ista similiter "laborans sanus est," quia manente eadem causa
manet idem effectus. Sed causa quare ista distinguitur "laborans
sanabatur" est quia participium consignificat duplex tempus, scilicet
praesens < et > praeteritum. Sicut enim dicit Priscianus,[5] omne
40 participium desinens in -ans vel in -ens significat duo tempora. Ergo etc.

Aliud, quod acceptum est, non videtur habere veritatem, scilicet quod
"laborans" per se acceptum tantum significat unum; quia sicut nos
videmus quod voci non attribuitur aliquod significatum nisi ab
impositione, ergo nec aliquis modus significandi nisi ex impositione; sed si
45 de se tantum significaret unum, et cum poneretur cum alio significaret
plura, ergo quod significet plura habet ex positione eius cum alio; sed
hoc est inconveniens, cum terminus non habeat significatum nisi ex impositione.

Item tertium falsum est quod dicitur "Quando dictio < ponitur > per se
50 significat unum et cum adiungitur < alii > habet potentiam ut significet
plura," quia causa apparentiae in fallacia aequivocationis debet manere in

---

43 ab: *supra* ex *expuncto insertum.*　　　45-46 alio ... alio: *fort.* alio ... alia *M*; *an* alia ...
alia *scribendum?*

[4] Cf. Inc. auct., *Quaest.* SE (CPD VII: 319.58 sqq.).
[5] Cf. Prisc., *Inst.* 11 c.7 n.25.

quolibet modo; sed causa apparentiae est quod sub unitate vocis lateant
plura in actu; si autem solum potentiam haberet ad significandum plura,
non laterent plura in actu, et per consequens non esset fallacia aequi-
55 vocationis per aliquem eius modum.

Istae rationes non concludunt:

Primo, quando dicitur quod manente eadem causa manet idem effectus,
et cum post dicitur quod causa quare haec distinguitur "laborans
sanabatur" est quia participium significat duplex tempus, dico quod hoc
60 non est causa praecisa, sed quia "laborans" de se est indifferens ad duo,
quorum unum significat per prius et reliquum per posterius, et ex
impositione habet quod cum per se ponitur stet pro primario significato, et
cum ponitur cum aliquo contrahente ad secundarium significatum, habet
ex impositione quod distinguatur, ideo cum sic dicendo "laborans sanus
65 est" nihil contrahat ad aliud significatum, non distinguitur.

Ad aliam rationem. Cum arguitur "Sicut videmus" etc., dico quod
verum est. Et quod dicitur "Si de se tantum" etc., dico quod ista ratio
provenit ex falsa imaginatione, quoniam iste terminus "laborans" ex sua
impositione habet quod significet unum et quod significet plura: quod
70 significet unum cum per se ponitur; quod significet plura cum ponitur
cum aliquo contrahente ad secundarium significatum. Et ita bene concedo
quod terminus nullum significatum acquirit per adiunctum, sed totum
habet ex impositione.

Ad aliam rationem. Cum arguitur "Causa apparentiae" etc., dico quod
75 in quolibet modo aequivocationis latent multa in actu, sed distinguo, quia
sub unitate vocis possunt latere multa per se vel cum alio: per se in primo
modo; cum alio in tertio modo.

Sed tu dices: "Dicendo sic per dicta tua 'mala expediunt' erit tertius
modus aequivocationis, quia < 'expediens' > per se significat unum
80 solum, coniunctum tamen huic quod est 'malum' significat plura."

Dico quod hic est aequivocatio penes tertium modum si sumatur quod
"expediens" significet duo, unum per prius et reliquum per posterius, ita
tamen quod utrumque proprie; si autem non proprie, sed transumptive,
sic est secundus modus.

85 Et ex hoc apparet distinctio modorum in fallacia aequivocationis. Unde
primus modus aequivocationis est quando aliqua dictio proprie et aeque
primo significat vel consignificat plura; et ideo dixerunt antiqui quod sicut
hic est fallacia aequivocationis penes primum modum "omnis canis currit;

---

66 videmus: voci *M*.   67 si de se tantum: voci determinatur *M*.   77 tertio:
secundo *M*.   80 coniunctum: coniuncta *M*.

caeleste sidus est canis; ergo caeleste sidus currit," ita hic "quicumque sunt
90 episcopi sunt sacerdotes; isti asini sunt episcopi; ergo isti asini sunt
sacerdotes," quia iste terminus "episcopi" principaliter et aequaliter
consignificat plura. Secundus modus est quando aliqua dictio plura significat, unum tamen proprie et reliquum improprie, ita ut secundus modus
accipiatur ex transumptione loquendi. Tertius modus est quando aliqua
95 dictio significat unum per prius et reliquum per posterius, utrumque
proprie, sicut quod cum per se ponitur significat unum, cum ponitur cum
alio contrahente ad secundarium significatum significat plura.

<1.> Ad primum igitur dicendum quod ipse intelligit quod quando
adiungitur cum verbo praeteriti temporis significat plura et non unum.
100   <2.> Et similiter ad secundum.

<QUAESTIO 22
DE AMPHIBOLIA.>

Consequenter quaeritur circa amphiboliam, et ibi primo intelligendum est
sine argumentis quod amphibolia locus sophisticus est, quia positis causis
5 [et] sufficientibus alicuius effectus de necessitate ponitur effectus, quia
causa sufficiens et in actu simul est et non est cum suo effectu. Nunc
autem causa sufficiens ad fallaciam est causa apparentiae cum non
existentia. Sed ista reperiuntur in amphibolia, ideo amphibolia erit fallacia.
Causa apparentiae in ista fallacia secundum Alexandrum[1] est unitas vocis
10 secundum materiam et formam praetendens eandem sententiam. Causa
non existentiae est diversitas sententiarum. Istius autem tres sunt modi:
primus modus est quando aliqua oratio ex impositione significat plura,
M119vB secundus modus // est quando aliqua oratio proprie significat unum,
transumptive significat plura, verbi gratia "pluit in domo:" ista oratio
15 proprie significat fluxum aquae in domo, transumptive tamen aliquem
suspectum in domo; tertius modus est quando aliqua oratio significat
unum, tamen coniuncta alii plura.

100 similiter: simpliciter M.

12 oratio: dictio M.

[1] "Alexander", Comm. SE F.166a6, B (ed. Ebbesen, p. 441).

< Utrum ad amphiboliam requiratur diversa ratio construendi. >

Hiis visis quaeritur utrum ad amphiboliam requiratur diversa ratio
20 construendi.

Et arguitur quod sic:

< *1.* > Quia in omni paralogismo quem Philosophus[2] ponit reperitur
diversus modus construendi, sicut patet in hoc paralogismo "quod quis
videt hoc videt" et in omnibus aliis quos ponit. Ergo ad fallaciam amphi-
25 boliae requiritur diversus modus construendi.

< *2.* > Item, in oratione amphibolica non inveniuntur nisi tria, scilicet
vox, significatum et modus significandi. Si ergo ibi sit diversitas sensuum,
hoc erit aut ex diversitate vocis, quod non potest, quia operatur multiplex
actuale et sub una voce plura repraesentat; aut ex diversitate significati
30 alicuius vocis, quod non potest, quia ex hoc est fallacia aequivocationis;
oportet ergo quod diversitas sensuum sit ex diversis modis significandi, et
hoc non est nisi constructio; ideo etc.

Oppositum arguitur: Secundus modus amphiboliae est quando aliqua
oratio proprie significat unum, improprie autem aliud. Alexander[3]
35 exemplificat de ista "litus aratur:" proprie enim significat terram scindi,
secundum quod vox praetendit; transumptive significat operam perdere;
sed in utroque sensu eadem est ratio constructionis. Ergo ad fallaciam
amphiboliae non requiritur diversa ratio constructionis.

Ad quaestionem dico quod ad fallaciam amphiboliae non requiritur
40 diversa ratio construendi. Hoc enim solum requiritur ad amphiboliam
quod oratio manens una et eadem secundum materiam et formam, non ex
multiplicitate alicuius dictionis, sed ex multiplicitate alicuius orationis
complexae actualiter < plura > significet. Unde dicitur "amphibolia"
quasi "dubia sententia." Unde si secundum amphiboliam accidat multi-
45 plicitas, non est ex aliqua dictione posita in oratione, quia tunc amphibolia
esset aequivocatio, sed per se et primo attribuitur multiplicitas toti
orationi. Unde potest esse oratio amphibolica et habere diversos sensus, et
tamen non erit ibi aliquis terminus qui per se significet plura, ut "vellem
< me > accipere pugnantes." Et quod illud possit haberi praeter hoc quod
50 habeatur diversa ratio construendi patet: ista enim oratio est amphibolica

---

28 diversitate: parte *M*.   43 actualiter < plura >: aliqua *M; correximus coll. Inc.*
Auct. Quaest. SE (CPD VII: 324.46).   44 secundum amphiboliam: in amphibolia *M*.

---

[2] Arist., SE c.4 (166a9-10).
[3] "Alexander", *Comm.* SE F.166a14, 1C (ed. Ebbesen, p. 444).

"iste liber est Aristotelis" et habet duos sensus; potest enim significare quod sit possessio Aristotelis vel quod sit opus Aristotelis; et tamen sub utroque sensu est eadem ratio construendi. Probatio: ratio construendi causatur ex modis significandi; si ergo diversa ratio construendi ex
55 diversis modis significandi, et eadem ratio construendi ex eisdem modis significandi. Nunc autem in hac oratione per eundem modum significandi construitur li "liber" cum li "Aristotelis," scilicet per modum significandi ut quod est alterius, et li "Aristotelis" cum li "liber" per illum modum significandi "cuius est alterum," et hoc secundum utrumque sensum.
60 Ergo oratio aliqua amphibolica potest habere diversos sensus sub una ratione construendi. Verum est tamen quod diversos < sensus > in aliqua oratione amphibolica concomitatur diversa ratio construendi; verbi gratia, hic "vellem me accipere pugnantes" diversa ratio construendi est quando < li "me" > construitur ex parte ante cum li "accipere" et quando ex parte
65 post. Illud tamen accidit, et quia non in omni paralogismo reperitur diversa ratio construendi, ideo etc.

Sed tu dices: In ista oratione "vellem me accipere pugnantes" est diversitas sensuum, et ibi non invenitur diversitas sensuum nisi ex diversitate constructionum, et diversitas constructionum non poterit esse
70 sine diversa ratione proferendi; et si sic, non est verum universaliter quod dicitur de amphibolia quod sub eodem modo proferendi significet plura.

Intelligendum est quod necessarium est quod oratio amphibolica sub uno modo proferendi habet plures diversos sensus, et tamen habet diversas constructiones; et ista duo stant simul. Unde accipiatur ista oratio
75 "vellem me accipere pugnantes" sub isto modo proferendi, et sub isto modo proferendi construitur li "me" cum li "accipere" a parte ante et a parte post, et secundum quod construitur a parte ante habet unum sensum, et secundum quod construitur a parte post habet alium. Quare habet diversos sensus sub una prolatione. Probatio assumpti, quia modi
80 significandi sunt causa constructionis. Modo dicit Philosophus II Physi-corum[4] quod causa in actu simul est et non est cum suo effectu. Nunc autem sic dicendo "vellem me accipere pugnantes," li "me" habet modum significandi per quem potest construi a parte ante et a parte post; cuius ratio est quia quilibet concederet quod si quis dicat sic "vellem me
85 accipere pugnantes," quod in tali modo proferendi habet li "me" modum significandi per quem construitur a parte ante. Tunc arguo: dictio

73 tamen: aliqua *vel* aliquando *vel sim. aut in contextu aut in mente addendum.*
84 dicat: dicatur *M.*

[4] Arist., *Ph.* 2 c.3 (195b17-18).

transposita idem significat et consignificat; quare similiter sic dicendo
"vellem // pugnantes accipere me" eandem rationem construendi habebit   M120rA
li "me"; quare etc.

90   Sed tu dices: "Constructio est congrua dictionum ordinatio. Sed sic
dicendo 'vellem me accipere pugnantes,' li 'me' solum ordinatur a parte
ante cum li 'accipere'; ergo solum construitur cum illo a parte ante."

Dicendum quod in isto argumento est fallacia consequentis, quia regula
generalis est quod quando proceditur a superiori ad inferius cum dictione
95   exclusiva, est fallacia consequentis; verbi gratia "tantum animal currit;
ergo tantum homo currit." Sed ordinatio est superior ad constructionem;
ideo cum proceditur sic "tantum ordinatur cum illo a parte ante; ergo
tantum construitur cum illo a parte ante," ipse facit fallaciam consequentis.

100   Ex hiis apparet solutio duarum quaestionum, et illius quae quaerit
utrum ad amphiboliam requiratur diversa ratio construendi, et illius quae
quaerit utrum eadem oratio sub eodem modo proferendi possit habere
diversas constructiones.

<1.> Ad primam rationem dicendum quod licet Philosophus
105   posuerit tales paralogismos in quibus reperitur diversa ratio construendi,
tamen potuit posuisse alios, ut "litus aratur" et "pluit in domo" et tales.

<2.> Ad secundam rationem dicendum quod diversitas sensuum
causatur ex diversis significatis, et non ex diversitate significatorum quae
sit ipsarum dictionum (quia illa reperitur solum in aequivocatione), sed ex
110   diversitate significatorum quae reperitur in tota oratione.

< QUAESTIO 23
DE COMPOSITIONE ET DIVISIONE. >

Consequenter quaeritur circa compositionem et divisionem, et intelligendum sine argumentis quod compositio et divisio sunt loci sophistici
5   operantes multiplicitatem potentialem.

Primi declaratio est quia in compositione et divisione invenitur causa
apparentiae et non existentiae, et possibile est ibi concurrere imperitia
iudicantis; sed ubicumque ista concurrunt est fallacia; ergo et cetera.

Probatio secundi – et ad huius evidentiam considerandum est quod
10   illud quod distinctum est in aliqua plura secundum se manet unum
secundum se in illis pluribus. Unde, cum nomen aequivocum distinguatur
in plura significata, vox illa manet una secundum se; genus etiam, cum est

88 vellem: me *add. et del.* M.   90 sic: si *M*.   103 constructiones: conclusiones *M*.

distinctum in plures species per ipsas differentias, manet unum in illis
speciebus. Illud autem quod per se distinguitur in compositione et
15 divisione est materia orationis, scilicet termini considerati sub modis
significandi et sub significatis circumscripto quolibet modo proferendi.
Illud ergo quod manet unum in compositione et divisione est unum
materiale et potentiale. Multiplicitas namque cuiuslibet fallaciae denominatur ab uno quod per se dividitur et quod per se distinguitur in illa
20 fallacia. Quod autem per se distinguitur in compositione et divisione est
aliquid materiale et potentiale; ideo et cetera.

Et ex hoc apparet unum, scilicet quod oratio quae est multiplex
secundum compositionem et divisionem, ipsa ut sic non est sub aliquo
modo proferendi determinato, sed circumscribimus per intellectum ab ea
25 omnem modum proferendi. Illa enim oratio, cum profertur in sensu
composito dicitur esse composita, et cum profertur in sensu diviso dicitur
esse divisa.

Et ex hoc apparet secundum, scilicet quod oratio multiplex secundum
compositionem et divisionem ut actu prolata est sub sensu composito vel
30 sub sensu diviso non est multiplex. Et ratio huius est quia quod sibi
determinat unum oppositorum ut sic, non est in potentia ad reliquum; sed
oratio prolata actu sub sensu composito determinat sibi unum oppositorum, scilicet modum proferendi compositum; ergo et cetera. Sed oratio
non est multiplex secundum compositionem et divisionem nisi ut habet
35 plures modos proferendi, quia illud quod est multiplex in compositione et
divisione est aliquid materiale et potentiale circumscripto omni modo
proferendi. Ergo et cetera.

Sed tu dices: "Quomodo circumscribes a materia orationis prolationem,
cum prolatio se habeat ad orationem sicut forma ad materiam, et materia
40 non potest intelligi praeter formam, cum intellectus materiae accipiatur
per analogiam ad formam?" – Dico quod quamvis intellectus materiae
accipiatur ab intellectu formae, tamen cum intellectus materiae accipitur
dicit intellectus quod intellectus materiae non est intellectus formae nec
econverso. Similiter in proposito, quamvis oratio sumatur a modo
45 proferendi, < quia > per hoc distinguitur una ab alia, tamen modus
proferendi non est ipsa oratio, et ideo aliquid attribuitur orationi
secundum materiam quod non attribuitur ei secundum formam
proferendi.

---

24 determinato: determinante *M.*   28 secundum: 3 *M.*   47-48 formam
proferendi: *fort.* formam, < scilicet modum > proferendi *scribendum.*

< Utrum compositio et divisio sint fallaciae distinctae secundum speciem. >

50

Consequenter < quaeritur > utrum compositio et divisio sint fallaciae distinctae secundum speciem.

Et arguitur quod non:

< *1.* > Quia loci sophistici distinguuntur secundum speciem penes
55 causas apparentiae. Sed causa apparentiae in compositione et divisione non distinguitur secundum speciem. Ergo et cetera.

< *2.* > Item: Sicut gravis accentus et acutus se habent ad dictionem, sic compositio et divisio ad orationem. Sed gravis accentus et acutus faciunt unam fallaciam. Ergo et cetera.

60   < Oppositum patet per Aristotelem in littera. > [1]

Ad quaestionem dico quod compositio et divisio sunt fallaciae distinctae secundum speciem, quia loci sophistici qui habent causam apparentiae distinctam in specie sunt loci sophistici // distincti in specie. Sicut enim M120rB videmus quod verae res distinguuntur per veram formam, sic distinguun-
65 tur apparenter verae per apparentem formam. Tales autem sunt compositio et divisio: habent enim causas apparentiae distinctas secundum †compositionem†.

Ad cuius evidentiam considerandum est quod compositio et divisio sunt fallaciae magis convenientes quam aliae duae fallaciae, quia habent
70 causam apparentiae communem, videlicet unitatem orationis secundum materiam. Sed per causam apparentiae accipitur distinctio fallaciarum. Quomodo ergo erit sumere diversitatem istarum duarum fallaciarum ?

Aliqui dicunt quod causa apparentiae specialis in compositione est unitas orationis secundum materiam cum modo proferendi actualiter
75 expresso secundum modum compositum et cum habilitate ad sensum divisum; econtrario in divisione, scilicet unitas orationis secundum materiam cum modo proferendi actualiter expresso secundum sensum divisum et secundum habilitatem ad sensum compositum.

Et istud non videtur valere, quia causa apparentiae in qualibet fallacia
80 non debet manifestare defectum in fallacia, sed tegere. Sed causa apparentiae iam dicta manifestat defectum in compositione et divisione. Ergo et cetera. Probatio minoris, quia tu dicis quod causa apparentiae in fallacia compositionis est unitas vocum et cetera, et per hoc manifestas tu

60 oppositum ... littera: *supplevimus coll.* CPD *VII: 328.28.*   67 compositionem: *ita* M, *ut vid., fort.* Commentatorem *scribendum.*   75 modum: sensum *malimus.*

[1] Arist., SE c.4 (165b25-26, 166a23-28).

quod in fallacia compositionis est diversitas sensuum: habet enim sensum
85 compositum actualiter, divisum in habilitate. Hoc autem significando
significat defectum, cum defectus sit multitudo sensuum.

Ideo alii dicunt aliter, et est opinio Aegidii,[2] et convenit cum opinione
Alberti. Dicit enim quod causa apparentiae in fallacia compositionis est
quod nos iudicamus orationem compositam esse indifferentem ab ora-
90 tione divisa. In divisione causa apparentiae est quia iudicamus orationem
divisam esse indifferentem ab oratione composita.

Albertus[3] magis pertractans istum modum loquendi dicit quod causa
apparentiae in compositione est similitudo orationis compositae ad
orationem divisam, in divisione vero causa apparentiae est similitudo
95 orationis divisae ad orationem compositam.

Aliquis posset improbare viam istam ponendi per modum praedictum,
quia causa apparentiae non debet manifestare defectum; sed cum dicitur
quod causa apparentiae est similitudo et cetera, exprimitur diversitas
sensuum; ergo et cetera.
100 Et iterum: Secundum ista dicta, ubicumque esset fallacia compositionis,
ibi esset fallacia divisionis. Probatio ex causa apparentiae, quia in
compositione causa apparentiae est similitudo orationis compositae ad
orationem divisam, in divisione econverso. Quare videtur quod compositio assimilatur divisioni et econverso; ergo ubicumque esset compositio et
105 divisio. Sed hoc est falsum: aliqui enim paralogismi distinguuntur
secundum compositionem qui non distinguuntur secundum divisionem.
Et iterum loci sophistici distinguuntur penes suas formas. Et iterum
distinguuntur penes causas apparentiae. Ergo nihil quod est formale in
causa apparentiae compositionis debet poni in divisione, nec econverso.
110 Quare similitudo non erit causa apparentiae in utraque, et ideo potest aliter
dici quod causa apparentiae est unitas vocis secundum materiam cum
unitate significati actualiter expressi [et] in sensu composito; causa
apparentiae in divisione est unitas vocis secundum materiam cum unitate
significati actualiter expressi in sensu diviso.
115 Unde ego pono quod illa oratio est composita quae ex ordine
constructibilium magis videtur praetendere sensum compositum quam
divisum. Unde ista est oratio composita "possibile est non scribentem
scribere" quia ex ordine constructibilium magis videtur praetendere
sensum compositum quam divisum. Oratio divisa est quae ex ordine

112 sensu: intellectu *M*.

[2] Aegidius Romanus, *Expos.* SE (ed. Augustinus, fol. 13vB).
[3] Cf. Albertus Magnus, *Expos.* SE 1.2.3 (ed. Jammy, p. 854B).

120 constructibilium magis praetendit sensum divisum quam compositum,
puta "quinque sunt duo et tria." Unde aliquae sunt orationes secundum
compositionem quae non sunt secundum divisionem et aliquae secundum
divisionem quae non sunt secundum compositionem, et ideo rationabiliter
distinxit istas duas fallacias, et ideo male respondemus ad paralogismos
125 compositionis quando dicimus quod est paralogismus compositionis et
divisionis, et ad paralogismum divisionis dicendo quod est haec fallacia
compositionis et divisionis; immo debemus determinate dicere quod est
composita vel determinate dicere quod est divisa. Ex quo autem debet dici
composita et ex quo divisa, dictum est.
130   Patet igitur ubi assignandum est compositionem in oratione, et etiam
ubi divisionem. Patet etiam quod istae sunt fallaciae distinctae < quia
habent distinctas causas > apparentiae in specie, et etiam quae sunt causae
apparentiae.

    Ad rationes in oppositum:
135   < 1. > Ad primam dico quod licet causa apparentiae sit eadem in
compositione et divisione secundum genus, diversificatur tamen secundum speciem, et ideo diversae sunt fallaciae.

    < 2. > Ad aliam. Dicunt aliqui quod non est similitudo, quia gravis
accentus et acutus non distinguunt essentialiter dictionem cum sit
140 accentus // alius, scilicet circumflexus; compositio autem et divisio M120vA
essentialiter distinguunt orationem; ideo et cetera.

    Ista solutio non sufficit, quia sicut compositio et divisio sunt modi
proferendi orationis, sic gravis accentus et acutus dictionis. Si ergo
compositio et divisio distinguunt essentialiter orationem, gravis accentus
145 et acutus distinguent essentialiter dictionem. Et si quaeratur quare non
sunt duae fallaciae accentus distinctae, potest dici quod quia ista fallacia
non est multum idonea ad decipiendum nec in sermocinando nec in
scribendo, ideo Aristoteles non curavit ipsam distinguere.

< QUAESTIO 24
UTRUM ISTA SIT VERA "POSSIBILE EST SEDENTEM AMBULARE." >

Consequenter quaeritur circa orationes multiplices secundum compositionem et divisionem. Philosophus dicit in littera[1] quod ista "possibile est
5 sedentem ambulare" est distinguenda: in uno sensu est vera et in alio

_____

[1] Arist., SE c.4 (166a23-26).

sensu est falsa. Ideo quaeritur utrum ista sit vera "possibile est sedentem ambulare."

Et arguitur quod non:

< *1.* > Quia si ista est vera, erit vera in sensu diviso; sed non est vera in
10 sensu diviso; ergo et cetera. Probatio minoris, quia in minori significat quod potentia ambulandi insit sedenti; sed hoc est falsum, quia cuius est actus, eius est potentia; sed sedenti non inest actus ambulandi, ideo nec potentia; ergo et cetera.

< *2.* > Item, possibile est quo posito inesse non sequitur impossibile;
15 sed posito isto inesse, sequitur impossibile; ergo et cetera. Sequitur enim quod sedens ambulat, quod est impossibile; ergo primum.

< *3.* > Item, sicut vult Commentator primo Caeli et Mundi[2] impossibile est contraria simul esse in eodem; sed potentia ad ambulandum et potentia ad sedendum sunt contrariae; ergo et cetera. Sed hoc designatur
20 per illam propositionem; ideo et cetera.

Oppositum arguitur:

Socratem possibile est ambulare. Socrates est sedens. Ergo sedentem possibile est ambulare.

Item, †si unum contrariorum est verum, reliquum est falsum. Sed istae
25 sunt duae contradictoriae "sedentem possibile est ambulare" et "sedentem non possibile est ambulare" sed hoc est non possibile est sedentem ambulare;† ergo et cetera.

Ad dissolutionem istius quaestionis intelligenda sunt tria. Primum est quod "sedens" et quilibet alius terminus accidentalis significat aggregatum
30 ex subiecto et accidente; et ratio huius est quia illud significat terminus quod praedicat, sed terminus accidentalis non praedicat nisi aggregatum: haec enim est falsa †"albedo est... Coriscus secundum quod huius est albus,"† sed haec est vera "Coriscus secundum quod habet albedinem est albus"; sed non significat aggregatum secundum proprias rationes partium
35 aggregati, quia tunc esset terminus aequivocus, sed totum significat sub ratione formae accidentalis. Unde totum aggregatum est illud quod significatur sub ratione formae accidentalis, ut "ambulans" significat ambulantem sub ratione ambulationis et "sedens" sedentem sub ratione sessionis.

40 Secundo est intelligendum quod quando aliqua duo repugnant per rationes eorum proprias, unum removetur ab alio, et etiam cum modo

---

22 sedentem: Socratem *M.*   31 accidentalis: aequivocus *M.*   32 ...: *una vox illegibilis, fort.* falsum, *fort. a scriba deleta M.*   32 huius: *an* homo *scribendum?*

[2] Averr., *Cael.* 1 c.119 (et c.121).

necessitatis, quia quando aliqua duo repugnant per rationes proprias, unum per se non est in potentia ad alterum (si enim unum esset in potentia ad alterum, unum posset esse alterum); et si sic, unum de necessitate non
45 est reliquum, quia "non est possibile" et "necesse non" convertuntur. Quare sequitur quod quae repugnant per rationes proprias, unum necessario removetur ab alio.

Tertio est intelligendum quod actus unius contrarii in aliquo subiecto non tollit potentiam in illo subiecto ad aliud contrarium. Probatio huius
50 quia actus unius contrarii in aliquo subiecto non tollit ad illo rationem subiecti; ratio autem subiecti est ratio potentiae; quare actus unius non tollit potentiam ad alterum contrarium, et iterum <actus> unius contrarii in aliquo subiecto non tollit quin ipsum subiectum possit transmutari ad alterum. Accipiatur ergo illud, scilicet quod actus unius
55 contrarii in aliquo non tollit [subiectum] potentiam ad aliud, quia cum aliquid est actu album, potest esse nigrum.

Ex istis ad quaestionem dico quod ista propositio est falsa per se, vera autem per accidens, quia quando aliqua duo repugnant per rationes eorum proprias, unum per se removetur ab altero, et unum per se non est in
60 potentia ad alterum; sed sedens et ambulans repugnant per rationes eorum proprias, quia illud quod significat "sedens" per rationem propriam est sessio, illud quod significat "ambulans" per suam rationem est ambulatio, et istae rationes repugnant, ideo et cetera. Tamen est vera per accidens, et ratio huius est quia, sicut accipiebatur tertio, subiectum quod est actu sub
65 uno contrariorum bene est in potentia ad alterum; ergo subiectum quod est actu sub sessione est in potentia ut sit sub ambulatione; quare sedens per suum subiectum est potentia ambulans, et sic per accidens; quare erit vera per accidens – et dico per accidens quia subiectum, quod per se potest esse ambulans, non includitur in ratione sedentis unde sedens est, quia
70 ratio sedentis unde sedens est sessio, sessio autem unde sessio non includit subiectum, quare nec in ratione sedentis secundum quod sedens includitur subiectum; ideo et cetera.

Sed tu di//ces: "Probatio quod non possit verificari per accidens, quia M120vB 'sedens' non significat subiectum absolute, sed subiectum ut est actu sub
75 sessione. Sed subiectum ut est actu sub sessione numquam potest esse ambulans, nec per se nec per accidens, sicut ratio sessionis non potest esse ratio ambulationis."

Ideo est advertendum quod in propositione affirmativa solum hoc habetur de virtute sermonis quod praedicatum insit subiecto absolute, sed

---

49 illo: alio *M a.c.*   51 subiecti[1 & 2]: sibi *M, ut videtur.*

80 quod insit subiecto sub ratione formali eius vel materiali, hoc accidit; ut si
igitur dicam "sedens potest ambulare," de virtute sermonis non plus
habetur nisi quod potentia ambulandi insit sedenti; utrum autem sibi insit
ratione formae vel ratione subiecti non habetur de virtute sermonis.

Tunc ad formam rationis. Cum dicis "'Sedens' significat subiectum ut
85 est actu sub sessione," verum est; tamen per istam propositionem "sedens
potest ambulare" solum significatur quod praedicatum insit subiecto
absolute; nihilominus si debeat esse vera per se, oportet quod verificetur
propositio pro aliquo reperto in habitudine terminorum; sed hoc non
habetur de virtute sermonis, sed quod in propositione tali praedicatum
90 attribuitur subiecto absolute, solum hoc habetur.

Et si tu dicas: "Si concedas mihi istam 'sedens potest ambulare' ratione
subiecti, eodem modo debes concedere istam 'homo est asinus' ratione
subiecti, saltem per accidens," ego dico quod ista "homo est asinus" non
est vera per se nec per accidens, tamen ista est vera per accidens "sedens
95 potest ambulare" et "album potest esse nigrum," quia in ista "sedens
potest ambulare" subiectum quod est sub sessione est in potentia ut sit sub
ambulatione per accidens, sed in homine non includitur asinus per se nec
per accidens; ideo et cetera.

Et tu dices: "Ratione materiae potest esse asinus." – Dico quod non: nec
100 enim est in potentia ad formam asini nec est asinus, quia cuius est actus,
eius est potentia; nunc autem materia non est asinus nec erit, quare ipsius
non est potentia; sed materia est illud quo aliquid potest esse asinus, et ad
illud considerans Philosophus VII Metaphysicae[3] dixit quod materia est
illud quo aliquid potest esse et non esse, et non est illud quod potest esse et
105 non esse, sicut forma non est illud quod est sed est illud quo aliquid est.

Haec ergo est vera per accidens "sedentem possibile est ambulare,"
unde distinguenda est, et in sensu compositionis est falsa, et in sensu
divisionis est vera; et similiter ista "sedens potest ambulare." Sed differunt
in hoc quod ista "possibile est sedentem ambulare" distinguitur secundum
110 compositionem et divisionem, illa autem non, quia in illa invenitur
habilitas ad diversum modum proferendi, unde ista "possibile est
sedentem ambulare" uno modo est vera, sic: "sedentem possibile est
ambulare," et est sensus divisionis; alio modo sic: "possibile est sedentem
ambulare," et est sensus compositus et falsus.

---

83 subiecti: *lectio incerta, fort.* sibi *M.*   85 sessione: ratione *M.* | istam: rationem
add. et exp. M.

[3] Cf. Arist., *Metaph.* 7 c.7 (1032a18-22) (?).

115   Ad rationes:

<1.> Ad primam. Ad minorem dico per interemptionem, et ad probationem dico quod possibile est quod in sedente sit potentia ad ambulandum, sed per accidens – et dico per accidens, quia in sedente est aliquid, ut subiectum, ratione cuius ambulare potest ei inesse, et

120 subiectum non includitur in natura sedentis unde sedens est.

Et si aliquis dicat: "Sicut potentia per se ordinatur ad actum per se, sic potentia per accidens ad actum per accidens; ergo si in sedente sit potentia per accidens ad ambulandum, ergo haec erit vera per accidens 'sedens ambulat'," dico quod haec "sedens ambulat secundum quod sedens" nec

125 est vera per se nec per accidens, quia in sedente secundum quod sedens non reperitur potentia ad ambulandum nec per se nec per accidens, sed potentia est in ipso subiecto sessionis, ita quod potentia ad ambulandum et actus ambulandi subiecto sessionis non repugnant, ipsi tamen sedenti secundum quod sedens est actus ambulandi repugnat. Et hoc declaratur

130 sic, quia simile est de ista "sedens fit ambulans" et de ista "immusicum fit musicum"; nunc autem dicit Aristoteles I Physicorum[4] quod cum ex immusico fit musicum corrumpitur immusicum; similiter hic, quantumcumque sedens possit esse ambulans, sedens tamen non erit ambulans ita ut cum sit actu ambulans maneat sessio in subiecto vel maneat sedens, sed

135 propter hoc dicitur in potentia ad †amp† ambulandum quia quando sedet subiectum est in potentia ad ambulandum. Unde differunt duo sermones isti "subiectum sessionis quando sedet habet potentiam ad ambulandum" et "subiectum sessionis habet potentiam ad ambulandum quando sedet;" secundus est falsus et primus verus. Sicut dicit Commentator[5] "mobile

140 quando movetur habet potentiam ad movendum" et "mobile habet potentiam ad movendum quando movetur," quia primus est verus, secundus falsus.

<2.> Ad aliam dico quod si <quod> possibile est eo modo quo est possibile ponatur inesse, nullum accidit impossibile; sed quomodo est haec

145 possibilis "sedens potest ambulare" ***

---

120 includitur: includit M.   128 repugnant: repugnat M.   131 ex: *supra lin. M.* 133 ita: *lectio incerta.*   135 dicitur: dicit M. | amp: *aut delendum ut ex* ambulandum *quod sequitur ortum, aut fort. in actu mutandum.*   144 quomodo: *vel* quoniam *vel* quando M.   145 *fol. 120v in mg. inf.* certe non ita *add. manus secundaria, quae verba quo spectent non liquet.*

[4] Cf. Arist., *Ph.* 1 c.7 (190a10-13).
[5] Locum non invenimus.

Simon of Faversham

Quaestiones novae super libro Elenchorum

Sigla

M   Milano, Biblioteca Ambrosiana, cod. C.161.inf., ff. 64vB-78rB
O   Oxford, Merton College Library, cod. 292, ff. 100rA-110rB
V   Wien, Österreichische Nationalbibliothek, cod. lat. 2302, ff. 1rA-8vB

< QUAESTIONES NOVAE SUPER LIBRO ELENCHORUM >

< Prooemium >

Sicut dicit Philosophus ii De anima[1] potentiae distinguuntur per actus et M64vB
actus per obiecta. Ergo, a primo, potentiae distinguuntur per obiecta. O100rA
5 Scientia autem se habet ad actualem considerationem sicut potentia ad
operationem; actualis autem consideratio se habet ad id quod est obiectum
actuali considerationi sicut operatio ad obiectum. Et ideo diversitas
scientiarum est secundum diversitatem modi considerandi, et diversitas
modi considerandi ex diversitate subiectorum. Et ita, a primo ad ultimum,
10 distincto scientiarum est secundum distinctionem subiectorum. Propter
quod et rationabiliter dicit Philosophus iii De anima[2] quod scientiae
secantur quemadmodum et res de quibus sunt. Subiectum autem
cuiuslibet scientiae in universali est ens intellectum. Omnis enim scientia
est de ente et bono, ut apparet per Philosophum i Ethicorum.[3] Et ideo
15 secundum distinctionem entium intellectorum erit distinctio scientiarum.

 Entium autem intellectorum quaedam sunt quae intellectus tantum
cognoscit, cuiusmodi sunt entia naturalia et universaliter illa quae habent
esse completum extra animam. Alia autem sunt quae intellectus cognoscit
et operatur, et istorum sunt tria genera; quaedam enim sunt entia quae
20 ratio operatur in materia exteriori, cuiusmodi sunt domus, scamnum,
lectulus et similia, et universaliter omnia artificialia; quaedam autem sunt
quae ratio operatur in parte animae appetitiva, et huiusmodi sunt actus
virtutum moralium deservientes ad felicitatem et bonam vitam; tertio sunt
quaedam entia quae ratio operatur in parte animae intellectiva, et
25 huiusmodi sunt entia rationis, puta genus, species et universaliter
intentiones secundae fundatae in rebus ex operatione intellectus. Sic ergo
entium intellectorum quattuor sunt genera: quaedam sunt quae intellectus
tantum cognoscit et non operatur, quaedam autem quae intellectus
operatur. Et ista duplicem distinctionem sortiuntur: quaedam enim sunt

---

1 *De inscriptionibus codicum, vide praefationem.* 2 sqq. *Totum prooemium deest in*
cod. V. 12 de quibus sunt: *om. O.* 13 enim: autem *M.* 24 intellectiva:
-vae *M.* 26 ex operatione: secundum operationem *M.* 27 quae: quod *M.*

[1] Cf. Arist., *De an.* 2 c.4 (415a16-20) et 3 c.2 (427a6-7).
[2] Arist., *De an.* 3 c.8 (431b24-25).
[3] Cf. Arist., en 1 c.1 (1094a1-2).

30 quae intellectus operatur in materia exteriori, quaedam quae operatur in
    parte animae appetitiva et quaedam quae operatur in parte animae intel-
    lectiva. De entibus primo modo sunt scientiae speculativae tres: naturalis,
    mathematica et divina. De entibus secundo et tertio modo sunt scientiae
    practicae. De entibus quarto modo sunt scientiae rationales et logicae.

35   Et ista advertens Simplicius super librum Praedicamentorum[4] dicit
    quod philosophia in tres partes dividitur, scilicet in speculativam,
    practicam et organicam; partem philosophiae organicam appellans ipsam
    logicam. Et valde rationabiliter: organum enim non sui ipsius gratia, sed
    gratia cuiusdam alterius institutum est. Unde et servus, quia non est sui
40 ipsius gratia sed alterius, ideo convenienter organum dici potest, ut
    apparet per Philosophum ɪ Politicorum[5] qui dicit quod "servus est
    organum animatum homo alterius existens." Totus autem fructus logicae
    consistit in hoc quod ordinatur ad alias scientias sicut ad finem. Unde si
    non essent aliae scientiae ad nihil utilis esset logica, et ideo convenientis-
45 sime logica organum scientiarum est, et sine illa nullius rei habetur
    perfecta notitia.

        Quod advertens Alpharabius in Logica sua[6] dicit quod sicut grammatica
    est probatio linguae ne erretur in interpretando, sic logica est directio intel-
    ligentiae, id est intellectus, ne erretur in ratiocinando. Et ideo sicut ille
50 vere idiota est qui se ipsum in actibus rationis dirigere nescit, sic vere
    idiota est qui non est instructus in logica. Haec ergo fuit necessitas
    inveniendi logicam, ut ipsa esset directio rationis nostrae per quam
    possemus cognoscere utrum illa quae scimus recte sciamus, et etiam per
    quam rationes nostras, ut syllogismos nostros, recte formaremus. Unde et
55 omnes antiqui ignorantes logicam, credentes syllogizare non syllogiza-
    bant, ut manifeste apparet de Parmenide et Melisso ɪ Physicorum.[7]

        Logicae autem tres sunt partes principales: apprehensiva, compositiva
    et ratiocinativa. Apprehensiva est de talibus entibus quae fiunt ab
    intellectu secundum quod apprehendens est, et de talibus entibus
60 determinatur libro Praedicamentorum. Alia est compositiva, et est de
    talibus entibus quae causantur ab intellectu secundum quod est

---

    31 appetitiva: -vae *M*.   34 quarto: tertio *O*.   50 rationis: *om. M*.
54 formaremus: formemus *O* (*M cum Aegidio, Exp.* SE, *2rA congruit*).   55 credentes: se
add. O (*M cum Aegidio, Exp.* SE, *2rA congruit*).   60 determinatur: in *add. M*.

---

[4] Cf. Simplicius, *Cat.* (CAG VIII: 4.22-23 et 20.8-11 = CLCAG v.1: 6 et 27).
[5] Arist., *Pol.* 1 c.4 (1253b32-1254a16).
[6] Cf. Alpharabius, *De scientiis* c.2 (ed. Palencia, pp. 128-133).
[7] Arist., *Ph.* 1 c.3 (186a4 sqq.).

componens vel dividens, et de talibus entibus determinatur libro Peri
hermeneias. Tertia est pars ratiocinativa, et est de talibus entibus quae
causantur ab intellectu secundum quod ratiocinatur et actu discurrit ab
65 uno in aliud. Et ista pars logicae ratiocinativa in tres partes dividitur:
iudicativam, inventivam et sophisticam. Pars logicae iudicativa est de tali
actu rationis per quem acquiritur cognitio // certa et infallibilis, et quia de M65rA
illis iudicamus quorum certam cognitionem habemus, ideo ista pars
logicae iudicativa dicitur, et ista traditur libro Posteriorum. Pars logicae
70 inventiva est de tali actu rationis per quem acquiritur non certa cognitio
sed aliqualis, vel quae est fides et opinio vel suspicio vel aliqualis
existimatio de conclusione. Et secundum hoc pars logicae inventiva tres
habet partes: dialecticam, rhetoricam et poeticam. Dialectica est de
syllogismo per quem acquiritur fides vel opinio, et iste docetur libro
75 Topicorum, rhetorica vero est de tali syllogismo per quem acquiritur
suspicio, et poetica de tali per quem acquiritur aliqualis aestimatio. Tertia
autem pars logicae est sophistica, quae est de tali actu per quem nulla
habetur cognitio sed magis error vel deceptio, de qua ad praesens
intendendum.

< Quaestio 1 >
Utrum ars sophistica sit de integritate logicae.

Circa quam quaeritur primo utrum ars sophistica sit de integritate logicae. V1rA
Et arguitur quod non:
5   < 1. > Quia tota logica vel est de syllogismo, vel de partibus syllogismi. Sed ars sophistica nec est de syllogismo, nec de partibus syllogismi. Ergo etc. Maior patet, quia syllogismus est subiectum in tota
logica. Minor probatur, quia ars sophistica est de syllogismo sophistico.
Sed syllogismus sophisticus non est syllogismus, nec pars syllogismi. Ideo
10 etc.
       < 2. > Item, logica finaliter ordinatur // ad cognitionem veritatis. O100rB
Illud ergo quod ponit impedimentum circa cognitionem veritatis non est
de integritate logicae. Sed ars sophistica ponit impedimentum circa
cognitionem veritatis, "est enim scientia apparens, non existens autem." [1]
15 Ergo etc.

---

62 determinatur: in *add. M.*   63 entibus: *om. O.*   65 dividitur: scilicet in *add. M.*
67 quem: quam *O,* quod *M.*   71 aliqualis^2: actualis *M.*

3 quam: librum Elenchorum *V* | ars: *om. M.*

[1] Arist., se c.1 (165a21).

Oppositum arguitur:

Logica est de actu rationis. illud ergo quod est de determinato actu rationis est de integritate logicae. Sed ars sophistica est de determinato actu rationis. Ergo etc.

20 Dicendum est quod ars sophistica necessario est de integritate logicae. Logica enim est de actu rationis. Unde et logica dicitur rationalis scientia, logica enim dicitur non a "logos" quod est sermo, sed a "logos" quod est ratio – "logos" enim est aequivocum apud Graecos. Logica igitur cum sit rationalis scientia est de actu rationis. Nunc autem syllogismus est illud ad
25 quod omnis ratiocinatio habet reduci; omnis enim ratiocinatio reducitur ad syllogismum, sicut ad illud a quo accipit evidentiam suae necessitatis. Ideo perfectio logicae principaliter consistit in cognitione syllogismi et partium eius.

Ex hoc arguo: habens artem perfectam de aliquo operabili habet artem
30 removendi quodlibet impedimentum circa illud operabile, ut patet inducendo. Nunc autem qui perfectus est in logica habet perfectam cognitionem de syllogismo, ergo habet artem removendi omnia quae verum syllogismum impediunt. Sed paralogismi secundum aequivocationem et amphiboliam et secundum alias fallacias verum syllogismum
35 impediunt et obnubilant, ut dicitur II huius.[2] Ergo qui habet perfecte logicam debet scire removere paralogismos secundum istas fallacias. Hoc autem non contingit nisi eas cognoscat. Qui ergo perfectus est in logica oportet quod cognoscat conclusiones sophisticas. Ipsas autem non cognoscet nisi per artem sophisticam. Ergo ars sophistica erit de integritate
40 logicae.

Item hoc arguitur < sic > : sicut Philosophus dicit I De anima[3] "rectum est iudex sui et obliqui," et ideo ad eandem scientiam pertinet considerare de recto cui opponitur obliquitas et de illa obliquitate. Nunc autem syllogismus sophisticus est obliquitas veri syllogismi, ergo ad eandem
45 scientiam pertinet considerare de syllogismo sophistico et de syllogismo. Cum igitur ad logicam pertineat considerare de syllogismo, ad eam pertinebit considerare de syllogismo sophistico.

Item hoc arguitur sic: falsum non cognoscitur nisi per cognitionem veri, ergo falsus syllogismus non cognoscitur nisi per cognitionem syllogismi

22 enim: secundum Albertum et (+ *rasura fere 7 litt.*) add. *V* (cf. *Alberti Magni Expos. SE 1.1.1 [ed. Jammy, p. 840A] et Aegidii Romani Expos. SE [ed. Augustinus, fol. 2rB]*).
38 conclusiones: orationes *O*, fallacias *V*.   49 cognitionem: rationem *OV*.

[2] Arist., SE c.17 (175a41-b2).
[3] Arist., *De an.* 1 c.5 (411a5-6) (cf. Hamesse, *Les auctoritates*, p. 176).

50 veri. Cuius ergo est considerare syllogismum verum, eius est considerare
    syllogismum falsum. Sed syllogismus sophisticus est syllogismus falsus, ut
    dicitur capitulo illo "Quoniam autem habemus."[4] Ergo cuius est con-
    siderare syllogismum verum, eius est considerare syllogismum sophisti-
    cum. Sed logici est considerare syllogismum verum. Ergo etc.

55   Et ista ars sophistica est pars logicae distincta contra alias partes. Cuius
    ratio est quia, sicut dictum est, logica est de actu rationis, et ideo
    secundum distinctionem actus rationis accipitur distinctio partium logicae.
    Nunc autem quidam est actus rationis in quo proceditur a praemissis
    necessariis ad conclusionem necessariam, et talis est demonstrativus;
60 quidam autem qui procedit a praemissis probabilibus ad conclusionem
    probabilem, et talis est topicus; quidam autem qui ab apparenter
    probabilibus, et talis non est nisi sophisticus. Cum igitur ita sit, patet quod
    ars sophistica est distincta contra alias partes logicae.

        Sic igitur duo apparent: unum // est quod ars sophistica est de integri-   M65rB
65 tate logicae, et aliud est quod ars sophistica est pars logicae distincta contra
    alias partes logicae. Ista etiam ultimum locum tenet in logica. Cuius ratio
    est quia logica principaliter est de syllogismo, et ideo illud in quo deficit
    ratio syllogismi minus principaliter est de consideratione logici. Sed in syl-
    logismo sophistico deficit ratio syllogismi, praecipue in syllogismo
70 peccante in forma. Ergo etc.

        Ad rationes in oppositum:

        <1.> Ad primam. Cum arguitur "Tota logica etc.": maior ista est
    insufficiens, quia tota logica vel est de syllogismo, vel de partibus syl-
    logismi, vel de proprietatibus syllogismi, vel de privationibus syllogismi;
75 et sic est maior vera. Et cum arguitur quod "syllogismus sophisticus etc.,"
    concedo; nihilominus attributionem habet ad syllogismum in quantum est
    privatio syllogismi; et cum eiusdem sit cognoscere habitum et privatio-
    nem, eiusdem erit cognoscere syllogismum sophisticum et syllogismum
    verum.

80   <2.> Ad aliam. Cum arguitur "Logica finaliter ordinatur etc.,"
    concedo. Et cum dicitur "Ars sophistica ponit impedimentum etc.," dico
    quod ars sophistica dupliciter potest accipi: uno modo potest dici habitus
    aggeneratus per syllogismum sophisticum, et talis habitus est error et
    deceptio, et qui habet talem habitum et credit illi habitui non potest
85 devenire ad aliquam perfectionem in philosophia, et talem habitum habet

---

    65 et *om. M* | est[1] *om. O.*   69 syllogismi: et *add. M.*   75 et ... arguitur: *om. O.*
    76 quantum: scilicet *add. M.*

    [4] Arist., SE c.8 (169b33).

sophista, qui "aestimat se scire et in veritate nihil scit;"[5] alio modo potest
accipi ars sophistica secundum quod ipsa dicitur cognitio docens ex
quibus et qualibus habet constitui syllogismus sophisticus, et hoc modo
ars sophistica multum facit ad cognitionem veritatis, in tantum quod sine
90 illa nulla veritas perfecte haberi potest. Cuius ratio est quia habens
perfectam cognitionem veritatis de aliquo oportet quod sciat amovere
deceptiones quae eam impediunt, quia cognitio veritatis est solutio
dubitatorum, ut dicitur III Metaphysicae.[6] Nunc autem amovere
deceptiones quae eveniunt non potest aliquis nisi per cognitionem artis
95 sophisticae, quia omnis deceptio vel provenit ex parte sermonis vel ex
parte rei, et utramque docet ars sophistica vitare: quoniam in docendo
fallacias in dictione docet ipsa vitare deceptiones quae proveniunt ex parte
vocis, et in docendo fallacias extra dictionem docet ipsa vitare deceptiones
O100vA quae proveniunt ex parte rei. Et quamvis ars sophistica doce//at
100 deceptiones, tamen non est mala, sed eo ipso est bona; unde quidam
expositor graecus in libro Posteriorum loquens de sophisticis dicit quod
"logicus docet sophisticas coactiones, sicut medicus nocivas potiones. Non
enim docet ut eis utamur, sed ut eas fugiamus."[7]

<Quaestio 2>

UTRUM ARS SOPHISTICA SIT SCIENTIA COMMUNIS VEL SPECIALIS.

Quaeritur utrum ars sophistica sit scientia communis vel specialis.
Et arguitur quod sit specialis:
5   <1.> Quia scientia illa quae est de aliquo ente speciali est specialis.
Sed scientia sophistica est huiusmodi, quia est de syllogismo sophistico.
Ideo etc.
        <2.> Item, si ars sophistica esset communis et non specialis, ergo
habens quamcumque scientiam necessario haberet artem sophisticam.
10 Consequens est falsum ergo et antecedens. Probatio falsitatis consequentis:
Philosophus dicit versus finem II huius[1] quod ars sophistica non fuit
inventa ante tempus suum, et planum est quod philosophia fuit inventa
ante tempus suum; ergo etc.

91 veritatis: *inter lin. O, om. V.*   102 logicus: sophisticus *M a.c. (corr. in mg.)* |
docet: *om. OV.* | sophisticas: deceptiones *add. et del. M.* | coactiones: considerat *add. V.* |
nocivas: *in marg. M.*   *103 enim docet om. OV.*

11 huius: *om. OV, fort. recte, cf. lin. 62 inferius.*

[5] Arist., *Metaph.* 4 c.2 (1004b26), cf. Averr., *Metaph.* 4 textus 5.
[6] Arist., *Metaph.* 3 c.1 (995a28-29).
[7] "Alexander", *In APo* F.3 (CIMAGL 16 [1976], 92-93); cf. QV 1.

[1] Arist., SE c.34 (183b34-36).

Oppositum arguitur:

15 Dialectica est scientia communis, sed sophistica est pars dialecticae;
ergo etc.

Dicendum est quod proprie accipiendo nomen scientiae, quaelibet
scientia in se specialis est, et nulla est communis. Proprie enim accipiendo
nomen scientiae, cum scientia sit quaedam cognitio intellectualis, ipsa erit
20 de iis quae sunt per se et principale obiectum intellectus. Per se autem
obiectum intellectus est quiditas rei. Et ideo proprie accipiendo nomen
scientiae, scientia est de rebus et quiditatibus rerum. Nunc autem res
consideratae quantum ad suas quiditates sunt entia specialia, quia per
quiditates distinguuntur res ab invicem. Et ideo sic erit in scientiis quod
25 quaelibet scientia in se erit specialis una ab alia distincta, et nulla erit
communis, saltem hoc modo quod illud quod est subiectum in una
scientia sit instrumentum in alia. Sed hoc solum habet veritatem in logica.
Et propter hoc logica non est scientia.

Secundo est intelligendum quod ipsa sophistica non est proprie scientia
30 sed modus sciendi. Non est scientia quia scientia per se est de hiis quae
sunt per se obiectum intellectus. Sed nulla intentio secunda est per se
obiectum intellectus. Ars autem sophistica est de secunda intentione, quia
de syllogismo sophistico. Ergo etc. Et ideo sicut tota logica est modus
sciendi, sic partes logicae sunt partes modi sciendi.

35 Cum ergo quaeritur utrum ars // sophistica sit scientia communis vel V1rB
specialis, dico quod proprie accipiendo nomen scientiae ars sophistica non
est // proprie scientia communis nec specialis, quia nec est proprie M65vA
scientia; tamen est modus sciendi communis. Et hoc patet: quia iste modus
sciendi est communis qui docet aliquid tale quod est applicabile ad omnem
40 materiam et ad omnem scientiam. Sed ars sophistica docet aliquid tale
quod est applicabile ad omnem materiam et ad omnem scientiam; docet
enim sophistice syllogizare, et hoc contingit in omni scientia et in omni
materia. Ergo etc.

Sed advertendum ulterius quod sicut dicit Philosophus iv Metaphy-
45 sicae,² tres sunt artifices maxime communes, scilicet metaphysicus,
dialecticus et sophista. Sed non considerant de omnibus eodem modo,
quia metaphysicus de omnibus considerat secundum veritatem, logicus
secundum probabilitatem, sophista vero secundum apparentiam solam,

---

15 scientia: ars *M*.   18 est²: scientia *add. M*.   19 intellectualis: *corr. ex* intellectus
M, intellectus sive intellectualis *V*.   22 scientia: proprie *add. OV (fort. recte)*.   27 sed
hoc: secundum *V*.   47 logicus: dialecticus *V et (supra lin. additum) O p.c.*

---

² Arist., *Metaph.* 4 c.2 (1004b17-26).

quia secundum Commentatorem ibidem,[3] sophista non curat aliud nisi ut
50 videatur philosophus vel aliquid aliud adquirat gratiarum humanarum.
    Ad rationes:
    < 1. >   Ad primam. Cum arguitur "Scientia illa quae est de aliquo ente
speciali etc.," dico quod illa scientia quae est de aliquo ente speciali quod
non est applicabile ad diversa genera scientiarum nec ad diversas materias,
55 illa est scientia specialis. Et cum dicis in minori: "Scientia sophistica etc.,"
dico quod verum est. Tamen illud quod ab ea consideratur est applicabile
ad omnes scientias et materias, et ideo est scientia – vel verius, modus
sciendi – communis.
    < 2. >   Ad aliam. Cum arguitur "Si ars sophistica etc.," concedo
60 consequentiam. Et ad improbationem consequentis dico quod quicumque
habet quamcumque scientiam perfecte, ipse habet artem sophisticam. Et
de hoc quod dicitur quod "Philosophus dicit circa finem II[4] etc.," dico
quod verum est; nec etiam philosophia fuit perfecte inventa ante tempus
suum, nec adhuc perfecte inventa est, nec umquam perfecte invenietur.
65 Multa enim sunt scibilia quae numquam scientur.

< QUAESTIO 3 >
UTRUM ELENCHUS SOPHISTICUS SIVE SYLLOGISMUS SOPHISTICUS,
< ET QUIS ISTORUM MAGIS > SIT SUBIECTUM IN SCIENTIA SOPHISTICA.

Quaeritur utrum elenchus sophisticus sive syllogismus sophisticus, et quis
5 istorum magis, sit subiectum in scientia sophistica. Sed non plus de hac ad
praesens, quia ista quaestio est quarta in ordine inter quaestiones alias
reportatas a magistro Simone de Faverisham et ibi quaeratur.[1]

---

49 ut: *om. M.*   50 vel: et ut *V.*   58 sciendi: significandi *M.*   60 improbationem:
probationem *M.*   64 umquam: numquam *MV.*   65 scientur: unde Themistius II De
anima; "ea quae scimus minima (media *V*) pars eorum quae ignoramus" *add. V (vide
Themistii De an. [CAG V.3 : 88.2-3 = CLCAG I: 201.26-27]).*

3 sophistica: et ista quaestio quaeratur in quaestionibus alias reportatis a magistro
Symone, quoniam non disputatur hic *add. O.*   4-7 quaeritur ... quaeratur: *om. V.*   6-
7 alias reportatas: reportatas alias *M.*   7 Simone: Symone *MO.*

[3] Averr., *Metaph.* 4 c.5.
[4] Arist., SE c.34 (183b34-36).

[1] QV 4.

< QUAESTIO 4 >
UTRUM ELENCHUS SIT SYLLOGISMUS.

Et quaeritur hic ad praesens utrum elenchus sit syllogismus.

Et arguitur quod non:

5   < *1.* > Contradictio non est syllogismus; sed elenchus est contradictio, hoc enim dicit Philosophus in littera;² ergo etc.

< *2.* > Item, quod non est syllogismus unus non est syllogismus. Quia quod non est syllogismus unus non est ens syllogismus, quia ens et unum convertuntur; sed quod non est ens syllogismus non est syllogismus; ergo

10   quod non est syllogismus unus non est syllogismus. Sed elenchus non est syllogismus unus. Ergo etc.

Oppositum arguitur:

Quod includit rationem syllogismi et cum determinatione tali quae nihil diminuit de ratione syllogismi est syllogismus. Sed elenchus includit

15   rationem syllogismi cum determinatione quae nihil diminuit de ratione syllogismi. Includit enim rationem syllogismi cum contradictione; contradictio autem non diminuit de ratione syllogismi, quia contradictio fit per affirmationem et negationem, affirmatio autem et negatio non diminuit de ratione syllogismi. Ideo etc.

20   Dicendum est ad hoc quod elenchus est syllogismus. Cuius ratio est quia quod participat rationem et formam syllogismi est syllogismus. Nunc autem elenchus participat rationem et formam syllogismi. Est enim syllogismus oratio in qua quibusdam positis necesse est aliud evenire. Et ista //   O100vB inveniuntur in elencho. Elenchus igitur est syllogismus.

25   Item hoc patet sic: illa quae differunt solo accidente sunt idem essentialiter. Sed syllogismus et elenchus differunt solo accidente, quia elenchus non addit supra syllogismum nisi respectum ad contradictionem conclusionis. Elenchus enim est syllogismus qui infert contradictionem, non absolute sed ut habet respectum ad aliquod prius affirmatum vel prius

30   negatum. Si enim diceretur quod omnis mater diligit filium, et aliquis argueret in contrarium "Medea non diligit filium; Medea est mater; ergo non omnis mater diligit filium," hic concluditur contradictorium dicti, et est elenchus. Et iste respectus ad contradictionem est accidens. Et ideo elenchus non addit supra syllogismum nisi quoddam accidens.

35   Tamen elenchus non est ita syllogismus quod syllogismus sit genus ad elenchum. Ad hoc enim quod aliquid habeat rationem generis duo

19 diminuit: diminuunt *O.*

² Arist., SE c.5 (167a23).

requiruntur ut tangit Commentator VII Metaphysicae:[3] requiritur enim
quod ipsum nihil sit in actu praeter suas species; requiritur etiam quod
contrahatur ad speciem per differentiam essentialem determinantem
40 ipsum. Modo syllogismus est aliquid in actu praeter elenchum. In aliquo
enim salvatur ratio syllogismi ubi non invenitur ratio elenchi, ut cum fit
iste syllogismus absque comparatione ad aliquid prius affirmatum vel
negatum: "omnis homo est animal; Socrates est homo; ergo Socrates est
animal." Item, syllogismus non determinatur ad elenchum per differen-
45 tiam substantialem, sed per accidentalem, ut per respectum ad contradictionem. Ideo etc. Sed syllogismus se habet ad elenchum sicut totum in
modo ad suam partem, sicut homo se habet ad hominem album.

Sic igitur apparet quomodo elenchus est syllogismus. Unde haec non
M65vB est pure per se nec pure per accidens "elenchus // est syllogismus," sicut
50 nec haec "homo albus est homo." Quia referendo hominem ex parte
subiecti ad hominem ex parte praedicati, sic est per se praedicatio;
referendo tamen hominem ex parte praedicati ad album ex parte subiecti,
sic est praedicatio per accidens. Consimiliter dicendo sic "elenchus est
syllogismus" idem est ac si dicatur "syllogismus cum contradictione
55 conclusionis est syllogismus;" referendo syllogismum ex parte praedicati
ad syllogismum ex parte subiecti, sic est propositio per se; referendo ad
contradictionem, sic est propositio per accidens.

Ad rationes in oppositum:

<1.> Ad primam. Cum arguitur "Contradictio non est syllogismus,"
60 concedo. Et ad minorem, cum dicitur "elenchus est contradictio," nego,
quia elenchus non est contradictio formaliter sed est syllogismus cum
contradictione.

<2.> Ad aliam rationem. Cum arguitur "Quod non est syllogismus
unus etc.," concedo. Et ad minorem: cum dicitur quod "elenchus non est
65 etc.," nego eam, quia ex hoc quod elenchus est syllogismi plures ex hoc
est syllogismus unus, cum numerus maior includat numerum minorem.
Et ideo quamvis elenchus sit syllogismi plures, tamen est syllogismus
unus aliquo modo.

Vel potest dici sic: ad maiorem potest dici quod illud quod nec est syllo-
70 gismus unus numero nec genere nec specie, illud non est syllogismus. Et
ad minorem dico quod quamvis elenchus non sit syllogismus unus
numero, est tamen syllogismus unus genere vel specie.

Vel potest responderi distinguendo de uno ex eo quod potest dicere
unum quod convertitur cum ente, et sic quod non est syllogismus unus

---

[3] Averr., *Metaph.* 7 c.43.

75 non est syllogismus, et de hoc processit ratio; vel potest sumi pro uno
quod est principium numeri, et de tali uno non est maior vera.

< Quaestio 5 >

UTRUM SYLLOGISMUS PECCANS IN FORMA SIT SYLLOGISMUS.

Quaeritur utrum syllogismus peccans in forma sit syllogismus.
    Et arguitur quod sic:
5   < 1. > Hic est syllogismus peccans in forma: "omnis canis currit;
caeleste sidus est canis; ergo caeleste sidus currit." Tamen hic est bonus
syllogismus, ut probabitur. Ideo etc. Probatio quod hic sit bonus syllogismus: quia ex opposito conclusionis cum minore infertur oppositum
maioris. Detur oppositum conclusionis, quod est: "caeleste sidus non
10 currit." Tunc arguatur sic: "caeleste sidus non currit; caeleste sidus est
canis; ergo non omnis canis currit." Haec est opposita maioris; et sic ex
opposito conclusionis cum minore infertur oppositum maioris. Et ita
primus syllogismus fuit bonus.
    < 2. > Item, sicut forma requiritur ad constitutionem syllogismi ita et
15 materia, sed syllogismus peccans in materia est syllogismus; ergo et syllo-
gismus peccans in forma est syllogismus. Probatio minoris: quia syllo-
gismus ex falsis est syllogismus peccans in materia; syllogismus autem ex
falsis est syllogismus, ut patet per Philosophum II Priorum;[1] ideo etc.
    Oppositum arguitur:
20 Philosophus dicit capitulo illo "Aut ergo sic dividendum"[2] quod omnes
loci sophistici deficiunt a syllogismo eo quod "immodificati sunt" – et ibi
habet translatio graeca: eo quod "insyllogizati sunt." Ex hoc arguitur:
omnes loci sophistici deficiunt a syllogismo eo quod insyllogizati sunt; sed
omnis syllogismus peccans in forma fundatur super locum sophisticum;
25 ideo etc.
    Dicendum est quod syllogismus peccans in forma non est syllogismus.
Cuius ratio est ex duobus: primo quia ille syllogismus qui peccat contra
condiciones generales syllogismi non est syllogismus. Sicut enim videmus
quod forma naturalis non existit in materia, nisi dispositiones sint

19-26 arguitur ... dicendum est: est de intentione Aristotelis. Ad hoc sciendum V.
29 nisi dispositiones: ord. inv. O; dispositiones sint ord. inv. V.

[1] Cf. Arist., APr. 2 c.2-4.
[2] Arist., SE c.6 (168a19-21); cf. Vivarium 17 (1979), 70.

30 competentes illi formae, ita forma syllogistica non stat in aliquibus
terminis nisi sint ibi condiciones requisitae ad syllogismum. Nunc autem
omnis syllogismus peccans in forma peccat contra condiciones generales
syllogismi. Istae enim sunt condiciones generales syllogismi: quod una
V1vA praemissa se habeat ad aliam sicut totum, alia sicut pars; quod // ambae
35 vel altera sint universales; quod ambae vel altera sint affirmativae; et quod
sint tres termini et duae propositiones; quod medium in utraque sumatur
pro eodem. Et contra istas vel aliquas istarum peccat omnis syllogismus
peccans in forma, ut patet inducendo. Ideo syllogismus peccans in forma
non est syllogismus.

40   Secundo hoc declaratur sic: sicut Philosophus dicit II Physicorum,[3] ars
imitatur naturam. Ratio autem est principium artis, et ideo sicut est in
natura, ita proportionaliter debet esse in actu rationis. In natura autem sic
O101rA est quod aliquid // non dicitur esse ens naturale, nisi habeat formam et
speciem rei naturalis. Non enim dicitur aliquis esse homo, nisi habeat
45 formam hominis. Ideo sic debet esse in syllogismo quod nihil debet dici
syllogismus nisi illud quod habet formam syllogismi. Peccans autem in
forma non habet formam syllogismi, et ideo non est syllogismus
simpliciter. Sed syllogismus peccans in forma aliquid addit supra syllogismum simpliciter et illud additum est determinatio diminuens de ratione
50 syllogismi, sicut mortuum additum homini est diminuens de ratione
M66rA hominis. // Et ideo sicut non sequitur "homo mortuus; ergo homo," sic
nec sequitur "syllogismus peccans in forma; ergo syllogismus," sed
dicendo "syllogismus peccans in forma" est oppositum in adiecto.

     Quid autem sit illud additum supra syllogismum considerandum est:
55 sicut syllogismus dialecticus fundatur supra aliquem locum dialecticum,

---

30 formae: per actus activorum sunt in patiente disposito [disposita V] ut dicitur II De
anima. add. V (cf. Arist., De an. 2 c 2 [414a, 11-12]).   39 syllogismus: Et propter hoc
Albertus (-um V), in commento super illam partem: "Aut ergo dividendum," super illo
verbo ubi dicit Philosophus quod omnes syllogismi sophistici "immodificati sunt," dicit:
Duplex est modus. Quidam est modus qui debetur syllogismo unde syllogismus est,
videlicet modus qui est dispositio duarum propositionum in debita quantitate et qualitate.
Alius est modus qui debetur syllogismo unde talis syllogismus: ut videlicet modus qui
debetur syllogismis obviativis, ut quod procedant ex notioribus conclusione et a concessis
a respondente; contra quem peccat petitio principii. Et sic omnes litigiosi immodificati
sunt, vel illo alio modo ut dicit; et sic syllogismus peccans in forma non est syllogismus.
add. V (cf. Alberti Magni Exposit. SE 1.4.1 [ed. Jammy, p. 888A-B]).   45 hominis: unde II
Physicorum dicitur quod lignum non est lectulus donec formam lectuli recipiat add. V (cf.
Arist., Ph. 2 c.1 [193a33-b2]).

[3] Arist., Ph. 2 c.2 (194a21-22).

sic omnis syllogismus sophisticus fundatur supra aliquem locum sophisticum; et sicut omnis locus dialecticus habet aliquam maximam veram
confirmantem ipsum, sic omnis locus sophisticus habet aliquam
maximam apparentem confirmantem ipsum; ita quod secundum Alexan-
60   drum[4] in omnibus videatur sophista esse simia dialectici. Hic enim est
syllogismus dialecticus "quod potest minus potest et maius, sed minus
potest debellare castrum, ut aliquis simplex miles; ergo et rex," cum sit
maior locus a minori, maxima "quidquid potest inferius potest superius et
adhuc plus." Et sicut iste syllogismus dialecticus fundatur supra locum
65   verum qui confirmatur per maximam veram, ita syllogismus sophisticus,
ut iste "omnis canis currit; caeleste sidus est canis; ergo etc.," fundatur
supra locum sophisticum qui est aequivocatio, et confirmatur per unam
maximam falsam et apparentem, quae est "omne nomen unum significat
unum." Et per istam maximam confirmantur omnes paralogismi in aequi-
70   vocatione; et consimiliter est in amphibolia et in aliis fallaciis. Et sicut
super unum locum dialecticum possunt fundari infiniti syllogismi
dialectici, sic supra unum locum sophisticum possunt fundari infiniti
syllogismi sophistici; et sicut syllogismus dialecticus addit supra syllogismum simpliciter quasdam habitudines locales veras et competentes, sic
75   syllogismus sophisticus addit supra syllogismum simpliciter quasdam
condiciones falsas et apparentes.

Ad rationes:

<1.> Ad primam. Cum arguitur "Hic est syllogismus peccans in
forma 'omnis canis etc.'," concedo. Et cum dicis quod hic est bonus syllo-
80   gismus, nego. Et ad probationem: cum dicis: "Ex opposito etc.," dico
quod minor istius syllogismi probantis distinguenda est, ista scilicet
"caeleste sidus est canis," quia potest accipi pro caelesti sidere, et sic
sequitur, accipiendo tamen pro cane latrabili non sequitur; et ita uno
modo sequitur et alio modo non. Ita dicendum est ad hunc paralogismum
85   sicut ad hunc "omnis canis currit; caeleste sidus est canis; ergo etc."

<2.> Ad aliam rationem. Cum arguitur "Sicut forma requiritur etc."

59-60 Alexandrum: in commento add. V.   63 minori: maiori V et M a.c. (cf. Aegidii
Romani Expos. SE [ed. Augustinus, fol. 8rA], ubi in ed. Aug. perperam 'maiori' legitur, in
cod; Salamanticensi 1839, fol. 126rB vero 'minori'.

---

[4] "Alexander", Comm. SE F.164a20, 1C (ed. Ebbesen, p. 345).

< Quaestio 6 >

Utrum sit ponere syllogismum peccantem in materia absque hoc quod peccet in forma.

Ad dissolutionem istius rationis quaeratur utrum sit ponere syllogismum
5 peccantem in materia absque syllogismo peccante in forma.

Et arguitur quod non:

<1.> Quia quandocumque aliqua sic se habent ad invicem quod
unum non potest esse sine altero, destructo uno destruitur alterum; sed
materia et forma sic se habent quod unum non potest esse sine altero; ergo
10 destructo uno sive deficiente deficit et alterum. Sed in syllogismo peccante
in materia deficit materia syllogismi, aliter enim non diceretur peccans in
materia. Ergo ibi deficit forma. Non est ergo ponere syllogismum
peccantem in materia absque syllogismo peccante in forma.

<2.> Item, quandocumque aliqua duo requiruntur ad constitutionem
15 alicuius, ad destructionem unius sequitur destructio totius compositi. Cum
enim ad constitutionem hominis requiratur materia et forma, si materia
hominis destruatur, homo non remanet. Nunc autem materia et forma
requiruntur ad constitutionem syllogismi; ergo destructa materia syllogismi destruitur syllogismus. Sed deficiente sive destructo syllogismo
20 deficit forma syllogismi; ergo a primo, deficiente materia syllogismi deficit
et forma. Ergo etc.

Oppositum arguitur:

<3.> Quandocumque aliqua sunt diversa secundum essentiam,
destructo uno non oportet alterum destrui; ex quo unum ab altero
25 essentialiter non dependet, unum potest essentialiter manere deficiente
altero. Sed materia et forma sunt diversa secundum essentiam. Ergo
deficiente materia non oportet deficere formam. Ideo etc.

Dico quod "peccans in materia" potest intelligi dupliciter: vel in materia
syllogismi simpliciter vel peccans in materia syllogismi specialis. Si
30 loquamur de syllogismo peccante in materia syllogismi simpliciter, non
est ponere syllogismum peccantem in tali materia quin peccet in forma.
Cuius ratio est: forma enim non habet esse nisi in propria materia. Propria
autem materia formae syllogisticae sunt tres termini et duae propositiones;
et ideo forma syllogismi non habet esse nisi in hac materia. Destructa ergo
35 hac materia destruitur et forma syllogismi. Sed in syllogismo peccante in
materia syllogismi simpliciter destruitur materia syllogismi simpliciter;
ergo syllogismus talis deficit in forma syllogismi simpliciter. Non est ergo

10 deficit et: destruitur *M*.   11 enim: *om. O.* | non: *om. V*.   12 materia: forma *V*.
28 quod: syllogismus *add. in marg. M*.   32 forma enim: quia forma *M*.

ponere syllogismum // peccantem in materia syllogismi simpliciter nisi M66rB
peccet in forma syllogismi. Loquendo tamen de syllogismo peccante in
40 materia dialectici vel demonstrativi, isto modo bene contingit ponere
syllogismum peccantem in materia absque eo quod // peccet in forma. O101rB
Syllogismus enim peccans in materia dialectici procedit ex improbabilibus. Syllogismus autem ex improbabilibus potest habere formam syllogismi; et ideo peccans in materia syllogismi dialectici potest habere
45 formam syllogismi. Ideo etc.

Item, hoc patet quia quod deficit a natura inferioris, vel quod peccat
contra inferius, non de necessitate peccat contra superius. Sed syllogismus
dialecticus est inferior syllogismo simpliciter. Ergo etc.

Sic igitur patet quid est dicendum, quia loquendo de syllogismo
50 peccante in materia syllogismi simpliciter, talis non habet formam syllogismi; tamen peccans in materia dialectici potest esse syllogismus.

Ad rationes:

<1.> Ad primam. Cum arguitur "Quandocumque aliqua sic se
habent etc.," concedo totum processum. Volo enim quod si sit aliquis
55 syllogismus peccans in materia syllogismi unde syllogismus est, quod
peccet in forma; et illa est materia quae necessario requiritur ad
constitutionem syllogismi et solum illa. Sed non oportet quod si aliquis
syllogismus peccet in materia syllogismi dialectici, quod peccet in materia
syllogismi unde syllogismus est; quia hoc non obstante quod proce//dat ex V1vB
60 improbabilibus potest habere tres terminos et duas propositiones, quae
sunt materia syllogismi unde syllogismus. Et ideo syllogismus peccans in
materia dialectici potest esse syllogismus.

<2.> Ad aliam dicendum eodem modo.

<3.> Ad rationem in oppositum (quia sophistica est): cum arguitur
65 "Quandocumque aliqua duo sunt diversa secundum essentiam etc.," nego
eam. Accidens enim et subiectum sunt distincta secundum essentiam et
tamen destructo subiecto necessario destruitur accidens. Et similiter est de
materia et forma. Quamvis enim materia et forma sint diversa secundum
essentiam, tamen destructa materia necesse est destrui formam.

<Quaestio 7>
UTRUM TERMINO AEQUIVOCO SUMPTO IN SINGULARI NUMERO
DEBEAT REDDI APPOSITUM PLURALIS NUMERI

Quaeritur circa fallacias in speciali, et primo circa fallaciam aequivocatio-
5 nis. Et ibi primo de termino aequivoco sumpto in singulari numero:

58 syllogismi: unde add. M.

utrum termino aequivoco sumpto in singulari numero debeat reddi
appositum pluralis numeri dicendo "canis currunt" et non "canis currit."

Et arguitur quod sic:

<1.> Quia geminata substantia geminatur et actus. Sed in hoc quod
10 est "canis" geminatur substantia, quia in hoc quod est "canis" importantur
plura significata. Ergo actus sibi correspondens in apposito debet
geminari. Sed hoc non est nisi sibi reddatur appositum pluralis numeri.
Ergo etc.

<2.> Item, modo per se stantis in supposito debet proportionari
15 modus inclinabilis in apposito; ergo si in supposito sint diversi modi per se
stantis, oportet quod in apposito sint diversi modi inclinabilis ad aliud. Sed
in hoc nomine "canis" sunt diversi modi per se stantis, quia in hoc quod
est "canis" importantur plures substantiae, et cuilibet correspondet modus
per se stantis. Ergo etc.

20   Oppositum apparet ex communi usu loquendi. Dicimus enim "canis
currit" et non "canis currunt."

Item, Philosophus admittit istam in II huius,[1] "Coriscus est albus,"
non obstante quod "Coriscus" sit aequivocus; item, I Perihermeneias,[2]
"tunica est alba," non obstante hoc quod li "tunica" est aequivocum.

25   Dicendum est ad hoc quod termino aequivoco in numero singulari
debet reddi appositum numeri singularis. Constructio enim attenditur
penes modos significandi proportionales inter suppositum et appositum.
Et ideo si in supposito sit unus modus per se stantis oportet quod in
apposito sit unus modus inclinabilis. Nunc autem in hoc quod est "canis"
30 est tantum unus modus per se stantis, et similiter in quolibet nomine
aequivoco. Item, hoc quod est "canis" est unius nominativi casus, et unius
tertiae personae, et numeri singularis; ergo sic oportet esse ex parte
appositi quod verbum tertiae personae, numeri singularis, et unius modi
inclinabilis sibi correspondeat. Et tale est appositum singularis numeri.
35 Ergo etc.

Sed forte aliquis diceret ad hanc rationem interimendo minorem.
Quando enim dicitur quod in termino aequivoco est tantum unus modus
per se stantis etc., potest dici quod hoc est falsum.

20-24 dicimus ... aequivocum: *om. V.*   22 albus: musicus *malimus propter Arist. et
Inc. Auct. ll.cc.*   23 aequivocus: aequivocum *malimus.*

[1] Cf. Arist., SE c.17 (175b19-21) et Inc. Auct., *Quaest.* SE (CPD VII: 297.23-25).
[2] Arist., *Int.* c.8 (18a20).

Propter hoc advertendum quod duplex est modus significandi, scilicet
40 modus significandi active et modus significandi passive. Modus
significandi active est ratio existens in voce concessa sibi ab impositore per
quam talis vox consignificat talem proprietatem rei; universaliter enim
hoc est verum, quod sicut vox significat rem, sic modus significandi
consignificat proprietatem rei. Modus vero significandi passive est ratio
45 quaedam concessa rei ab impositore per quam talis proprietas per vocem
consignificatur. Ita quod duplex est modus significandi sicut duplex est
ratio significandi, scilicet ratio significandi activa et ratio significandi
passiva. Ratio significandi activa est ratio quaedam existens in voce // per   M66vA
quam vox significat rem. Ratio significandi passiva est ratio per quam res
50 significatur per vocem. Et ratio significandi activa in voce est sicut in
subiecto, sed ratio significandi passiva est in re significata sicut in subiecto.
Modo dico quod pars est pars per modum significandi active. Cuius
probatio est: quia sicut dicit Priscianus, i Minoris,[3] pars est pars per
constructionem; constructio autem principaliter est ipsarum vocum per
55 modos significandi proportionales; et ideo pars est pars per illum modum
significandi qui est in voce sicut in subiecto. Modus autem significandi
active in voce est sicut in subiecto, sicut et modus significandi passive in re
est sicut in subiecto. Quod ergo habet unum modum significandi active est
// unum nomen et una pars orationis. Sed haec vox "canis" habet unum   O101vA
60 modum significandi active numero. Ideo etc. Minor patet quia modus
significandi active est in voce sicut in subiecto et propter hoc in una voce
secundum numerum est modus significandi active unus numero. Vox
autem termini aequivoci est una numero. Ideo etc.

Ex hoc tunc ad propositum: ei quod habet unum modum per se stantis
65 numero, et quod habet unum numerum singularem, et habet unum
casum nominativum numero, debet correspondere appositum habens
unum modum inclinabilis numero, unum numerum singularem numero,
et unam personam numero, ut sic fiat proportio personae ad personam,
numeri ad numerum, casus ad modum. Sed terminus aequivocus est
70 huiusmodi. Ergo etc.

Sed forte aliquis diceret: probatio quod debeamus dicere "canis
currunt," quia "canis currit" idem significat quod "caeleste sidus currit et
marina belua currit." Sicut Philosophus dicit libro i Perihermeneias,[4] si
"tunica" imponatur homini et equo et dicatur "tunica est alba," idem est
75 ac si diceretur "homo est albus et equus est albus." Sed hic est repetitio

69 casus ad modum: casum ad modum *O*, casus ad casum vel ad modum *V*.

[3] Locum non invenimus; cf. qv 13.
[4] Arist., *Int.* c.8 (18a19-23).

actus in apposito. Ergo dicendo sic "canis currit" debet intelligi repetitio actus ac si diceretur "canis currit et currit." Sed "currit et currit" valet idem quod "currunt," quia singulare geminatum valet idem quod plurale. Ergo idem erit dicere "canis currit" et "canis currunt." Sed haec admittitur
80 communiter: "canis currit." Ergo et haec admittetur: "canis currunt."

Ad hoc, quando dicitur "Canis currit etc.," dico quod habendo respectum ad significata quae importantur per hoc quod est "canis" idem est dicere "canis currit," et "marina belua currit et latrabile currit." Et tu dicis: "Dicendo sic intelligitur repetitio actus," – verum est habendo
85 respectum ad solam pluralitatem significatorum. Et tu dicis: "ista admittitur: 'canis currit'," – verum est. Et ideo dico quod habendo respectum solum ad pluralitatem significatorum ista est admittenda "canis currunt;" tamen quia grammaticus considerat ad modos significandi active, cum omnia significata per unum modum significandi active
90 numero representantur, ideo grammaticus termino aequivoco habenti unum modum significandi active numero, reddit appositum habens unum modum inclinabilis numero.

Ex hoc patet quod in termino aequivoco sunt diversi modi significandi in specie. Quia in hoc quod est "canis" sunt casus nominativus, numerus
95 singularis et persona tertia, habet etiam modum per se stantis, et isti sunt modi significandi specie differentes. Tamen in isto termino "canis" non possunt esse diversi modi significandi differentes solo numero; et propter hoc in termino aequivoco non sunt plures nominativi, nec plures tertiae personae, nec plures modi per se stantis.
100 Ad rationes:

< 1. > Ad primam. Cum arguitur "Geminata substantia etc.," dico quod geminata substantia, si ex tali geminatione resultat numerus pluralis, geminatur actus. Et tu dicis quod in hoc quod est "canis" geminatur substantia; – verum est; tamen ex hac geminatione non resultat numerus
105 pluralis. Probatio: quia numerus pluralis designat rem suam multiplicari per plures species, ut dicendo "homo et asinus sunt animalia," aut per plura individua eiusdem speciei. Unde numerus pluralis importat plura ut unita sunt. Nunc autem dicendo "canis," "canis" non significat aliquam rem ut multiplicata est per plures species vel per plura individua eiusdem
110 speciei. Unde bene verum est quod significat plures naturas, tamen nullam significat ut plurificatam; et ideo ex tali pluralitate vel geminatione non resultat numerus pluralis.

< 2. > Ad aliam rationem. Cum arguitur "Modo per se stantis etc.;" – verum est. Et tu dicis "Ergo si in supposito etc.;" – sit ita. Et tu

95 tertia: prima *M a.c.* O *a.c.*   108 unita: *vel* unica *MOV.*

115 dicis quod in hoc quod est "canis" sunt diversi modi per se stantis; dico
quod hoc est falsum. Et tu probas: in hoc quod est "canis" sunt diversae
substantiae et cuilibet competit modus per se stantis; // – hoc est verum,   M66vB
et tamen non oportet quod ad pluralitatem modorum // essendi sequatur   V2rA
pluralitas modorum significandi, quia nec ad unitatem modi essendi
120 sequitur unitas modi significandi. Accipiamus enim nomina synonyma:
res significata per haec nomina "Marcus," "Tullius," est eadem, tamen
habet diversos modos significandi. Similiter nec ad diversitatem modorum
essendi sequeretur diversitas modorum significandi, et hoc modorum
significandi active; tamen ad diversitatem modorum essendi sequitur
125 diversitas modorum significandi passive; quia modi significandi passive in
re sunt sicut in subiecto, modi vero significandi active in voce, sicut prius
dictum est.

< Quaestio 8 >

Utrum propositio in qua ponitur terminus analogus
sit distinguenda.

Quaeritur utrum propositio in qua ponitur terminus analogus sit
5 distinguenda.
Et arguitur quod sic:
< 1. > Quia omnis propositio in qua ponitur terminus aequivocus est
distinguenda; sed in omni propositione in qua ponitur terminus analogus
ponitur terminus aequivocus, quia analogia ad aequivocationem habet
10 reduci; ideo etc.
< 2. > Item, terminus analogus plura significat ex impositione; sed
impositio in dictionibus est natura earum, ut vult Petrus Helias:[1] ergo
terminus analogus plura significat naturaliter. Ex hoc arguo: omnis
propositio in qua ponitur terminus plura significans naturaliter est
15 distinguenda; sed in propositione in qua ponitur terminus analogus
ponitur terminus plura significans naturaliter, quia terminus analogus
plura significat naturaliter, ut dictum est; ergo etc.

---

118 sequatur: sequitur (*sed compendiose*) *MV*.   119 nec: semper *add. O.*
123 sequeretur: sequitur *V*, sequetur *malimus*.

12 Helias: helye *V, compendium ambiguum* (h) *M*.   13 analogus: aequivocus *MV*.

---

[1] Cf. Petrus Helias, *Summa Prisc.* 1.3.10 (ed. Reilly, p. 22 = Paris, Arsenal, ms 711, fol. 4rB); cf. qv 20.

Oppositum arguitur:

Philosophus[2] simpliciter negat istam consequentiam: "hoc est in
O101vB 20 opinione, ergo est." Sed si propositio // in qua ponitur terminus analogus
esset distinguenda, tunc ista consequentia non esset neganda simpliciter;
immo li "esse" deberet distingui ex eo quod potest stare pro esse in
opinione sive in anima vel pro esse extra animam.

Intelligendum quod triplex est ratio significandi termini analogi. Una
25 quod terminus analogus per se acceptus stat pro eo cui convenit per prius.
Et hoc videtur confirmari per Philosophum I Physicorum,[3] et pluribus
aliis locis. Dicit enim inferius in hoc libro, in fallacia secundum quid et
simpliciter,[4] quod non sequitur "hoc est opinabile, ergo est." Hoc autem
non est nisi quia li "esse" per se acceptum stat pro esse extra animam, et
30 tamen "esse" est analogum ad esse in anima et esse extra animam.

Item, Philosophus VII Ethicorum[5] dicit quod cum "incontinens" dicatur
de incontinente secundum tactum et gustum et de incontinente lucri et
honoris, "incontinens" per se acceptum stat pro incontinente secundum
tactum et gustum, cuiusmodi est luxuriosus; incontinens enim lucri et
35 honoris non dicitur "incontinens" absoluto nomine.

Item, hoc patet per Philosophum VII Metaphysicae;[6] dicit enim quod
"ens" dicitur de substantia et accidente addendo et auferendo. Cum enim
dicitur "albedo est ens," "ens" absolute non dicitur de albedine, sed cum
hac additione "ens quod est accidens." Sed "ens" dicitur de substantia
40 auferendo, quia dicimus quod substantia est ens absolute, nihil addendo.
Si ita est, ergo "ens" per se acceptum stat pro substantia, cum additione
vero stat pro accidente. Haec ergo est una ratio significandi termini
analogi quod per se acceptus stat pro eo cui primo convenit.

Secunda ratio significandi termini analogi est quod terminus analogus
45 immediate acceptus cum aliquo contrahente ipsum ad secundarium
significatum, tantum stat pro illo secundario. Et hoc patet, quia Philosophus II Perihermeneias[7] dicit quod non sequitur "homo mortuus, ergo
homo." Et hoc non est nisi quia "homo" in antecedente positum cum

---

19 hoc: homo *MO*.   35 absoluto nomine: absolute *V*.   42 accidente: accidentia
enim non sunt entia nisi (*fort.* non *V*) quia entis, ut ibidem dicit *add. V* (*vide Arist. Metaph.
7 c.1 [1028a18-20]*).

[2] Arist., SE c.5 (167a1-2), cf. *Int.* c.11 (21a32-33).
[3] Locum non invenimus; cf. QV 20.
[4] Arist., SE c.5 (167a1-2).
[5] Arist., EN 7 c.6 (1147b20-1148b14).
[6] Arist., *Metaph.* 7 c.4 (1030a32-33).
[7] Arist., *Int.* c.11 (21a22-23).

"mortuo" stat pro illo; et ideo sicut non sequitur "mortuum, ergo homo,"
50 sic non sequitur "homo mortuus, ergo homo."

Tertia ratio significandi termini analogi est quod terminus analogus
mediate acceptus cum aliquo contrahente ad secundarium significatum,
ita quod contrahens ponatur in altero extremo orationis, distinguitur ex eo
quod potest stare pro primario significato vel pro secundario. Cum enim B
55 dicatur de B in actu et B in potentia, cum accipitur mediate cum aliquo
contrahente ad secundarium significatum, ut ad B in potentia, tunc B stabit
pro B in actu et pro B in potentia. Et hoc patet per Philosophum I
Priorum,[8] qui distinguit istam "B contingit esse A," quoniam secundum
ipsum ista habet duas acceptiones: quia vel quod est B contingit esse A vel
60 quod contingit esse B contingit esse A. Et hoc est quia li "contingit" ex
parte praedicati pertinet ad secundarium significatum.

Ex hiis ad quaestionem, cum quaeritur utrum propositio in qua ponitur
terminus analogus sit distinguenda, dico quod si terminus analogus per se
accipiatur non cum aliquo contrahente ipsum ad secundarium significa-
65 tum, talis propositio non est distinguenda. Verbi gratia, si dicamus "quod
est expediens faciendum est," li "expediens" sumitur hic per se, non cum
aliquo contrahente ad secundarium significatum; // et ideo stat solum pro   M67rA
"expedire in bonis;" et ideo non est distinguenda, sed est simpliciter vera.

Si etiam terminus analogus sumatur immediate cum aliquo contrahente
70 ad secundarium significatum, dico quod propositio in qua ponitur
terminus analogus hoc modo non est distinguenda. Verbi gratia, dicendo
"mala expedientia sunt facienda," haec non est distinguenda, sed
simpliciter vera aut simpliciter falsa; et hoc est propter immediatam
additionem huius quod est "malum" ad hoc quod est "expediens."

75 Si autem terminus analogus sumatur cum aliquo contrahente ad
secundarium significatum et hoc mediate, tunc est distinguenda; verbi
gratia in proposito, "mala expediunt." Et propter hoc eam distinguit Philosophus in littera,[9] ex eo quod li "expediens" potest stare pro expediente in
bonis vel pro expediente in malis. Sic ergo apparet quomodo propositio in
80 qua ponitur terminus analogus est distinguenda, et quomodo non.

Ad rationes:

< 1. > Ad primam. Cum arguitur "Propositio multiplex secundum
aequivocationem etc.," concedo. Et cum dicitur in minori quod propositio

---

69 etiam: *om. M*, autem *V*.   75 autem: enim *M*.

---

[8] Arist., *APr.* 1 c.13 (32b25-32).
[9] Arist., SE c.4 (165b34-38).

in qua ponitur terminus analogus etc., dico quod si terminus analogus per
85 se accipiatur non cum aliquo contrahente ad secundarium significatum,
etiam si terminus analogus ponatur immediate cum aliquo contrahente ad
secundarium significatum, sic propositio in qua ponitur talis terminus non
est multiplex secundum aequivocationem, nec distinguenda est [propositio
in qua ponitur]. Si tamen sumatur mediate cum aliquo contrahente ad
90 secundarium significatum, sic < propositio in qua ponitur > est multiplex
secundum aequivocationem, et est distinguenda; sicut hic: "mala expediunt."

    <2.> Ad aliam rationem. Cum arguitur "Terminus analogus plura
significat ex impositione," dictum est quod terminus analogus aliquando
95 significat unum, aliquando plura; quando ergo dicitur "Terminus analogus," dico quod terminus analogus quando per se accipitur vel quando
accipitur immediate cum aliquo contrahente ipsum, non significat plura
ex impositione. Ita quod terminus analogus sic erat impositus ad significandum quod quando per se poneretur significaret tantum unum. Et
100 quando ponitur immediate cum aliquo contrahente ad secundarium
significatum ex impositione habet quod stet pro illo. Et quando mediate
O102rA ponitur cum aliquo contrahente ad secunda//rium significatum ex
impositione habet quod potest stare pro primo significato vel secundo.

< QUAESTIO 9 >

UTRUM SIGNUM UNIVERSALE ADVENIENS TERMINO ANALOGO
DISTRIBUAT IPSUM UNICA DISTRIBUTIONE PRO OMNIBUS ANALOGATIS.

Quaeritur utrum signum universale adveniens termino analogo distribuat
5 ipsum unica distributione pro omnibus analogatis.
    Et arguitur quod non:
    <1.> Quia ad multiplicationem distribuibilium sequitur multiplicatio
distributionum, quia distributio ad distribuibile refertur, et multiplicato
uno relativorum multiplicatur et reliquum. Sed in termino analogo sunt
10 multa distribuibilia, scilicet ipsa analogata. Ergo etc.
    <2.> Item, simile est de termino analogo et de termino aequivoco,
quia sicut per terminum aequivocum plura importantur, sic et per

    86 etiam: aut *vel* vel *vel* < et > etiam *malimus*.   86-87 etiam ... significatum: *om. V.*
87-88 non est: *om. M a.c., O, in marg. add. et post* multiplex *inseruit M*.   88-89 est ...
ponitur: *om. O a.c., supra lin. addita extant.*   88 propositio ... ponitur: *om. V.*

    9 relativorum: correlativorum *V.*

analogum. Sed signum universale adveniens termino aequivoco non
distribuit ipsum una distributione pro omnibus suis significatis. Ideo etc.

15 Minor patet, quia tunc sequeretur "omnis canis currit; ergo latrabile
currit;" omnia enim illa pro quibus distribuitur terminus unica distributione sequuntur ad ipsum. Ideo etc.

<3.> Item, propositio illa in qua ponitur terminus analogus distin-
guenda est secundum duplex. Nunc autem si ita esset quod signum uni-
20 versale adveniens termino analogo distribueret ipsum pro omnibus
analogatis, non sic distingueretur, quia acciperetur pro omnibus analogatis
in una propositione et in alia. Ideo etc.

Oppositum arguitur:

Philosophus enim I Physicorum[1] arguit contra Parmenidem et
25 Melissum sic: "si tantum ens est, ergo aut tantum ens quod est substantia
est, aut tantum ens quod est accidens." Nunc autem utraque istarum falsa
est, ut ipse dicit ibi. Ergo ista exclusiva est falsa: "tantum ens quod est
substantia est." Sed omnis exclusiva falsa habet converti in aliquam
universalem falsam. Ergo ista exclusiva falsa "tantum ens quod est
30 substantia est" habet converti in aliquam universalem falsam; non nisi in
istam "omne ens est substantia;" ergo haec est falsa: "omne ens est
substantia." Sed haec non esset falsa nisi ens distribueretur unica distributione pro substantia et accidente. Ideo etc.

Dicendum est ad hoc quod triplex est analogia: una est analogia quae
35 est duarum specierum contentarum sub eodem genere secundum quod
una habet rationem magis perfecti, alia vero minus perfecti. Genus enim
universaliter descendit in suas species per differentias contrarias;
contrariorum autem unum habet rationem habitus, aliud vero privationis;
et quod habet rationem habitus habet rationem nobilioris, quod vero
40 privationis rationem vilioris habet; una ergo species habet rationem magis
// perfecti, alia vero minus perfecti. Et ad istam analogiam advertens   M67rB
Philosophus[2] dixit quod "aequivocationes latent in genere." Sic ergo est
una analogia quae est plurium specierum existentium sub eodem genere,
et istam analogiam non considerat logicus sed magis metaphysicus. Alia

---

23-63 arguitur ... dico: cum ratione patet alibi. Supposito quod sit triplex analogia, ad
hanc quaestionem secundum magistrum (*2rB*) Symonem est dicendum (MS: dicitur) *V* (*cf.*
QV 18).   27 exclusiva: conclusiva *M*.   29-30 quod est substantia est: quod *et*
substantia est *om. O a.c.*, quod est terminus est *M a.c.*   30 universalem: *in rasura O*,
exclusivam *M*.   32 unica: una *O*.   35 & 43 eodem: uno *M*.

[1] Arist., *Ph.* 1 cc.2-3 (cf. Thomas Aquinas, *In Ph.* 1.3.21 et 1.6.42-43).
[2] Arist., *Ph.* 7 c.4 (249a21-25).

45 est analogia quando aliquid habet rationem unam quae per prius dicitur de
    uno et per posterius de alio. Et hoc modo "perspicuum" dicitur analogum
    ad perspicuum in superioribus et perspicuum in inferioribus. Tertia est
    analogia quae est plurium contentorum sub aliquo uno, quod tamen
    unum non habet aliquam rationem unam. Et hoc modo "ens" est
50 analogum ad substantiam et accidens, quia "ens" per prius dicitur de
    substantia, et per posterius de accidente, non tamen per rationem unam
    repertam in hiis. Omnis enim ratio essendi vel est absoluta vel comparata;
    et neutra istarum competit substantiae et accidenti, sed absoluta
    substantiis, comparata accidentibus.
55   Sic igitur triplex est analogia: una quae reducitur ad univocationem, et
    ista reperitur in generibus. Alia reducitur ad aequivocationem, et illa
    reperitur respectu substantiae et accidentis; unde Philosophus[3] quandoque
    dicit quod "ens" aequivoce dicitur de substantia et accidente et quandoque
    quod analogice – et verum est quod aequivoce, quia substantiae et
60 accidenti non est una ratio communis. Sed secunda analogia est media
    inter haec.
        Cum ergo quaeritur utrum signum universale adveniens termino
    analogo etc., dico quod signum universale adveniens termino analogo
    primo modo, distribuit ipsum unica distributione pro omnibus suis
65 analogatis. Signum autem universale adveniens termino analogo secundo
    et tertio modo distribuit ipsum pro omnibus analogatis una distributione
    secundum speciem, non tamen una distributione secundum numerum. Et
    istius declaratio est quia una distributio secundum numerum est divisio
    unius naturae significatae per terminum in omnia supposita participantia
70 naturam illam. Ubi ergo sunt diversae naturae divisae in sua supposita, ibi
    sunt diversae distributiones secundum numerum. Sed in termino analogo
    sunt diversae naturae divisae in sua supposita, scilicet ipsa analogata. Ideo
    etc. Et idem dico de signo universali si adveniat termino aequivoco.
    Distribuit tamen analogum pro analogatis unica distributione secundum
75 speciem, quia licet diversae naturae importentur per terminum analogum,
    tamen omnes in hoc conveniunt quod rationem universalis habent
    respectu suorum suppositorum; et quantum ad hoc distribuitur pro
    omnibus unica distributione saltem una secundum speciem.
        <1.-3.> Ad rationes apparet, procedunt enim viis suis.

    49 aliquam: om. M.   60 accidenti: -tis M.   64-66 distribuit ... modo: om. V.   65-
66 signum ... analogatis om. M a.c., signum ... distributione (66) in mg. supplevit
corrector, supplementum post distributione (66) inserendum esse indicans.   65 autem:
tamen O.

    [3] Locos non invenimus.

< Quaestio 10 >
Utrum unitas vocis incomplexae sit causa apparentiae
in fallacia aequivocationis.

Quaeritur adhuc utrum unitas vocis incomplexae sit causa apparentiae in
5 fallacia aequivocationis.

Et arguitur quod non:

< *1.* > Quia loci sophistici distinguuntur penes causas apparentiae;
ergo diversarum fallaciarum sunt diversae causae apparentiae. Sed unitas
vocis incomplexae est causa apparentiae in fallacia accentus. Ideo etc.

10   < *2.* > Item, unitas vocis incomplexae est causa apparentiae in fallacia
figurae dictionis; ergo non in aequivocatione.

< *3.* > Item, illud quod requiritur ad bonitatem syllogismi non est
causa apparentiae in aliqua fallacia. Sed unitas vocis incomplexae
requiritur // ad bonitatem syllogismi. Si enim arguatur sic "omnis tunica   O102rB
15 est alba; vestis est tunica; ergo indumentum est album," iste syllogismus
non valet; requiritur enim unitas vocis in praemissis et in conclusione.
Ergo etc.

Oppositum arguitur:

Illud est causa apparentiae in fallacia aequivocationis quo circumscripto
20 paralogismus aequivocationis nullam habet apparentiam boni syllogismi.
Sed circumscripta unitate vocis incomplexae paralogismus aequivocationis non habet apparentiam boni syllogismi. Ideo etc. Minor patet, quia
si arguamus circumscribendo unitatem vocis sic: "caeleste sidus, marina
belua et latrabilis currit; sed caeleste sidus est caeleste sidus et marina
25 belua et canis latrabilis; ergo etc.," hic nulla est apparentia boni syllogismi.
Sed si arguamus sic: "omnis canis currit; caeleste sidus est canis; ergo
etc.," sub unitate vocis apparet esse bonus syllogismus. Patet igitur minor.
Ideo etc.

Secundum quod dicit Alexander,[1] Philosophus in determinando de
30 fallaciis, minus sufficienter determinavit de illis quam ars sophistica exigit.
Qui enim vult sufficienter pertractare de aliquo oportet ipsum primo
definire; iterum, oportet eum accipere causas et elementa ipsius; iterum,

---

7 loci sophistici: secundum Alexandrum commentatorem, causa apparentiae se habet
in ratione formae in constitutione fallaciae, et a forma fit distinctio. Tunc arguo: litigosi *V*.
17 ergo: ut inferius dicet Philosophus *V* (*cf. Arist., SE c.6 [168a27-31]*).
29 Alexander: in commento *add. V.*   32 ipsius: quoniam ex hiis contingit scire et
intelligere ut dicitur primo Physicorum et secundo Posteriorum *add. V* (*cf. Arist., Ph. 1 c.1
[184a10-14], APo. 2 c.11 [94a20]*).

---

[1] "Alexander", *Comm.* SE F.165b30, 1C (ed. Ebbesen, pp. 435-436).

debet dividere illud de quo determinat in species et modos; quorum
nullum fecit Philosophus in determinando de fallaciis. Nihilominus ipse
35 excusat Philosophum sic: quia ista scientia magis iuvenibus quam
provectis prodest, ideo eam ita diminute tradidit nec curavit multum de ea.
Unde quidam expositor Graecus supra librum Posteriorum,[2] loquens de
ista materia, dicit quod puerorum magis, et non studentium, est talis
syllogismorum species; et ideo minus curavit Philosophus de ea, et eam
M67vA 40 tradidit superficialiter. Et propter hoc Commentator,[3] // supplens
defectum Philosophi, definit aequivocationem sic: "aequivocatio est
plurium sub eadem voce qualiscumque designatio."

Istius autem fallaciae sunt duo principia, scilicet principium apparentiae
et principium defectus. Principium apparentiae est unitas vocis incom-
45 plexae secundum materiam et formam. Principium vero defectus est
pluralitas rerum significatarum per vocem unam. Apparet igitur quod
unitas vocis etc. est causa apparentiae in aequivocatione.

Per hoc quod dicit "unitas vocis" distinguitur a fallaciis extra dictionem,
in quibus provenit deceptio ex parte rei et non ex parte vocis. Per hoc
50 quod dicit "incomplexae" distinguitur ab amphibolia, compositione et
divisione. Per hoc quod dicit "secundum materiam et formam"
distinguitur ab accentu; specialiter tamen per li "formam," quia unitas
prolationis est forma vocis. Ubi ergo non est unitas prolationis respectu
diversorum significatorum, ibi non est eadem forma vocis. Sed in fallacia
55 accentus non est eadem prolatio vocis respectu diversorum significatorum, et ideo non est ibi eadem forma vocis respectu diversorum
significatorum. Tamen hoc est in aequivocatione. Et ideo evidenter
distinguitur aequivocatio ab accentu. Item, distinguitur a figura dictionis,
quia in aequivocatione sub unitate vocis secundum substantiam latent
60 plura significata. Ista enim vox "canis," existens una secundum
substantiam, habet plura significata. Sed in figura dictionis non latent
plura sub una voce secundum substantiam sed sub similitudine vocis, et
ideo dicitur operari phantasticam multiplicitatem.

Sic igitur causa apparentiae, per quam distinguitur ab aliis fallaciis, est
65 unitas vocis etc. Ex quo patet quod aequivocatio operatur multiplicitatem
actualem. In prolatione enim dictionis est duo considerare, scilicet vocem
ipsam et modum proferendi. Vox autem se habet ut materia, sed modus

36 tradidit nec curavit: tradit nec curat *OV*.   44 defectus: deceptionis *OV*.
64 apparentiae: in aequivocatione *add. M*.

[2] "Alexander", *APo.* F.3 (cimagl 16 [1976], 92-93).
[3] "Alexander", *Comm.* se F.165b30, 1C (ed. Ebbesen, pp. 435-436).

proferendi ut forma. Ubi ergo sub unitate vocis secundum materiam et unitate modi proferendi latent plura, ibi est multiplicitas formalis.

70 Multiplicitas enim non est aliud quam multorum plicatio sub uno, ut dicitur communiter; unde, si sit unum secundum materiam, ibi est multiplicitas materialis; si secundum formam, ibi est multiplicitas formalis. Ubi ergo sub unitate vocis et identitate modi proferendi latent plura, ibi est multiplicitas formalis; et ubi sub unitate vocis secundum

75 materiam et diversitate prolationis latent plura, ibi est multiplicitas materialis. Et quia forma habet rationem actus, materia vero potentiae, ideo fallacia aequivocationis et etiam amphiboliae, in quibus sub unitate vocis et identitate modi proferendi latent plura, dicuntur operari actualem multiplicitatem. Compositio etiam et divisio et accentus, quia sub unitate

80 vocis secundum materiam et diversitate modi proferendi important plura, dicuntur operari potentialem multiplicitatem.

Sed, cum tam in aequivocatione quam in amphibolia reperiatur multiplicitas actualis, in qua istarum magis invenitur?

Credo quod magis invenitur in aequivocatione. Ubi enim est maior

85 unitas vocis secundum materiam et formam, si ibi latent plura significata, ibi verius est multiplicitas actualis. Sed in aequivocatione maior est unitas vocis secundum materiam et formam quam in amphibolia: quia in aequivocatione una vox incomplexa significat plura, in amphibolia autem vox complexa plura significat; et maior est // unitas in voce incomplexa quam O102vA

90 in voce complexa; ideo etc.

Item, in aequivocatione una vox non transposita plura significat. Sed in amphibolia vox aliqualiter transposita habet diversas significationes, per hoc quod habet diversas constructiones; sicut patet in hoc quod est "iste liber est Aristotelis." Et ideo, quia maior est unitas vocis incomplexae

95 significantis plura secundum prolationem quam complexae, ideo magis est multiplicitas actualis in aequivocatione quam in amphibolia.

Item, ex hoc quod dicitur quod causa apparentiae in aequivocatione est unitas etc., sequitur quod tres sunt modi aequivocationis. Causa enim apparentiae in qualibet fallacia debet inveniri in quolibet modo illius

100 fallaciae. Si ergo haec sit causa apparentiae, quae dicta est, ipsa debet inveniri in quolibet modo. Si ergo una vox incomplexa secundum materiam et formam significet plura aeque principaliter et ex impositione, sic est primus modus. Si autem una vox incomplexa significet plura ita quod significet unum ex impositione et aliud ex transumptione, // sic est M67vB

105 secundus modus. Si vero una vox incomplexa secundum materiam et formam significet diversa, unum per prius et alterum per posterius, ita

79 etiam: autem *V*.   83 invenitur: inveniatur *OV*.

quod utrumque significet ex impositione, sic est tertius modus. Verbi
gratia hoc quod est "laborans" significat laborantem nunc et laborantem
prius, et utrumque per impositionem, quamvis per prius significet
110 laborantem nunc.

Ad rationes apparet:

< *1.* > Ad primam. Cum arguitur "Loci sophistici distinguuntur etc.,"
concedo. Et cum dicitur "Unitas vocis incomplexae etc.," dico quod
unitas vocis incomplexae secundum materiam tantum est causa appa-
115 rentiae in accentu; sed in aequivocatione causa apparentiae est unitas vocis
incomplexae secundum materiam et formam.

< *2.* > Per idem apparet ad secundam. Quia in fallacia figurae dictionis
unitas vocis incomplexae non est causa apparentiae, sed similitudo vocis;
et ideo dicitur figura dictionis.

120 < *3.* > Ad aliam rationem. Cum arguitur "Illud quod requiritur ad
bonitatem syllogismi etc.," nego. Paralogismus enim secundum quamlibet
fallaciam debet apparere bonus syllogismus, aliter non falleret; ergo
oportet quod quaelibet fallacia habeat aliquid quod faciat ipsam apparere
esse bonum syllogismum. Nihilominus sub ista causa apparentiae debet
125 latere aliquid quod impedit ipsum, quod non est syllogismus; quia para-
V2vA logismus debet apparere // esse bonus syllogismus quamvis non sit.
Unitas autem vocis incomplexae requiritur ad bonitatem syllogismi; et
etiam plus, scilicet unitas rei. Sed in aequivocatione latent plura sub una
voce, et illud impedit bonitatem syllogismi. Et ideo bene potest esse causa
130 apparentiae – et hoc reliquis condicionibus requisitis habitis.

< QUAESTIO 11 >

UTRUM DICTIO SORTIATUR SUUM MODUM SIGNIFICANDI
EX SOLA ORDINATIONE EIUS CUM ALIA DICTIONE.

Quaeritur utrum dictio sortiatur suum modum significandi ex sola
5 ordinatione eius cum alia dictione.

Et arguitur quod sic:

< *1.* > Quia "laborans" per se acceptum tantum stat pro laborante
nunc. Cum autem dicitur "laborans sanabatur" li "laborans" stat pro

---

109-110 prius ... nunc: postea *V.*   109 quamvis: quamquam *O.*   125 quod non
est: ne sit *vel sim. expectes;* esse (?) *ante* quod, *sed expunctum, habet* O; *una vox illegibilis
post* quod *supra lin. add.* O.   128 plus: requiritur *add.* M.

8-9 Cum ... prius: cum dicitur [d. *in mg.*] laborans sanabitur li laborans stat pro
laborante nunc. Cum autem dicitur laborans sanabatur stat pro laborante prius *V.*
8 stat: sanabatur *O,* sanabatur stat *M.*

laborante nunc vel pro laborante prius. Videtur igitur quod li "laborans"
10 hoc habeat a verbo cui adiungitur, et ita ex sola ordinatione dictionis cum
dictione sortietur suum modum significandi.

    < 2. > Item, ab eodem sortitur dictio significatum et modum signi-
ficandi, quia significatum est causa modi significandi et ab eodem sortitur
aliquid causam et effectum. Nunc autem dictio sortitur significatum ex
15 coniunctione illius cum alio. Dicit enim Priscianus[1] quod haec dictio "in"
aliud significat coniuncta cum accusativo et cum ablativo. Ideo etc.

    Oppositum arguitur:

    Si dictio sortiretur modum significandi ex ordinatione eius cum alia
dictione, cum una dictio infinities possit ordinari cum alia dictione et
20 etiam dividi ab illa, dictio eadem posset infinities amittere suum
significatum et infinities reaccipere. Hoc autem est falsum, quia dictiones
non cadunt a significatis nec a modis significandi.

    Dico quod dictio non sortitur suum significatum nec modum signi-
ficandi essentialem eius ex sola ordinatione eius cum alia dictione, quia
25 illud quod dictio sortitur ex impositione illud non sortitur dictio ex sola
ordinatione eius cum alia dictione. Sed dictio habet significatum et
modum significandi ex impositione. Imponens enim est qui tribuit significatum et modum significandi ipsi dictioni. Ideo etc.

    Item, hoc declaratur quoniam illud non sortitur dictio ex ordinatione
30 eius cum alia dictione quod praecedit omnem ordinationem dictionis cum
alia dictione, sed significatum et modus significandi praecedunt ordinationem dictionis cum dictione. Universaliter enim causa praecedit effectum
naturali ordine; modus autem significandi causa est ordinationis dictionis
cum dictione; et ideo modus significandi naturaliter praecedit ordinatio-
35 nem dictionis cum dictione. Ex hoc arguo: illud non sortitur dictio ex
ordinatione eius cum alia dictione quod praecedit ordinationem dictionis
cum dictione; sed modus significandi praecedit ordinationem dictionis
cum dictione; ideo etc.

    Item, hoc declaratur sic: quia sicut est in rebus intellectis, ita
40 proportionaliter est in rebus significatis, quia significare sequitur
intelligere. Sed ordinationem unius intellecti cum alio intellecto praecedit
universaliter ratio intelligendi. Ergo ordinationem unius significati cum
alio significato praecedit modus significandi. Et ideo manifestum est quod

---

20 dictio: ideo *V*.   22 a[1]: suis *add. V*.   31 praecedunt: omnem *add. M*.   35 ex[2]:
sola *add. V*.   39 quia sicut: sicut enim *O*. | sic quia: *om. V*.   40 est: debet esse *M*.
41 ordinationem: ordinem *M*, ordinatio *V*.   42 ordinationem: ordinem *M*.

---

[1] Prisc., *Inst.* 13 c.6 n.50.

dictio suum modum significandi non sortitur ex sola ordinatione eius cum
45 alia dictione. Tamen bene est possibile quod aliqua dictio hoc habeat ex
O102vB impositione quod quandocumque ipsa ordinatur // cum tali dictione quod
ordinetur cum ipsa per talem modum significandi. Sed quod modus signi-
M68rA ficandi insit voci ex sola ordinatione dictionis // cum dictione non est
possibile.

50 Sic est in proposito "laborans sanabatur." Non est dicendum quod li
"laborans" consignificet tempus praeteritum, et hoc per solam ordinationem huius quod dico "laborans" cum hoc quod est "sanabatur." Sed hoc
habet ex impositione, quia quandocumque ordinatur cum verbo praeteriti
temporis ordinabitur cum eo sub tali modo significandi; ita quod iste
55 modus significandi semper manet in li "laborans," quia quod inest voci ex
impositione semper inest. Sed non semper construitur per istum modum
significandi cum alia dictione, sed solum cum ordinatur cum dictione
praeteriti temporis. Et ideo ista est multiplex "laborans sanabatur," sed
haec non "laborans sanus est." Sic ergo dictio sortitur significatum et
60 modum significandi ex impositione et non ex sola ordinatione dictionis
cum dictione.

Ad rationes:

< 1. > Ad primam. Cum arguitur "'laborans' per se acceptum etc.,"
dico quod non sortitur istum modum significandi ex tali ordinatione, sed
65 hoc habet ex impositione. Et tamen non oportet quod construatur per
istum modum significandi nisi cum ordinatur cum verbo praeteriti
temporis.

< 2. > Ad aliam. Cum arguitur "Ab eodem sortitur etc.," dico quod
dictio sortitur significatum et etiam modum significandi ex impositione.
70 Et ad minorem dico quod falsa est. Et cum probas de li "in," dico quod
non recipit ibi suum significatum sed finitationem sui significati. "In"
enim est syncategorematicum. Syncategorematicum autem habet significatum ex impositione, sed hoc est indeterminatum quid; significatum
tamen syncategorematici finitatur per adiunctum. Verbi gratia, hoc quod
75 est "omnis" significat indifferenter acceptionem cuiuscumque termini pro
quibuscumque suppositis; et hoc habet ex impositione. Et cum dicitur
"omnis homo" ista acceptio finitatur ut stet pro suppositis hominis, et ideo
dicitur[2] "'omnis' non significat universale, sed 'quoniam universaliter'
consignificat."

48 ordinatione: additione *OM.*   71 finitationem: nominationem *V.*   78 dicitur:
dicitur quod *M*, dicit Philosophus in Perihermeneias *V.* | universale: universaliter *MO.* |
universaliter consignificat: consignificat universaliter *MO*, universaliter *V*; *correximus
coll. Arist. l.c.*

[2] Arist., *Int.* c.7 (17b11-12).

< Quaestio 12 >
Utrum amphibolia sit locus sophisticus.

Quaeritur utrum amphibolia sit locus sophisticus.

Et arguitur quod non:

5 < *1.* > Quia grammaticus non est logicus; ergo quod est consideratum a grammatico non est consideratum a logico. Scientiae enim distinguuntur per considerationes diversorum artificum. Sed amphibolia consideratur a grammatico; ideo non considerabitur a logico. Sed, si esset locus sophisticus, consideraretur a logico. Ideo etc.

10 < *2.* > Item, omnis locus sophisticus debet denominari a causa apparentiae, quia hoc est formalius in fallacia, et a formaliori debet fieri denominatio. Sed amphibolia non denominatur a causa apparentiae, sed magis a causa defectus, quoniam "amphibolia" dicitur "dubia sententia." Ideo etc.

15 Oppositum arguitur:

Omnis deceptio quae provenit ex eo quod "eisdem nominibus vel orationibus non idem significamus," [1] provenit per locum sophisticum. Sed deceptio quae provenit in amphibolia provenit ex eo quod eisdem orationibus non idem significamus. Ideo etc.

20 Dicendum est ad hoc quod amphibolia est locus sophisticus. Ad cuius evidentiam considerandum quod, sicut Philosophus dicit ii Physicorum,[2] causae debent proportionari effectibus, quia effectuum particularium sunt causae particulares et universalium universales. Et si causae sic proportionentur effectibus, manifestum est quod posita causa sufficiente ponitur et effectus. Ubicumque ergo sunt causae sufficientes loci sophis-

25 tici, ibi est locus sophisticus. Sed in amphibolia inveniuntur principia et causae loci sophistici. Tria enim sunt principia, scilicet principium apparentiae et principium defectus et imperitia iudicantis. Et ista tria necessario concurrunt ad fallaciam, quia quandocumque defecerit aliquod

30 istorum, ibi non est fallacia; quia quamvis sit ibi principium apparentiae et principium defectus, nisi ille qui debet iudicare sit imperitus in iudicando

---

7 considerationes: -nem *M*.   10-14 item ... etc.: *om. V*.   15 oppositum: est de intentione Aristotelis *add. V*. | arguitur: etiam *add. V*.   19 orationibus ... ideo: nominibus etc., ut patet in littera *V*.   21 quod: *om. OV*.   25 effectus: ut dicitur circa finem ii Posteriorum *add. V (cf. Arist., APo. 2 c.16 [?])*.   27 loci ... scilicet: *om. V*. | scilicet: *om. O*.

---

[1] Arist., se c.4 (165b29-30).
[2] Arist., *Ph.* 2 c.3 (195b25-26).

defectum, numquam falletur nec est ibi fallacia. Ista autem tria
reperiuntur in amphibolia. Causa enim apparentiae est unitas vocis
complexae secundum materiam et formam praetendentis unitatem
35 sententiae. Causa non existentiae est diversitas sententiarum, sicut in
aequivocatione causa apparentiae est unitas vocis incomplexae etc. Et quia
ita est, amphibolia est locus sophisticus.

Sed advertendum propter dissolutionem rationum: Philosophus, ii
Physicorum,[3] quaerit usque ad quem terminum naturalis habet conside-
40 rare de forma, et subdit quod naturalis habet considerare formam sicut
medicus considerat nervum et faber considerat aes. Medicus autem non
considerat nervum usque ad resolutionem ad materiam primam, quia
materia prima non est de euis consideratione, sed medicus considerat
nervum solum ut est principium sanitatis. Similiter nec faber considerat
45 aes resolvendo usque ad materiam primam; prima enim materia
liquabilium est aqua; faber autem non considerat aquam sed considerat
V2vB aes ut in eo potest introduci forma artificialis. Similiter naturalis habet //
considerare formam usque quo deveniat ad talem formam quae non habet
esse in materia.
50 Similiter dico quod grammaticus considerat amphiboliam, et logicus
M68rB similiter, sed usque // ad aliquem terminum. Grammaticus enim
considerat solum amphiboliam ut ibi est diversa ratio construendi; sed
logicus considerat amphiboliam ut isti diversae rationi construendi
O103rA superadditur unitas vocis, sub qua latet dubietas sententiae. Et ita // alio
55 modo amphibolia est de consideratione logici, et alio modo de consideratione grammatici.

Ex quo patet quod amphibolia, secundum quod est de consideratione
logici, est idem quod dubia sententia, existens sub unitate vocis complexae
secundum materiam et formam, sicut hic dicit Alexander.[4] Causa
60 apparentiae est illa quae dicta est, et similiter causa non existentiae est illa
quae dicta est.

Et istius fallaciae sunt tres modi. Primus est quando aliqua oratio aeque
principaliter significat plura secundum diversam rationem constructionis;
ut hic: "vellem me accipere pugnantes." Alius modus est quando aliqua
65 dictio principaliter significat unum, transumptive autem alterum; ut hic:
"pluit in domo:" proprie significat fluxum aquae in domo, improprie

34 complexae: incomplexae *V et fort. M.*   46 liquabilium: liquefactibilium *V.*
52 solum: *in marg. M, supra lin. O, om. V.*

[3] Arist., *Ph.* 2 c.2 (194b9-11).
[4] "Alexander", *Comm.* se F.166a6, C (ed. Ebbesen, pp. 441-442).

tamen significat aliquem circumspectum in domo. Tertius modus est
quando aliqua oratio per se accepta significat tantum unum, coniuncta
tamen alii significat plura; ut dicendo "saeculum scit," haec oratio tantum
70 significat unum, scilicet saeculum habere scientiam de aliquo; sed sic
dicendo "hoc scit saeculum," haec oratio potest significare aliquem habere
scientiam de saeculo vel saeculum habere scientiam de aliquo.

<*1.*> Ad primam rationem apparet per praedicta.

<*2.*> Ad aliam rationem dico quod non oportet universaliter quod
75 fallacia denominetur a causa apparentiae; quoniam ignorantia elenchi non
denominatur a causa apparentiae, sed magis a causa defectus. Nec oportet
quod semper fiat denominatio a formaliori, nisi illud formalius sit magis
notum.

< QUAESTIO 13 >
UTRUM ORATIO ACTU PROLATA IN SENSU COMPOSITO
SIT DISTINGUENDA.

Quaeritur circa compositionem et divisionem. Et ibi primo utrum oratio
5 actu prolata in sensu composito sit distinguenda.

Et arguitur quod sic:

<*1.*> Quia si oratio actu prolata in sensu composito non est
distinguenda, eadem ratione nec oratio actu prolata in sensu diviso erit
distinguenda. Sed omnis oratio secundum compositionem et divisionem
10 vel est actu prolata in sensu composito vel in sensu diviso. Ergo nulla
oratio secundum compositionem et divisionem esset distinguenda. Hoc
autem est inconveniens; ergo oratio actu prolata in sensu composito est
distinguenda.

<*2.*> Item, unumquodque distinguitur secundum quod est in actu,
15 quia actus est quod distinguit. Sed tunc oratio secundum compositionem
et divisionem est in actu quando actu profertur in sensu composito vel
diviso. Ergo cum actu profertur in sensu composito vel diviso maxime erit
distinguenda.

Oppositum arguitur:

20 Quod determinat sibi unum oppositorum, ipsum ut sic non est in
potentia ad alterum. Sed oratio actu prolata in sensu composito determinat

---

67 circumspectum: *fort.* suspectum *scribendum coll.* QV 22.   73 per: *om. O a.c. et V.*

7 actu: *supra lin. O, om. V.*   11-12 distinguenda ... inconveniens: *spat. vac. XVI fere
litt. V.*   14 unumquodque ... secundum: *spat. vac. XIII fere litt. V.*   15 quod: qui *MV*;
separat et *add. M.*

sibi unum oppositorum, quoniam sensum compositum. Ideo etc. Sed si
esset distinguenda, ipsa esset in potentia ad sensum divisum. Ergo oratio
actu prolata in sensu composito ipsa non est distinguenda.

25   Ad evidentiam istius quaestionis considerandum quid est illud quod
distinguitur in compositione et divisione. Ad cuius evidentiam intelligendum est quod illud quod distinguitur in aliqua plura remanet unum
secundum se, et hoc in illis pluribus; ut genus cum distinguitur in plures
species secundum diversas differentias, ipsum secundum se manet unum
30 in illis speciebus. Similiter est de materia respectu formarum; unde
omnium generabilium et corruptibilium est eadem materia. Similiter cum
vox aequivoca distinguitur in plura significata, ipsa vox manet una in illis.
Ista igitur propositio est vera: "Illud quod distinguitur etc." Illud igitur
quod distinguitur in sensum compositum et in sensum divisum oportet
35 quod, quantum est de se, maneat unum et idem in sensu composito et in
sensu diviso. Nunc autem illud quod manet unum et idem in sensu
composito et in sensu diviso non videtur esse nisi oratio considerata solum
quantum ad materiam. Videmus enim quod eadem oratio secundum
terminos et dictiones modo habet sensum compositum, modo vero
40 sensum divisum. Si ergo oratio solum considerata quantum ad materiam
manet eadem in sensu composito et in sensu diviso, oratio solum
considerata quantum ad materiam est illud quod distinguitur in sensum
compositum et in sensum divisum. Et quia oratio considerata quantum ad
materiam solum distinguitur quantum ad illud quod est potentiale in ea,
45 quia materia habet rationem potentiae, ideo illud quod distinguitur in
sensum compositum et divisum habet rationem potentialis; et quia illud
quod distinguitur habet rationem multiplicis, ideo dicimus quod compositio et divisio operantur multiplex potentiale.

Quando ergo quaeritur utrum oratio actu prolata in sensu composito sit
50 distinguenda, dico quod oratio actu prolata in sensu composito potest
considerari vel quantum ad materialia vel quantum ad formalia. Si
consideretur quantum ad materialia, dico quod oratio actu prolata in
sensu composito est distinguenda. Et ratio huius est quia videmus in
M68vA naturalibus quod omnia // habentia eandem materiam sunt ad invicem
55 transmutabilia, et ex uno potest fieri alterum vel mediate vel immediate;
ex sene enim fit puer mediate et ex puero senex immediate. Sed oratio
prolata in sensu composito et oratio prolata in sensu diviso habent eandem

25-27 ad ... est: supposito *V*.   26-27 intelligendum: considerandum *M*.   28 et
hoc: *om. V*.   28-52 genus ... materialia: est in aliis quaestionibus declaratum *V (cf.* QV
23).   39 vero: *om. M*.

materiam. Et ideo considerando quantum ad materiam, oratio quae actu prolata est in sensu composito est in potentia ad sensum divisum.

60   Et item hoc patet ex eo quod tactum est supra: quod non determinat sibi unum oppositorum, ei non repugnat alterum. Nunc autem oratio prolata in sensu composito, considerando quantum ad materiam, non determinat sibi magis unum quam alterum; ut dicendo "possibile est sedentem ambulare," quantum est ex parte dictionum // non magis est in potentia O103rB
65 ad sensum compositum quam ad sensum divisum.

    Oratio tamen prolata in sensu composito, considerata quantum ad formam, non est in potentia ad sensum divisum; nec ut sic est distinguenda. Quia prolatio est forma vocis ut est in prolatione; et ideo modus proferendi orationis compositae vel divisae est forma orationis
70 compositae vel divisae; illud ergo quod determinat sibi unum modum proferendi determinat sibi formam. Sed oratio prolata in sensu composito determinat sibi unum modum proferendi; et ideo determinat sibi formam unam; et quod determinat sibi formam unam non est in potentia ad aliam ut sic; haec enim est impropria: "homo potest esse asinus." Cum igitur
75 oratio prolata in sensu composito considerata quantum ad istam prolationem, non est in potentia ad sensum divisum, nec ut sic est distinguenda.

    Ad rationes apparet, procedunt enim viis suis.

    <1.> Ad rationem primam. Cum arguitur "Si oratio actu prolata
80 etc.," visum est quomodo oratio actu prolata in sensu composito est distinguenda et quomodo non. Ipsa enim considerata quantum ad formam non est distinguenda; similiter nec illa quae prolata est in sensu diviso. Et ideo concedo ulterius quod nulla oratio secundum compositionem et divisionem, considerata quantum ad formam, est distinguenda; sed ipsa
85 considerata quantum ad materiam est distinguenda. Et ideo si velimus proprie loqui de oratione multiplici secundum compositionem et divisionem, debemus per intellectum circumscribere ab ea omnem determinatum modum proferendi et illa oratio sic considerata est distinguenda secundum compositionem et divisionem.

90   Et tu dices: "Quomodo est possibile circumscribere omnem modum proferendi ab oratione?" – Dico quod sicut per intellectum possumus circumscribere essentiam materiae ab essentia formae, quamvis materia non sciatur nisi in analogia ad formam, tamen intellectus distinguit hanc essentiam ab illa; sic etiam distinguit intellectus prolationem ab oratione.

   73 et ... unam: *om. V.* | et: ideo *add. M.* | unam: *om. O.*   81 enim: tamen *M.*   84-85 sed ... distinguenda: *om. V.*   85 considerata: tantum *add. O.*   91 ab: cum *MO.*

95 Et oratio sic materialiter considerata est illud quod distinguitur secundum compositionem et divisionem.

<2.> Ad aliam rationem. Cum arguitur "Unumquodque distinguitur in quantum est actu," dico quod hoc est falsum; immo unumquodque magis distinguitur secundum quod est in potentia. Quia ratio actus et ratio
100 potentiae sunt opposita, distinguere etiam et distingui sunt opposita; nunc autem ratio formae sive actus est distinguere; et ideo ratio materiae sive potentiae erit distingui. Et ideo dicimus proprie quod potentiae distinguuntur per actus et actus per obiecta.

Item, illud distinguitur quod determinatur et solum illud. Sed
105 determinatum non determinatur sed magis indeterminatum. Indeterminatum autem habet rationem potentiae. Et ideo illud quod distinguitur, sive determinatur, magis habet rationem potentiae quam actus. Et ideo maior est falsa, quamvis haec sit vera: "unumquodque secundum quod est distinctum ipsum est in actu." Tamen illud quod distinguitur et
110 determinatur non est in actu, sed cum habet actum distinguentem ipsum est in actu.

Ad minorem. Cum dicitur quod oratio etc., concedo. Sed non sequitur ex hoc quod tunc maxime distinguitur; quia illud quod distinguitur non distinguitur secundum quod est in actu, sed magis secundum quod est in
115 potentia. Unde illud bene verum est quod illud quod distinguitur distinguitur per actum distinguentem ipsum; tamen, ut distinguitur quantum est de se, non habet formam, sed magis est in potentia.

<Quaestio 14>
UTRUM ISTA ORATIO "SEDENTEM POSSIBILE EST AMBULARE"
HABEAT POSSIBILITATEM AD DIVERSOS SENSUS.

V4vB // Quaeritur utrum ista oratio "sedentem possibile est ambulare" habeat
5 possibilitatem ad diversos sensus.

Et arguitur quod non:

<1.> Quia ubi non est possibilitas ad diversas constructiones ibi non est possibilitas ad diversos sensus, quia in oratione non est diversitas sensuum nisi secundum diversitatem constructionum. Sed in ista oratione
10 "sedentem possibile est etc." non est possibilitas ad diversas constructiones. Oportet enim quod li "sedentem" construatur cum li "ambulare." Ergo non est ibi possibilitas ad diversos sensus.

---

103 obiecta: ut etiam vult Aristoteles II De anima add. V (cf. Arist., De an. 2 c.4 [415a16-20] et 3 c.2 [427a6-7]).

11 sedentem: congrue add. M.

< 2. > Item, hoc dicit Commentator,[1] quod diversitas sensuum in compositione et divisione non est nisi ex diversa iunctura locutionis. Sed
15 in hoc quod est "sedentem ambulare est possibile" non potest esse diversa iunctura locutionis. Ideo etc.

Oppositum arguitur:

In illa oratione est possibilitas ad diversos sensus secundum quam potest haberi intellectus verus vel falsus. Sed secundum istam orationem
20 "sedentem etc." potest haberi intellectus verus et falsus: falsus ut quod aliquis sit simul sedens et ambulans; intellectus vero verus est iste: sedens nunc est ambulans iam. Ideo etc.

Aliqui dicunt quod ista oratio "sedentem ambulare" de virtute sermonis non est possibilis ad diversos sensus, sed est distinguenda ex bonitate
25 intellectus intelligentis. // Intelligens enim potest attribuere hoc praedica-   M68vB
tum quod est "possibile" isti toti dicto "sedentem ambulare" coniunctim vel divisim, et secundum hoc resultabunt diversi sensus.

Istud non videtur esse de intentione Philosophi. Philosophus enim capitulo illo "Non est autem differentia orationum"[2] increpat distinctio-
30 nem datam in oratione ex parte nostra et non ex parte orationis, // dicens   O103vA
quod oratio non est distinguenda ex hoc quod opponens et respondens aliter et aliter se habeant, sed ex hoc quod est possibilitas in oratione ad talem distinctionem. Ex quo accipio quod nullam orationem docet Philosophus distinguere nisi sit distinguenda de virtute orationis, quia
35 illam distinctionem quae non est de virtute sermonis increpat Philo-
sophus. Sed istam orationem et consimiles docet Philosophus distinguere in II huius.[3] Ideo etc.

Et ideo alii dicunt quod ista oratio "sedentem ambulare est possibile" distinguenda est de virtute sermonis, ex eo quod li "sedentem" potest
40 accipi pro subiecto vel // pro forma. Si pro subiecto vera est, quia   V5rA
subiectum cui inest sessio possibile est ambulare; si vero accipiatur pro forma, falsa est oratio.

Aliqui etiam distinguunt aliter istam orationem ex eo quod li "possibile" potest dicere potentiam per se, et sic est falsa, vel potentiam per
45 accidens, et sic est vera.

---

18 oratione: locutione *M*. | quam: quod *V*.   19-20 sed ... falsus[1]: *om. V*.   21-
22 intellectus ... etc.: verus intellectus est iste ut aliquis sit sedens nunc, ambulans aliquando etc. *V*.   21 verus: falsus *MO*.   22 est: *fort.* erit *scribendum*.   43 aliter: *om. O*.

[1] "Alexander", *Comm.* SE F.166a23-38, 3B (ed. Ebbesen, p. 452).
[2] Arist., SE c.10 (170b12-40).
[3] Cf. Arist., SE c.20.

Istae etiam distinctiones non valent ad propositum. Quod apparet quia
oratio multiplex secundum compositionem et divisionem debet distingui
tali multiplicitate quae sit multiplicitas totius orationis, non multiplicitas
alicuius termini positi in oratione. Nunc autem istae multiplicitates quibus
50 distinguitur ista oratio "sedentem possibile est etc." ex eo quod li
"sedentem" potest accipi pro subiecto vel pro forma, et ex eo quod li
"possibile" potest dicere potentiam per se vel potentiam per accidens, sunt
multiplicitates alicuius termini positi in oratione, et non totius orationis.
Ideo etc.

55 Talis ergo oratio debet distingui tali multiplicitate quae sit multiplicitas
totius orationis. Ideo dicendum est, sicut dicit Commentator,[4] quod ista
oratio "sedentem etc." distinguenda est ex eo quod isti duo actus, sedere
et ambulare, possunt accipi coniunctim vel divisim. Si accipiantur
coniunctim, sic est falsa. Et est sensus: possibile est quod isti duo actus sint
60 simul in eodem. Et hoc est falsum, quia duo actus contrarii non possunt
simul esse in eodem. Sed sedere et ambulare sunt actus oppositi;
contrariantur enim quodam modo, sicut motus et quies. Ideo etc. Si autem
isti duo actus accipiantur divisim, vera est oratio. Et est sensus: sedentem
nunc possibile est ambulare in aliquo alio tempore diviso ab isto. Scimus
65 enim quod actus alicuius contrarii in aliquo subiecto non tollit potentiam
in eodem subiecto ad aliud contrarium. Probatio: quia actus alicuius
contrarii existens in aliquo subiecto non tollit a subiecto rationem subiecti.
Modo ratio subiecti est quod sit unum et idem duorum contrariorum; et
ita per consequens quod sit in potentia ad duo contraria. Et ideo quod est
70 actu sub sessione est in potentia ad ambulare. Et hoc est quod aliqui dicunt
quod haec est vera in sensu divisionis "sedentem possibile est ambulare."

Licet autem ego ponam ipsam esse veram in sensu divisionis, tamen
ponam eam esse falsam per se, quia ratione formae accidentalis importatae
per hunc terminum accidentalem qui est "sedentem"; est tamen vera per
75 accidens, quia ratione subiecti. Quod sit falsa per se patet, quia quando illa
quae principaliter importantur per subiectum et per praedicatum alicuius
propositionis sunt opposita, talis propositio est falsa per se. Haec autem,
scilicet "sedentem etc.," est huiusmodi, quia formae accidentales quae
principaliter importantur per hos terminos, cuiusmodi sunt sessio et

---

54-55 ideo ... distingui: et ideo secundum praedictas multiplicitates magis in praedictis
orationibus esset aequivocatio quam compositio et divisio. Oportet ergo quod talis oratio
distinguatur *V*.   64 diviso: diverso *malimus*.   78 scilicet: *om. M*.

[4] "Alexander", *Comm.* SE F.166a24-30, B (ed. Ebbesen, p. 459).

80 ambulatio, oppositae sunt. Ideo etc. Et similiter dicam de ista "album potest esse nigrum" et de omnibus talibus.

Ad rationes in oppositum:

< 1. > Ad primam. Cum arguitur "Oratio quae non est possibilis etc.," dico quod oratio aliqua quamvis non sit possibilis ad diversas
85 constructiones tamen est possibilis ad diversos sensus logicales. Dicit enim Petrus Helias, super Maius Volumen,[5] quod super eandem constructionem grammaticalem possunt fundari diversae intentiones. Et ideo ponam hic "sedentem etc." semper esse unam constructionem, quia li "sedentem" semper construitur cum li "ambulare." Nihilominus super istam
90 constructionem, quae una est, possunt fundari diversi modi proferendi, ut "sedentem, ambulare est possibile," et sic oratio vera; vel "sedentem ambulare, est possibile," et sic est oratio falsa. Et ita sunt hic diversi sensus logicales, non obstante identitate constructionis.

Et quare est hoc quod super eandem constructionem grammaticalem
95 possunt fundari diversi sensus logicales? – Dico quod licet li "sedentem" construatur semper cum li "ambulare," tamen intellectus ista duo quae simul construuntur potest accipere pro eodem tempore, ut si dicatur "sedentem nunc, ambulare nunc est possibile," vel pro alio tempore, ut "sedentem nunc, ambulare tunc est possibile." Et secundum quod
100 intelligitur pro eodem tempore intelligitur oratio esse composita, et si pro diversis, divisa.

< 2. > Ad aliam rationem dico quod Commentator[6] per "diversas iuncturas" intelligit diversos sensus logicales: et sine dubio sine diversis sensibus logicalibus non potest fieri compositio et divisio.

< QUAESTIO 15 >
UTRUM ISTA SIT VERA IN SENSU COMPOSITIONIS
"DUO ET TRIA SUNT QUINQUE."

Quaeritur de ista "quinque sunt duo et tria," utrum ipsa sit vera in sensu
5 compositionis, sicut quidam asserunt. //   M69rA

---

86 Helias: *ita O*, h. *MV*.   87 intentiones: logicales *add. M*.   97 tempore: *om. OV*.
103 intelligit: *om. OM*. | logicales: locutionis *V*.

4-82 quaeritur ... quaestionibus: *tota quaestio 15 deest in V*.   4 ista: oratione *add. M*.

[5] Locum non invenimus; cf. Inc. Auct., *Quaest.* SE (CPD VII: 153, 340).
[6] "Alexander", *Comm.* SE F.166a23-38, 3B (ed. Ebbesen, p. 452).

Et arguitur quod sic:

Quia Philosophus dicit in II huius[1] quod ubi fallit divisio, ibi solvit compositio. Oratio ergo quae est falsa in sensu divisionis, ipsa erit vera in sensu compositionis. Sed ista est falsa in sensu divisionis, ideo etc.

10 Item, differentia est inter totum universale et totum integrale, sicut dicit Philosophus v Metaphysicae,[2] quia totum universale praedicatur de omnibus suis partibus divisim, sed totum integrale praedicatur de omnibus suis partibus coniunctim. Sed quinque est totum integrale, et duo et tria sunt partes integrales eius; ergo quinque praedicatur de eis

O103vB 15 coniunctim. Ista ergo // erit vera in sensu compositionis "duo et tria sunt quinque."

Oppositum arguitur ratione quam tangit Avicenna in Metaphysica sua:[3] Si dicatur "quinque sunt duo et tria", vel e converso, aut intelligitur hic quod duo et tria immediate sunt quinque, ita quod non unum mediante

20 altero; aut unum istorum inest sibi mediante altero. Non potest dici quod immediate, quia tunc is esset sensus: "quinque sunt duo, et quinque sunt tria;" quia ponitur prius quod tam duo quam tria insunt quinario immediate. Nec potest dici quod unum insit mediante altero, quia tunc esset is sensus: "duo determinata tribus sunt quinque." Sed iste sermo

25 falsus est, quia li "tribus" est determinatio huius quod est "duo." Sed cum a determinatione non diminuente proceditur ad suum simpliciter, est bonum argumentum; sed li "tribus" est determinatio huius quod dico "duo," posito quod mediante illo inest quinario. Si igitur haec sit vera "duo determinata tribus sunt quinque," haec erit vera "duo sunt quin-

30 que" – quod falsum est.

Dico ad hoc breviter quod ista est falsa in sensu compositionis et divisionis, formaliter loquendo, et per se. Quia illud quod est aliud a duobus et tribus non est duo et tria; sed quinque est aliud a duobus et tribus; et ideo quinque non sunt duo et tria. Minor patet. Compositum enim

35 universaliter est aliud a partibus componentibus ipsum, sicut Philosophus vult VIII Metaphysicae;[4] cum enim corpus mixtum sit mixtum ex elementis, mixtum non est aliquod elementorum. Nunc autem, duo et tria sunt componentia quinque, et quinque est compositum ex hiis, sicut

---

19 immediate: *om. M.*   21 duo: et tria *add. M.*   33 et[1]: a *add. M.*   35-36 Philosophus vult: *ord. inv. M.*   36 VIII: 4to *M.* | enim: *om. M.*

---

[1] Arist., SE c.23 (179a12-14).
[2] Arist., *Metaph.* 5 c.26 (1023b26 sqq.).
[3] Avicenna, *Metaph.* 3.5 (ed. van Riet, p. 134).
[4] Arist., *Metaph.* 7 c.17 (1041b11-28); cf. 8 c.3.

corpus et anima componunt hominem. Et ideo sicut non est dicendum
40 quod homo sit anima vel corpus, sed quod est compositum ex materia et
forma, sive ex corpore et anima; sic †autem est† in proposito quod
quinque est quid compositum ex duobus et tribus.

Iterum, quod est in potentia per se non praedicatur de eo quod est
actu, quia potentia et actus maxime differunt, ut dicitur I De anima a
45 Commentatore.[5] Nunc autem, duo et tria non sunt quinque nisi in
potentia. Partes enim non sunt ipsum totum nisi in potentia; sed duo et tria
sunt partes ipsius quinque; ideo etc. Quinque autem est quinque in actu;
ideo etc. Et ad hanc intentionem loquens Philosophus v Metaphysicae,[6]
dixit quod sex non sunt bis tria, sed semel sex. Et si sex non sunt bis tria,
50 similiter quinque non sunt duo et tria, sed quinque sunt semel quinque.

Sed tu dices: "Planum est quod duo et tria coniunctim accepta sunt
aliquis numerus; et non videntur esse alius numerus quam quinarius; ideo
etc." – Dico ad hoc quod duo et tria in potentia sunt quinque in potentia,
et duo et tria in potentia sunt unus numerus in potentia. Duo enim et tria
55 secundum quod in potentia <sunt> sunt partes constituentes aliquod
totum; nunc autem non constituunt aliquod totum nisi quinarium; et ideo
concedo quod duo et tria in potentia sunt quinque in potentia. Tamen duo
et tria in actu non sunt unus numerus in actu, sed sunt diversi numeri in
actu; sicut est ex parte alia de bis tribus respectu sex.
60   Et tu dices: "Duo et tria coniunctim accepta suntne aliquis numerus?" – Dico quod sunt aliquis numerus in potentia in quantum veniunt
in constitutionem alicuius numeri, sicut caro et os sunt homo, quia
veniunt in constitutionem hominis, et hoc est tantum materialiter.

Ad rationes in oppositum:

65   <1.> Ad primam. Cum arguitur "Ubi fallit divisio etc.," dico quod
male exponitur haec littera. Non enim est intelligenda sic quod ubi fallit
compositio, ibi solvit divisio, ita quod illa oratio quae est falsa in sensu
compositionis ipsa sit vera in sensu divisionis, et e converso. Sed sic debet
exponi quod "ubi fallit compositio etc." hoc est: ubi aliqua oratio videtur
70 habere tantum unum sensum, ut sensum compositum, et in tantum fallit
compositio, ibi solvendum est per divisionem, ostendendo ipsam habere
sensum divisum et non solum sensum compositum. Et hoc modo debet
solvi talis oratio.

---

41 autem est: etiam *scribendum videtur*.   64 in oppositum: *om. M*.

[5] Averr., *De an.* 1 c.6 (ed. Crawford, p. 10).
[6] Arist., *Metaph.* 5 c.14 (1020b7-8).

<2.> Ad aliam rationem. Cum arguitur "Differentia est etc.," dico
75 quod totum integrale non praedicatur praedicatione formali de partibus
materialibus componentibus ipsum, sed solum praedicatione materiali.
Unde ibi non est praedicatio quoniam hoc est hoc, sed quoniam hoc est
huius; ut dicendo "duo et tria sunt quinque," hoc est: "duo et tria sunt
partes huius quod est quinque."
80   De causis apparentiae in compositione et divisione et de modis illarum
M69rB fallaciarum et de modo respondendi ad eas, // quaeratur in aliis quaestionibus.[7]

< Quaestio 16 >
Utrum fallacia accentus sit fallacia una.

V2vB // Quaeritur circa accentum, et ibi quaeritur utrum fallacia accentus sit
fallacia una.
5   Et arguitur quod non:
<1.> Quia sicut compositio et divisio se habent ad orationem sic
gravis accentus et acutus se habent ad dictionem. Sed compositio et divisio
faciunt diversas fallacias. Ergo etc.
<2.> Item, distinctio fallaciarum est secundum distinctas causas
10 apparentiae. Ubi ergo possunt inveniri diversae causae apparentiae, ibi
possunt inveniri diversae fallaciae. Sed in accentu sunt distinctae causae
apparentiae. Possum enim dicere quod una causa apparentiae est unitas
vocis secundum materiam cum unitate significati actualiter expressi in
modo proferendi graviter. Alia causa apparentiae potest esse unitas vocis
15 secundum materiam cum unitate significati actualiter expressi in modo
proferendi acute. Ergo etc.
Oppositum arguitur:
<3.> Philosophus[1] enim dicit quod non sunt plures fallaciae in
dictione quam sex. Sed si accentus non esset una fallacia, in dictione
20 essent plures fallaciae quam sex. Ideo etc.
Advertendum est quod accentus est fallacia aliqualiter una. Quod sit
fallacia apparet, quia ad fallaciam tria concurrunt: scilicet apparentia, non

81-82 quaestionibus: *om. M.*

11 distinctae: diversae *V.*   16 acute: acuto *O.*   19-20 sed ... sex: *om. V.*
20 fallaciae quam sex: *om. M.*

[7] Cf. QV 23.

[1] Arist., SE c.4 (165b24-25).

existentia, et imperitia sive impotentia iudicandi. Et ubi ista concurrunt ibi
concurrit fallacia. Quod ad fallaciam concurrat principium apparentiae
25 patet, quia paralogismus secundum aliquam fallaciam debet apparere
bonus syllogismus, aliter enim non falleret. Item, concurrit // causa non V3rA
existentiae, quia si esset talis qualis apparet, non esset fallacia. Concurrit
etiam imperitia ex parte nostra; dicit enim Philosophus[2] quod syllogismus
sophisticus non est syllogismus nisi ad aliquem, si autem respondens
30 sciverit eum distinguere nec est syllogismus simpliciter nec ad eum.

// Nunc autem in fallacia accentus est apparentia et non existentia et O104rA
etiam imperitia ex parte nostra; ideo fallacia accentus erit fallacia. Fallacia
autem accentus est deceptio proveniens ex eo quod aliqua dictio potest
proferri graviter vel acute. Causa apparentiae est unitas vocis incomplexae
35 secundum materiam tantum. Et ita manifestum est quod haec tria
concurrunt ad fallaciam accentus, et concurrit ibi habilitas ad decipiendum, saltem in scriptura. Ideo etc.

Utrum autem haec sit fallacia una: quidam dicunt quod sic, quia aliter
se habet compositio et divisio ad orationem et gravis accentus et acutus
40 ad dictionem; quia secundum ipsos compositio et divisio distinguunt
orationem essentialiter, sed gravis accentus et acutus distinguunt
dictionem accidentaliter, et ideo compositio et divisio faciunt duas fallacias, sed gravis accentus et acutus non nisi unam.

Istud non videtur habere veritatem, quia per idem est aliquid ens
45 substantialiter et distinctum substantialiter, quia per idem est aliquid ens et
unum, et per idem est unum et ab alio distinctum. Sed dictio ut est in
prolatione est ens formaliter per suum modum proferendi, modus enim
proferendi est forma dictionis ut est in prolatione. Et ideo dictio est aliquid
distinctum substantialiter per distinctum modum proferendi; et ideo
50 modus accentuandi graviter vel acute distinguit dictionem essentialiter a
dictione. Ergo secundum accentum erunt duae fallaciae sicut sunt
secundum compositionem et divisionem. Et ideo credo quod sicut compositio et divisio faciunt diversas fallacias, ita gravis accentus et acutus
faciunt diversas fallacias secundum numerum sive secundum speciem.
55 Faciunt tamen unam fallaciam secundum genus.

Et tu dices: Philosophus[3] dicit quod non sunt nisi sex fallaciae in
dictione. Dico, sicut alias dictum est: ista scientia magis prodest iuvenibus

---

29 autem: etiam *O*, enim *M*.   33 ex: *om. OV (sed in O corrector vocabulum* ex *supra*
secundum *[lin. 35] add.).*

[2] Arist., SE c.8 (170a12-17).
[3] Arist., SE c.4 (165b24-25).

quam senibus.[4] Et ideo Philosophus de sophisticis artem compendiosam
tradidit et multa dimisit; et propter hoc dico quod quia Philosophus non
60 multum curavit de ista fallacia, quia non est multum habilis ad
decipiendum sicut sunt compositio et divisio, ideo non multum curavit de
ea et propter hoc non distinxit in duas fallacias sicut distinxit compositionem et divisionem, quamvis ibi sint duae fallaciae secundum
veritatem, sicut probat una ratio pro parte illa.
65   < 1.-3. > Ad rationes apparet per dicta.
De modis istius fallaciae quaeratur in aliis quaestionibus.[5]

< QUAESTIO 17 >
UTRUM FIGURA DICTIONIS SIT FALLACIA
SECUNDUM VERITATEM.

Quaeritur circa figuram dictionis, et ibi quaeratur utrum ipsa sit fallacia
5 secundum veritatem vel secundum apparentiam.
Et arguitur quod non sit fallacia secundum veritatem:
< 1. > Quia omnis fallacia in dictione provenit vel ex multiplicitate
dictionis vel ex multiplicitate orationis. Ubi ergo non est multiplicitas vera
ex parte dictionis nec ex parte orationis, ibi non est fallacia secundum
10 veritatem. Sed in figura dictionis non est multiplicitas vera secundum
dictionem nec secundum orationem, sed solum est multiplicitas phantastica. Ideo etc.
< 2. > Item, si fallacia figurae dictionis esset fallacia secundum
veritatem, tunc sub eodem termino laterent plura significata secundum
15 veritatem, scilicet quale quid et hoc aliquid, iuxta tertium modum figurae
M69vA dictionis. Sed si sub eodem termino laterent plura significata // secundum
veritatem, ut quale quid et hoc aliquid, ista esset distinguenda "omnis
homo currit" ex eo quod li "homo" potest significare quale quid vel hoc
aliquid. Tamen istam non distinguimus. Ideo etc.
20   Oppositum arguitur:
Illa fallacia est fallacia secundum veritatem quae impedit bonum syllogismum. Sed figura dictionis impedit bonum syllogismum; si enim

---

65 per: *om. M.*   66 de ... quaestionibus: *om. V.* | quaeratur: quaeras *O,* quaeritur *M.*

4 figuram: fallaciam *M,* fallaciam figurae *V.*   4-78 et ... est: *totam quaestionem 17^(am)*
om. V.

[4] QN 10.
[5] Partem deperditam *Quaestionum veterum* videtur respicere noster.

arguatur sic "quidquid heri emisti hodie comedisti; sed album heri emisti;
ergo etc.," hic est impedimentum boni syllogismi.

25   Intelligendum quod secundum opinionem Alexandri[1] multitudo et
multiplicitas differunt, quia multitudo est diversitas aliquorum prout non
conveniunt in aliquo uno, multiplicitas autem est diversitas aliquorum ut
conveniunt in aliquo uno, ita quod ratio unitatis fortior est in multiplicitate quam in multitudine. Et ideo ubicumque est latentia plurium sub

30   aliquo uno, ibi est vera multiplicitas. Sed in figura dictionis est latentia
plurium sub aliquo uno. Et quomodo hoc contingat considerandum est:
unum enim eodem modo dividitur sicut ens; ens autem dividitur in
substantiam et qualitatem et quantitatem; ideo similiter unum. Unum
enim dicitur de uno in substantia et de uno in qualitate et de uno in

35   quantitate. Unum in substantia dicitur identitas, unum in qualitate dicitur
similitudo, unum autem in quantitate dicitur aequalitas. Quando ergo
dicimus quod multiplicitas est diversitas aliquorum ut conveniunt in
aliquo uno, potest intelligi quod conveniant in aliquo uno secundum
substantiam vel secundum qualitatem vel secundum quantitatem. Unde in

40   figura dictionis non est latentia plurium sub uno secundum substantiam,
sed hoc accidit in aequivocatione, ibi enim accidit multiplicitas ex eo quod
una vox secundum substantiam imponitur ad significandum diversa. Sed
in figura dictionis est latentia plurium significatorum sub voce una, non
una secundum substantiam, sed sub una voce secundum qualitatem, et

45   hoc est sub una voce secundum similitudinem vel figurationem. Et ex hoc
arguitur quod in figura dictionis est vera multiplicitas, et per consequens
est ibi fallacia secundum veritatem. Nam ubicumque est latentia plurium
significatorum sub aliquo uno, sive illud sit unum secundum substantiam
sive secundum qualitatem, ibi est vera multiplicitas. Sed hoc contingit in

50   figura dictionis, ibi enim est latentia plurium sub una voce, non una
secundum substantiam sed secundum similitudinem. Unde intelligendum
quod sicut aliqua est fallacia quae dicitur esse fallacia quia praetendit in se
non habere quod habet, sic et aliqua dicitur fallacia ex eo quod praetendit
habere in se quod non habet. In aequivocatione enim praetendit aliqua

55   vox non habere plura significata cum tamen habeat. Sed in figura dictionis
est multiplicitas ex eo quod praetendit dictionem habere multa significata
cum tamen non habeat, et hoc si consideretur una secundum substantiam,
quamvis habeat plura secundum aliquam similitudinem. //   O104rB

32 unum enim: quod unum M. | sicut: et add. M.   47 nam: om. O a.c., ratio vel
ideo supra lin. add. corrector.   57 et: om. M.   58 secundum: propter O.   ideo: om.
O.

[1] "Alexander", Comm. SE F.165b27-30, C4 (ed. Ebbesen, p. 426).

Per hoc ad rationes:

60   < 1. > Ad primam. Cum arguitur "Omnis multiplicitas etc.," concedo.
Et ad minorem cum dicitur quod in figura dictionis etc., nego, quia ibi
latet pluralitas significatorum sub similitudine vocis. Et tu dices: "Figura
dictionis operatur phantasticam multiplicitatem; ergo non operatur multiplicitatem veram." – Dico quod non dicitur operari phantasticam multi-
65 plicitatem quia non operatur veram multiplicitatem, sed pro tanto quia
vox quae ibi significat plura non est una secundum substantiam sed
secundum similitudinem.

        < 2. > Ad aliam rationem. Cum arguitur "Si ita esset, tunc 'homo'
significaret etc.," dico quod ista non erit distinguenda "omnis homo
70 currit;" quoniam non pono in figura dictionis multiplicitatem quia aliqua
una vox secundum substantiam significet quale quid et hoc aliquid, nec
etiam quia una vox secundum substantiam videatur significare quale quid
et hoc aliquid, sed quia dictio una secundum similitudinem significet
quale quid et hoc aliquid, sicut "homo" et "hic homo" non sunt una dictio
75 secundum substantiam, sunt tamen una secundum similitudinem; et ideo
si aliquis credat quod quia "hic homo" significat hoc aliquid, quod etiam
utrumque, et "homo" et "hic homo," significet hoc aliquid, figura
dictionis est.

< QUAESTIO 18 >
UTRUM SIMILITUDO DICTIONIS CUM DICTIONE SIT CAUSA
APPARENTIAE IN FIGURA DICTIONIS.

Quaeritur utrum similitudo dictionis cum dictione sit causa apparentiae in
5 fallacia figurae dictionis.

    Et arguitur quod non:

    < 1. > Quia Philosophus dicit in principio huius libri[1] quod omnis fal-
lacia in dictione fit ex eo quod eisdem nominibus vel orationibus non
idem significamus; identitas ergo vocis erit causa apparentiae in omni fal-
10 lacia in dictione. Sed figura dictionis est fallacia in dictione, ergo identitas
dictionis erit causa apparentiae et non sola similitudo.

    < 2. > Item, causa apparentiae alicuius fallaciae debet manere in
quolibet modo istius fallaciae. Sed similitudo dictionis non manet in
quolibet modo figurae dictionis. Hic enim est tertius modus figurae
15 dictionis "homo est species; Socrates est homo; ergo etc.," commutando

---

75 ideo: om. O.

[1] Arist., SE c.4 (165b29-30).

quale quid in hoc aliquid; tamen Socratis ad hominem non est aliqua
similitudo // in dictione; ergo similitudo dictionis non videtur esse causa M69vB
apparentiae in figura dictionis.

Oppositum arguitur:

20 Philosophus dicit capitulo illo "Fallacia autem fit in hiis" [2] quod
nos fallimur per paralogismos figurae dictionis propter similitudinem
dictionis; sed id propter quod fallimur in aliqua fallacia est causa
apparentiae in illa; ergo similitudo dictionis est causa apparentiae in figura
dictionis.

25 Advertendum est hic quod "figura" nominat proprie dispositionem
partium exteriorum corporis. Figura enim dicit aliquid existens circa rem
corpoream, et quia vox non est corpus ideo figura proprie non accipitur in
voce. Sed "figura" transumitur ad significandum dispositionem exterio-
rem in voce, et ista dispositio exterior potest dici modus proferendi vocis,
30 ita quod figura dictionis, sicut hic intendimus, non est nisi similitudo
dictionis quantum ad modum proferendi vel significandi. Quandocumque
ergo propter aliquam similitudinem dictionum in modo proferendi vel
significandi credimus ea quae significantur per talem dictionem esse
omnino eadem, tunc decipimur secundum figuram dictionis. Secundum
35 autem hanc causam apparentiae possunt accipi tres modi huius fallaciae,
qui apparent in quaestionibus alias reportatis;[3] etiam quare hic est figura
dictionis "quidquid heri vidisti hodie vides; sed album etc.," hic autem
non "quidquid heri etc.; sed albedinem etc." Apparet etiam ibi quare hic
est figura dictionis "homo est species; Socrates est homo; etc.," et similiter
40 in multis aliis paralogismis, et tamen non est aliqua similitudo dictionis
inter hominem et Socratem, et similiter de aliis.

Ad rationes:

< 1. > Ad primam. Cum arguitur "Omnis fallacia in dictione etc.,"
dico quod Philosophus extendit identitatem vocis secundum substantiam
45 vel secundum similitudinem; unde intendit quod tunc decipimur
secundum aliquam fallaciam in dictione quando sub identitate vocis
secundum substantiam vel secundum similitudinem latent plura. Unde
quamvis in figura dictionis non lateant plura sub identitate vocis
secundum substantiam, tamen hic latent plura sub similitudine vocis, et
50 hoc sufficit.

< 2. > Ad aliam rationem. Cum arguitur "Causa apparentiae cuius-
libet etc.":

36-41 etiam ... aliis: *om. V.*   36 etiam quare: quare etiam *M.*   45 vel: et *OV.*

[2] Arist., SE c.7 (169a29-30).
[3] QV, pars deperdita.

< Quaestio 19 >
Utrum commutando quale quid in hoc aliquid sit figura dictionis.

Propter dissolutionem istius rationis quaeritur utrum commutando quale
5 quid in hoc aliquid sit figura dictionis.

Et arguitur quod non:

< 1. > Quia quandocumque aliqua duo sunt idem essentialiter,
commutando unum in alterum non videtur esse fallacia. Sed quale quid et
hoc aliquid sunt unum essentialiter. Ergo etc.

10   < 2. > Item, si commutando quale quid in hoc aliquid esset figura
dictionis, tunc eadem ratione commutando hoc aliquid in quale quid esset
figura dictionis. Sed commutando hoc aliquid in quale quid non est figura
dictionis. Si enim arguatur sic "Socrates currit; ergo homo currit," hic
commutatur hoc aliquid in quale quid, et tamen non est figura dictionis.
15 Ergo nec e converso.

Oppositum arguitur:

Philosophus dicit, II huius,[1] quod hic est figura dictionis: "Coriscus est
alter ab homine; ergo Coriscus est alter a se." Et non est hic figura
dictionis nisi quia commutatur quale quid in hoc aliquid. Ergo secundum
20 intentionem Philosophi commutando quale quid in hoc aliquid erit figura
dictionis.

Ad evidentiam istius quaestionis considerandum quid intelligimus per
"quale quid" et quid per "hoc aliquid." Est autem advertendum quod
"quale quid" et "hoc aliquid" eandem naturam dicunt, tamen sub diversis
25 rationibus. "Quale quid" enim dicit aliquam naturam sub ratione confusa
et indeterminata, secundum quod ipsa potest inveniri in pluribus in quibus
est distincta et determinata, ita quod "quale" idem significat quod
"commune." Et rationabiliter, forma enim habet rationem qualis. Nunc
autem natura significata per terminum communem comparatur ad
30 suppositum sicut forma comparatur ad materiam, secundum quod testatur
Commentator supra VIII Metaphysicae,[2] dicens quod aggregatum sumptum universaliter comparatur ad aggregatum hoc particulare sicut forma
ad materiam. Et ideo natura significata per terminum communem habet
rationem qualis. Terminus ergo communis significat quale quid ita quod
O104vA 35 "quale" di//cat idem quod "commune." Sed "hoc aliquid" dicit eandem

4-23 quaeritur ... advertendum: intelligendum *V*.   31 VIII: x *M*.   32 hoc: hic *M*.

[1] Arist., SE c.22 (178b36-179a1); exemplum ex c.5 (166b32-33).
[2] Locum non invenimus.

naturam, ut importatur per aliquod suppositum quod est in se indivisum
et ab aliis divisum; ideo "hoc aliquid" dicit "hoc aliud quid": "hoc" quia in
se indivisum, "aliud" quia ab aliis divisum, "quid" quia substantia. Sic
ergo eandem naturam dicunt, tamen sub diversa ratione.

40 Si igitur propter aliquam similitudinem quale quid et hoc aliquid
significentur totaliter esse eadem, ibi est figura dictionis, ut hic "homo est
species etc."

Et tu dices: "Inter hominem et Socratem non est aliqua similitudo in
dictione, qualiter ergo erit figura dictionis arguendo sic 'homo est species
45 etc.'? Videtur enim quod nullo modo." – Dico quod quamvis Socrates et
homo non habeant similitudinem // in dictione, tamen quia Socrates est   M70rA
hic homo, et "hic homo" et "homo" habent similitudinem in dictione,
ideo si tu credas quod illud quod attribuis homini possis attribuere Socrati
propter istam similitudinem, ibi erit fallacia figurae dictionis. Est autem in
50 hoc paralogismo "homo est species etc." figura dictionis, et etiam fallacia
accidentis, sed diversimode. Si enim credas quod hic sit bonus syllogismus
"homo est species etc.," et ad hoc te moveat partialis identitas hominis ad
Socratem, tunc est deceptio secundum accidens. Et si tu credas ibi esse
bonum syllogismum et te moveat partialis identitas sive similitudo vocis,
55 et si solum propter istam similitudinem in voce credas quod quidquid
attribuis homini possis attribuere Socrati, tunc est ibi figura dictionis. Et
per hoc solvitur ratio primae quaestionis.

Ad rationes istius quaestionis:

<1.> Ad primam. Cum arguitur "Quandocumque aliqua duo sunt
60 idem essentialiter etc.," dico quod quandocumque aliqua duo sunt idem
essentialiter totaliter, nec differunt secundum rem nec secundum
rationem, interpretando unum esse alterum non est figura dictionis.
Tamen si aliqua sint idem uno modo, et alia alio modo, si tu credas ea esse
omnino eadem propter aliquam similitudinem dictionis ad dictionem, tu
65 deciperis secundum figuram dictionis. Sic autem est in proposito, ut visum
est. Ideo etc.

<2.> Ad aliam dico quod sicut figura dictionis est interpretando
quale quid esse hoc aliquid, propter solam similitudinem in voce, sic
figura dictionis provenit commutando hoc aliquid in quale quid, si
70 credatur quod sola similitudo dictionis sufficiat ad inferendum aliquid. Ut
si credat quod propter solam similitudinem vocis sequatur "iste homo

---

37-38 et ... indivisum: *om. M.*   43-45 et tu ... modo: ex hoc tunc apparet responsio
(*vel* solutio) ad rationem. cum enim dicit quod Socratis ad hominem non est aliqua
similitudo in dictione etc., *V.*   57-82 primae ... quid: *om. V.*   68 voce: est figura
dictionis *add. O.*   69 provenit: est *M.*   71 credat: credas *M.*

currit; ergo homo currit," ipse decipitur secundum figuram dictionis.
Tamen simpliciter loquendo non est ibi figura dictionis, sed bona
consequentia, quia Socrates sive hic homo includit hominem, homo
autem non includit Socratem. Ideo haec est bona consequentia "Socrates
75 currit; ergo homo currit;" tamen non sequitur e converso, et causa dicta
est. Et ideo quamvis sit figura dictionis commutando quale quid in hoc
aliquid, tamen non oportet universaliter quod sit figura dictionis
commutando hoc aliquid in quale quid; quamvis tamen hoc quandoque
80 contingat, ut hic "Socrates est individuum; Socrates est homo; ergo homo
est individuum;" hic est figura dictionis commutando hoc aliquid in quale
quid.

< Quaestio 20 >
Utrum partialis identitas medii ad extrema
sit causa apparentiae in fallacia accidentis.

Quaeritur circa fallacias extra dictionem. Et ibi primo circa fallaciam
5 accidentis, circa quam quaeritur utrum partialis identitas medii ad extrema
sit causa apparentiae in fallacia accidentis.

    Et arguitur quod non:

    < 1. > Quia si partialis identitas medii ad extrema causaret accidens,
cum in quolibet bono syllogismo sit partialis identitas medii ad extrema,
10 ergo etc. Sed hoc est falsum. Ergo etc.

    < 2. > Item, quod causat fallaciam consequentis non causat fallaciam
accidentis, cum istae sint fallaciae distinctae. Sed partialis identitas medii
ad extrema causat fallaciam consequentis. Quia enim est partialis identitas
inter mel et fel, quia utrumque est rubeum, credimus quod mel sit fel; et
15 tamen fallacia consequentis est arguendo sic: "mel est rubeum; fel est
rubeum; ergo etc."

    Oppositum arguitur:

    Philosophus dicit capitulo illo "Fallacia autem fit in hiis," [1] quod nos
decipimur per fallaciam accidentis eo quod non possumus diiudicare inter
20 idem et diversum, sed medium quod partim est idem cum utroque
extremorum accipimus ut simpliciter idem. Ergo in fallacia accidentis
V3rB causatur deceptio propter hoc quod medium est partim // idem cum
extremis, partim autem alterum, et nos accipimus illud ut simpliciter

10 ergo[1]: *om. MV.*

[1] Arist., SE c.7 (169b3-4).

idem. Sed illud propter quod causatur deceptio in aliqua fallacia est causa
25 apparentiae in illa. Ergo partialis identitas medii ad extrema etc.

Dicendum quod partialis identitas medii ad extrema causat fallaciam
accidentis. Ad cuius evidentiam considerandum quod illud est causa
apparentiae in aliqua fallacia quod facit ipsam esse fallaciam, et quod facit
ipsam esse distinctam ab omnibus aliis. Sed partialis identitas medii ad
30 extrema facit fallaciam accidentis esse fallaciam, quia si esset ibi totalis
identitas medii ad extrema numquam falleret. Partialis ergo identitas medii
ad extrema facit nos falli per fallaciam accidentis, et ideo facit fallaciam
accidentis esse fallaciam. Partialis etiam identitas etc. facit ipsam differre a
fallaciis in dictione, in quibus est identitas secundum vocem et nulla
35 secundum rem. Item, facit eam differre a fallacia consequentis cum qua
maxime videtur convenire; quia in fallacia consequentis causa apparentiae
est partialis identitas antecedentis ad consequens, propter quam creditur
quod sicut ad antecedens sequitur consequens quod similiter sequatur e
converso, et ideo fallimur; sed in fallacia accidentis causa apparentiae est
40 illa quae dicta est. //   O104vB

Secundum istam causam apparentiae possunt accipi diversi modi istius
fallaciae. Cum enim causa apparentiae sit partialis identitas medii ad
extrema, vel accidentis ad rem subiectam, quod idem est, unus modus
est quando propter partialem identitatem quae est accidentis ad rem
45 subiectam, illud quod // attribuimus accidenti attribuimus rei subiectae. M70rB
Secundus modus est e converso. Et ita sunt duo modi principales istius fallaciae. Iuxta primum modum fit talis paralogismus "animal est genus
etc.:" animal est accidens et homo est res subiecta; et ideo si attribuamus
hoc quod est "genus" homini, quia attribuimus illud animali, nos facimus
50 fallaciam accidentis. Penes secundum modum fit talis paralogismus
"Socrates est individuum; Socrates est homo; ergo etc.": res subiecta est
Socrates; illud enim quod numquam praedicatur sed semper subicitur,
rationabiliter est res subiecta in quolibet paralogismo accidentis. Et li
"homo" est accidens in proposito. Et ideo si attribuimus "individuum"
55 homini, quia attribuimus illud Socrati, ibi est fallacia accidentis.

Et ita sunt duo modi principales secundum accidens, et uterque istorum
modorum dividitur in tres, secundum quod accidens tripliciter potest
accipi: quoddam enim est accidens commune, quoddam proprium,
quoddam sicut superius accidit inferiori. Est ergo unus modus quando
60 illud quod attribuimus rei subiectae, attribuimus accidenti communi; ut si
arguatur sic: "album est accidens; homo est albus; ergo etc." Secundus
modus est ex eo quod illud quod attribuimus accidenti proprio,

43 quod idem: ut dictum *M*.   60 communi: *om. OM*.

attribuimus rei subiectae; ut si sic dicatur: "risibile est proprium; risibile est homo; ergo etc." Tertius modus est quando illud quod attribuimus
65 superiori, attribuimus inferiori; ut hic: "animal est genus etc." Similiter est de secundo modo. Et ita habentur octo modi, scilicet duo principales et sex alii.

Ulterius quilibet istorum modorum potest dividi in tres, secundum quod quilibet istorum potest fieri in tribus figuris. Et ita isti octo modi
70 tripliciter accepti facient viginti quattuor, et illi viginti quattuor cum istis octo facient triginta duo modos in universo in fallacia accidentis. Qualiter autem debeamus cognoscere ubi est fallacia accidentis, et quod fallacia accidentis non solum fit in syllogismis affirmativis sed etiam in negativis, et qualiter non solum fit fallacia accidentis ex variatione medii sed ex
75 variatione maioris extremitatis vel minoris, videatur in aliis quaestionibus.[2]

Ad rationes:

< 1. > Ad primam. Cum arguitur "Si partialis identitas etc.," dico quod partialis identitas causat fallaciam accidentis sicut causa apparentiae,
80 tamen ibi plus requiritur ad fallaciam accidentis quam quod sit ibi partialis identitas, quoniam requiritur ibi causa non existentiae, quae est diversitas rei subiectae et accidentis in comparatione ad tertium. Et ista duo integrant fallaciam accidentis. Et tu dicis quod in omni bono syllogismo etc., – verum est, tamen alterum deficit in bono syllogismo; ibi enim non
85 est diversitas medii ad extremum in comparatione ad tertium; et ideo non est ibi fallacia accidentis.

< 2. > Ad aliam dico quod partialis identitas antecedentis ad consequens causat fallaciam consequentis, et non partialis identitas medii ad extrema sub ratione qua sunt medium et extrema.

< QUAESTIO 21 >
UTRUM HAEC SIT VERA "CORISCUS EST ALTER AB HOMINE."

Quaeritur adhuc circa fallaciam accidentis. Philosophus[1] enim, determinans de fallacia accidentis, ponit duos paralogismos. Unus est: "Coriscus

---

71-76 qualiter ... quaestionibus: *om. V.*   75 minoris: et qualiter deinde fit ex variatione medii *add. O.*

4 duos: diversos *MOV.*

[2] QV, pars deperdita.

[1] Arist., SE c.5 (166b32-33).

5 est alter ab homine; Coriscus est homo; ergo Coriscus est alter a se ipso."
Gratia huius quaeratur utrum haec sit vera: "Coriscus est alter ab
homine."

Et arguitur quod sic:

<1.> Philosophus dicit vii Metaphysicae[2] quod in dictis secundum
10 accidens aliud est quod quid est et illud cuius est. "Coriscus" autem est
aliquid dictum secundum accidens, includit enim duo quorum unum
accidit alteri; includit enim naturam humanam et principia individuantia
accidentia illi. Ergo aliud est Coriscus et quod quid est eius. Sed homo est
quod quid est Corisci. Ergo aliud est Coriscus quam homo. Ergo haec erit
15 vera: Coriscus est alter ab homine.

<2.> Item, in omni consequentia bona si antecedens est verum, et
consequens. Sed ista consequentia est bona "Coriscus est alter a Socrate;
ergo Coriscus est alter ab homine." Manifestum est quod antecedens est
verum, ergo et consequens erit verum.

20 Oppositum arguitur sic:

Conclusio in syllogismo peccante in forma debet essa falsa. Opponens
enim per syllogismum peccantem in forma intendit ducere respondentem
ad aliquod inconveniens; et per fallacias extra dictionem specialiter ad
falsum, ut videtur, cum falsum principaliter proveniat ex parte rei, et
25 syllogismus peccans in forma debet concludere aliquod inconveniens.
Nunc autem ista "Coriscus est alter ab homine" est conclusio in paralogismo accidentis si arguatur sic: "Coriscus est alter a Socrate; Socrates
est homo; ergo Coriscus est alter ab homine." [3] Ergo etc.

Aliqui[4] dicunt quod haec propositio "Coriscus est alter ab homine" nec
30 est simpliciter vera, nec simpliciter falsa, sed distinguenda, ex eo quod li
"homo" potest stare pro significato vel pro supposito. Si pro supposito,
vera est; et est sensus: "Coriscus est alter ab homine, id est, Coriscus est
alter ab aliquo supposito hominis." Si stet pro significato, sic est falsa; et
est sensus: "Coriscus est alter ab homine, hoc est, Coriscus est aliud a
35 quod quid est hominis."

Sed illud non videtur esse convenienter dictum, quia quando aliqua vox
distinguitur in aliqua plura, si illa distinctio sit competens, oportet quod
illa plura importentur // de vi vocis. Nunc autem "homo" non importat O105rA
haec duo de vi vocis: "homo" enim nec significat Socratem nec Platonem;

---

12 alteri: alii *OM.*   13 aliud: alterum *MOV.*   14 est[1]: *om. MV.*   27 accidentis: ut
add. M.   38-39 nunc ... vocis: *in marg. M, om. V.*

---

[2] Arist., *Metaph.* 7 c.6 (1031a19-21).
[3] Arist., se c.5 (166b33-34).
[4] Cf., e.g., Anonymus Monacensis, *Comm.* se (Admont, ms 241, fol. 26vB).

M70vA 40 "Socrates" enim significat // naturam humanam ut hic et nunc, "homo"
autem significat naturam humanam ut ubique et semper, non ut
determinatam ad hic et nunc; et ideo "homo" de vi vocis non importat
suppositum, sed solum ipsum significatum quod importatur per definitionem. Arguamus tunc sic: quandocumque aliqua vox distinguitur in
45 aliqua plura, oportet quod illa plura importentur de vi vocis; sola enim
propositio multiplex est quae distinguitur de vi vocis. Sed "homo" de vi
vocis non importat naturam et supposita, quia supposita non. Ideo etc.

Non dico quod nomine hominis non significetur quiditas et habens
quiditatem; sed tamen habens quiditatem non significatur ibi ut est
50 determinatum ad unum numero, nec ad plura, nec ad omnia sub ratione
qua supposita sunt. Sed ad hoc determinatur per adiuncta; determinatur
autem ad unum numero dicendo "hic homo," ad plures dicendo "plures
homines," ad omnes dicendo "omnis homo." Unde nomine hominis
importatur habens quiditatem, non tamen ut suppositum, sed solum ut
55 informatum quiditate.

Et ideo dicendum est aliter: cum quaeritur utrum haec sit vera
"Coriscus est alter ab homine," videtur non esse dicendum uno modo.
Coriscus enim aggregat duo, scilicet quiditatem hominis et accidentia illi
quiditati. Coriscus enim significat naturam humanam ut individuata est;
60 natura autem humana ut individuata est aggregat in se duo, scilicet
naturam individuatam et illud quod individuat naturam illam; illud autem
quod individuat accidens aliquod est, vel respectus ad aliquod accidens – non determino ad praesens quid sit illud. Et ideo Coriscus aggregat
haec duo.

65 Cum igitur quaeritur utrum haec sit vera "Coriscus etc.," si consi-
deremus Coriscum quantum ad quiditatem hominis quam participat, sic
dico quod haec est falsa "Coriscus etc." Coriscus enim quantum ad suam
quiditatem non est alter ab homine. Et ratio huius est: quandocumque
aliqua duo sic se habent ad invicem quod unum ponitur in definitione
70 alterius, et unum non habet quiditatem nec definitionem nisi quiditatem
vel definitionem illius, ipsum non differt quiditative ab illo alio. Sed sic se
habet Socrates sive Coriscus ad hominem. Si enim Coriscus habeat
definitionem, oportet quod in eius definitione ponatur homo; immo non
erit alia definitio Corisci quam definitio hominis. Et ideo Coriscus
75 quantum ad suam quiditatem est homo; et ideo quantum ad hoc non est
alter ab homine.

57 videtur non esse: dicendum quod non est *M*.   70-71 nisi ... illius: alterius *V*.
71 illius: *om. O*.

Item, si Coriscus quantum ad suam quiditatem esset alterum ab homine, tunc esset alterum a participante naturam et quiditatem hominis. Quia remoto eo quod est per se removetur omne illud quod est per 80 accidens; quia remoto ligno removetur scamnum et arca et universaliter omnia accidentia ligno. Nunc autem si Coriscus est alter a quiditate hominis, ipse erit // alterum a significato hominis; et si sic, Coriscus erit V3vA alterum a quolibet supposito hominis. Cum igitur Coriscus participet quiditatem hominis, oporteret dicere quod Coriscus esset alter a Corisco, 85 quod est impossibile. Coriscus igitur quantum ad suam quiditatem non potest esse alterum ab homine.

Si autem consideretur Coriscus quantum ad accidentia individuantia naturam humanam, hoc modo Coriscus est alter ab homine. Et ratio huius est: quandocumque aliqua duo sic se habent ad invicem quod unum 90 includit aliquid quod non includit alterum, ipsa sunt quodam modo altera inter se. Modo, si Socrates consideretur quantum ad accidentia individuantia, includit aliquid quod non includit homo; ergo etc. Unde, sicut videmus quod quod quid est albi et album non sunt unum et idem; quia quod quid est albi est albedo, et albedo et album non sunt totaliter 95 idem, cum hoc includat subiectum, illud autem non; quod quid est tamen albi est idem passioni, scilicet albedini, quia quod quid est eius est albedo, et albedo est idem quod albedo – sic dicam quod Coriscus et quod quid est Corisci non sunt totaliter idem, quia quod quid est Corisci est homo, et Coriscus aliquid addit supra hominem. Et ad hoc attendens Philosophus 100 VII Metaphysicae[5] dixit quod in conceptis cum materia aliud est quod quid est et illud cuius est; cum materia, inquam, individuali.

Ad rationes:

< 1. > Ad primam. Cum arguitur "In dictis secundum accidens," dico quod in dictis secundum accidens aliud est quod quid est et illud cuius est. 105 Aliud, inquam, secundum materiam, tamen non est aliud secundum formam. Sic enim distinguo de hoc, sicut Philosophus distinguit VII Metaphysicae[6] istam "in dictis secundum accidens, puta in albo, aliud est album et quod quid est albi." Dicit tamen quod idem est quantum ad passionem, tamen quantum ad subiectum non idem. Ita, loquendo de 110 substantiis individuatis, dicam quod aliud est quod quid est ab eo cuius est; aliud, inquam, secundum materiam, idem tamen secundum formam.

81 si: qui dicit quod *OV*.   82 ipse: ipsum *MOV*.   108 dicit: dicendum *M*. | tamen: *an* enim *scribendum ?*   109 non idem: non est idem *M, om. V*.   110 dicam: dicatur *M*.   111 materiam ... secundum: *om. M*.

[5] Cf. Arist., *Metaph.* 7 c.6 (1031a19-b28).
[6] Arist., *Metaph.* 7, c.6 (1031a19-b28).

Et ad minorem: concedo eam. Et ideo dico quod aliud est Coriscus et
quiditas eius considerando ad quaedam accidentia quae se habent in
ratione materialis in Corisco; sunt tamen idem secundum formam, scilicet
115 quantum ad naturam humanam. Et nihil aliud est in quiditate Corisci
quod sit quid formale.

M70vB   *< 2. >* Ad aliam // dico quod, si Coriscus accipitur uniformiter in
antecedente et consequente, sic bene sequitur. Unde possumus conside-
O105rB rare Coriscum vel quantum ad accidentia naturae humanae, et sic est al//
120 ter a Socrate, et etiam, ut sic, est alter ab homine; vel quantum ad naturam
humanam, et sic consequentia adhuc bona est, sed antecedens est falsum,
et similiter consequens. Ita ad illud.

< QUAESTIO 22 >

UTRUM PARTIALIS IDENTITAS SECUNDUM QUID AD SIMPLICITER SIT CAUSA
APPARENTIAE IN FALLACIA SECUNDUM QUID ET SIMPLICITER.

Quaeritur utrum partialis identitas secundum quid ad simpliciter sit causa
5 apparentiae in fallacia secundum quid et simpliciter.
Et arguitur quod non:
< 1. > Quia, si partialis identitas secundum quid ad simpliciter esset
causa apparentiae in ista fallacia, eadem ratione et e converso, scilicet
partialis identitas simpliciter ad secundum quid. Duplex ergo esset causa
10 apparentiae in ista fallacia; et ita ista fallacia esset duae fallaciae. Hoc est
inconveniens, quia tunc essent plures quam tredecim. Ideo etc.
< 2. > Item, si partialis identitas secundum quid ad simpliciter esset
causa apparentiae in ista fallacia, cum ista partialis identitas sumatur ex
parte vocis – quod patet inter hoc quod est "albus secundum pedem" et
15 "albus" – et cum omnis fallacia in qua sumitur causa apparentiae ex parte
vocis sit fallacia in dictione, tunc haec fallacia esset in dictione. Hoc est
inconveniens. Ergo partialis identitas secundum quid ad simpliciter non
erit hic causa apparentiae.
Oppositum arguitur:
20   Philosophus dicit in capitulo illo "Fallacia autem fit in hiis"[1] quod
decipimur per fallaciam secundum quid et simpliciter "in eo quod paene."
"Paene" autem dicit aliquam partialem identitatem; non nisi eam quae
dicta est; ergo etc.

112-114 et[1] ... formam *om. V.*   113-114 in ratione: ad rationem *M.*

[1] Arist., SE c.7 (169b10-11).

Dicendum quod partialis identitas secundum quid ad simpliciter est
25 causa apparentiae in fallacia secundum quid et simpliciter. Illud enim est
causa apparentiae in aliqua fallacia quod illam distinguit ab omnibus aliis.
Nunc autem partialis identitas secundum quid ad simpliciter istam
distinguit ab omnibus aliis et in dictione et extra dictionem. In fallaciis
enim in dictione est partialis identitas ex parte vocis, in fallacia vero
30 secundum quid et simpliciter est partialis identitas secundum rem. Parum
enim videntur differre secundum rem dictum secundum quid et dictum
simpliciter. Item, per istam causam apparentiae distinguitur a fallacia
consequentis: quia ibi causa apparentiae est partialis identitas antecedentis
ad consequens, sive complexi ad complexum; hic autem est partialis
35 identitas secundum quid ad simpliciter sive complexi ad incomplexum, ut
hominis albi ad hominem. Et in fallacia accidentis est partialis identitas
medii ad extrema. Item in ignorantia elenchi partialis identitas contradictionis diminutae ad contradictionem veram. In petitione principii
apparens diversitas eiusdem ad se. Sed in non causa est partialis identitas
40 causae ad illud quod non est causa. Sed in plures interrogationes partialis
identitas unius ad multa. Et sic partialis identitas ex parte rei reservatur in
omni fallacia extra dictionem, variatur tamen secundum diversos modos,
sicut apparet per dicta ista. Igitur causa apparentiae iam dicta distinguit
hanc fallaciam ab aliis. Ideo etc.
45   Istius autem fallaciae assignantur quattuor modi. Quia in ista fallacia
"simpliciter" dicitur illud quod absolute et per se accipitur, secundum
illud Philosophi[2] "simpliciter dico quod nullo addito dico," illud autem
dicitur secundum quid cui additur aliqua determinatio. Determinatio
autem triplex est: quaedam diminuens, quaedam contrahens, quaedam
50 nec diminuens nec contrahens. Determinatio diminuens duplex est:
quaedam quae implicat oppositionem in adiecto, ut hic "homo mortuus";
quaedam, vero, quae solum implicat defectum, ut hic "chimaera est ens in
opinione." Item, determinatio contrahens duplex est: quaedam quae
contrahit ad partem integralem a qua totum non est natum denominari
55 ut si dicatur "iste est albus secundum dentes;" quaedam autem est
determinatio contrahens non ad partem integralem, sed dicit quendam
modum essendi illius cui additur, ut si dicatur "iste vult scientiam sine
labore," li "sine labore" dicit quendam modum essendi volentis habere
scientiam.

33 quia ibi causa apparentiae est: causa enim apparentiae est *O*, ibi enim est causa
apparentiae *V*.   47 Philosophi: in fine ii Topicorum *add. V*.   55 est[1]: *om. MV*.

[2] Arist., *Top.* 2 c.11 (115b29-30).

60   Secundum istas quattuor determinationes sunt quattuor modi huius
fallaciae. Primus est quando proceditur a determinatione diminuente quae
implicat oppositum in adiecto ad suum simpliciter, ut hic: "homo
mortuus; ergo homo." Secundus modus est quando proceditur a
determinatione diminuente non includente oppositum in adiecto, ut si
65 dicatur "ovum est animal in potentia; ergo est animal." Tertius est quando
proceditur a determinatione contrahente ad partem a qua totum non est
natum denominari, ut si dicatur "iste est albus secundum dentes; ergo est
albus." Et dico "contrahente ad partem etc.," quia si procedatur a
M71rA determinatione contrahente ad partem a qua // totum natum est
70 denominari, ut si dicatur "iste est simus secundum nasum; ergo est
simus," bene sequitur. Quartus modus est quando proceditur a
determinatione dicente quendam modum essendi; ut si dicatur "vellem
scientiam sine labore; ergo vellem scientiam," quoniam velle scientiam
sine labore est non velle scientiam. Sed si procedatur a determinatione
75 quae nec diminuit nec contrahit, sic est bonus locus dialecticus a parte in
modo ad suum totum. Sequitur enim: "iste est homo albus; ergo est
homo." Etiam sequitur: "ergo est albus."

Ad rationes:

<1.> Ad primam dico quod partialis identitas secundum quid ad sim-
O105vB 80 pliciter et e converso, tota reputatur una causa apparentiae, // quia una est
identitas ipsius secundum quid ad simpliciter et e converso. Et ideo dicitur
fallacia una. Quia autem provenit ex partiali identitate rei, ideo est fallacia
extra dictionem.

<2.> Ad aliam dico quod illa partialis identitas non sumitur ex parte
85 vocis, sed ex parte rei. Quia enim non videntur differre realiter dictum
secundum quid et dictum simpliciter, ideo partialis identitas secundum
rem ipsius secundum quid ad simpliciter, est causa apparentiae in ista fallacia. Quia enim videtur alicui quod determinatio addita alicui non addit
aliquid reale ad ipsum, ideo decipitur secundum hanc fallaciam. Sed si
90 contingat ipsum decipi propter aliquam similitudinem in voce, non
decipitur secundum hanc fallaciam, sed secundum aliquam fallaciam in
V3vB dictione. //

---

66 partem: integralem *add. M.*   70 nasum: sequitur *add. O.*   71 bene sequitur:
om. OM.

< Quaestio 23 >
Utrum sequatur: "homo mortuus; ergo homo."

Quaeritur utrum sequatur: "homo mortuus; ergo homo."

Et arguitur quod sic:

5   < 1. > Quia sequitur "homo mortuus; ergo mortuus," quia ex opposito consequentis sequitur oppositum antecedentis. Ergo eadem ratione sequitur "homo mortuus; ergo homo." Et confirmatur ratio: quia sicut in antecedente includitur mortuum; sic et homo. Sicut ergo ad antecedens sequitur mortuum, sic et homo.

10   < 2. > Item, consequentia bona est quando consequens includitur in antecedente. Sed dicendo sic "homo mortuus; ergo homo," consequens intelligitur in antecedente. Ergo etc.

Oppositum arguitur:

Philosophus libro Perihermeneias II[1] dicit quod non ex quibuscumque
15 praedicatis coniunctis contingit inferre divisum; ut non sequitur "homo mortuus; ergo homo." Ergo per ipsum ista consequentia non valet.

Dicendum quod ista consequentia non est bona "homo mortuus; ergo homo." Tamen ista consequentia est bona "homo mortuus; ergo mortuum." Primum patet: quia quando analogum dicitur de duobus etc.,
20 acceptum autem cum aliquo contrahente ad secundarium significatum stat pro secundario. Et hoc apparet per Philosophum VII Ethicorum,[2] qui dicit quod cum "incontinens" dicatur de incontinente secundum tactum et gustum et de incontinente lucri et honoris, "incontinens" per se acceptum dicitur de incontinente secundum tactum et gustum. Nunc autem "homo"
25 analogice dicitur de homine vivo et mortuo. Et ideo per se acceptum stat pro homine vivo. Arguendo ergo sic "homo mortuus; ergo homo" li "homo" in consequente stat pro homine vivo, sed in antecedente stat pro homine mortuo; sicut ergo non sequitur "homo mortuus; ergo homo vivus," sic non sequitur "homo mortuus; ergo homo." Tamen sequitur
30 "homo mortuus; ergo mortuus," quoniam quando terminus analogus sumitur immediate cum aliquo contrahente ad secundarium significatum, stat pro eo secundario significato tantum. Sed sic dicendo "homo mortuus," li "homo" sumitur immediate cum li "mortuus" quod contrahit ad secundarium significatum. Et ideo stat pro eo. Propter quod sequitur

---

13-16 oppositum ... valet: in oppositum est intentio philosophi *V*.   20 acceptum autem cum: acceptum autem pro *OM*, tunc acceptum cum *V*.   32 stat ... tantum: *om. O.*
| secundario ... tantum: *om. V.*   33 homo: stat sive *add. O*, stat vel *add. V.*

---

[1] Arist., *Int.* c.11 (21a7-23).
[2] Arist., EN 7 c.6 (1147b20-1148b14).

35 "homo mortuus; ergo mortuum," cum illud quod intelligitur in aliquo
    sequatur ad ipsum.
        Unde advertendum quod quando aliquid additur alicui, vel utrumque
    aliquid ponit, vel non. Si utrumque aliquid ponit, aut unum est
    destructivum alterius, aut non. Si unum non sit destructivum alterius,
40 tunc contingit procedere a secundum quid ad simpliciter; et ab utroque
    contingit procedere ad utrumque. Unde sequitur "est homo albus; ergo est
    albus," et sequitur "ergo est homo." Sed si unum sit destructivum alterius,
    destructivum infertur, aliud vero non; et causa visa est. Verbi gratia:
    "homo mortuus"; sequitur: "ergo mortuum." Mortuum autem positive
45 significatur, quamvis destruat hominem.
        Si autem aliquid addatur alteri et unum illorum nihil ponat, ut si aliquid
    tale addatur non enti sive huic quod est non esse, tunc aut illud quod
    additur ei quod est non esse adaequatur enti, aut non. Si sic, tunc contingit
    inferre non esse simpliciter. Sequitur enim "non est aliquid; ergo non est."
50 Et similiter "non est bonum; ergo non est." Si autem ei quod est non esse
    addatur aliquid quod non adaequatur enti, sic non sequitur a quo ad sim-
    pliciter. Non enim sequitur "non est homo, ergo non est," sed est fallacia
    secundum quid et simpliciter, ut apparet ex littera Philosophi.[3]
        Sic igitur patet quod non sequitur "homo mortuus; ergo homo." Et
55 propter eandem rationem non sequitur "est opinabile; ergo est." Quia
    secundum Commentatorem, ı Perihermeneias,[4] "esse" aequivoce signifi-
    cat esse verum extra animam et esse in anima, non pure aequivoce sed
M71rB analogice, // ita quod prius significat esse extra animam. Ex hoc accipio
    quod illud quod dicitur de duobus etc. Sed sic dicendo "est opinabile; ergo
60 est," li "est" stat per se; et ideo stabit pro esse extra animam. Ergo etc. Et
    hoc est quod idem Commentator, scilicet Boethius, dicit in ıı Periherme-
    neias,[5] quod differentia est inter "esse" quando praedicatur secundum
    adiacens, et quando praedicatur tertium; quoniam quando praedicatur
    secundum adiacens, praedicat esse quod in se est, sive esse actu. Et ita
65 cum ponitur per se stat pro eo cui primo convenit. Sed quando praedicatur
    tertium adiacens, praedicat esse quod est in alio. Unde dicendo "hoc est
    opinabile," hic praedicatur esse in opinione; et a tali esse ad esse sim-
    pliciter non tenet consequentia.

---

    38 unum: *om. OV.*   39, 42, 43 destructivum: *fort.* diminutivum *scribendum coll.*
Aegidii Romani Expos. SE *(ed. Augustinus, fol. 18vA).*   48, 51 adaequatur: aequatur
malimus coll. Aegidio l.c.   68 consequentia: *om. OV.*

    [3] Arist., SE c.5 (167a2-4).
    [4] Locum non invenimus; cf. Inc. Auct., *Quaest.* SE (CPD VII: 204.17-19).
    [5] Locum non invenimus; cf. Inc. Auct., *Quaest.* SE (CPD VII: 204.26-29).

Similiter nec sequitur "est albus secundum pedem; ergo est albus." Si
70 enim aliquod accidens insit alicui parti quae non est nata denominare
totum, manifestum est quod non valet consequentia a denominatione talis
partis ad simpliciter. Modo albedo existens in pede non est nata
denominare totum. Et ideo non valet "est albus secundum pedem; ergo est
albus." Si tamen accidens insit parti, ita quod accidens existens in illa parte
75 nata sit denominare totum, a denominatione talis partis ad simpliciter est
bona consequentia. Unde bene sequitur "thorax sanatur; ergo homo
sanatur."

Ad rationes apparet solutio.

<1.> Ad primam. Cum arguitur "Sequitur: 'homo mortuus etc.',"
80 concedo quod sequitur; tamen non oportet quod sequatur hic sicut ibi, et
causa visa est.

<2.> Ad aliam. // Cum arguitur "Consequentia bona est etc.,"   O105vB
concedo. Et ad minorem: nego eam. Homo enim absolute acceptus non
includitur in hoc quod est "homo mortuus"; quia homo absolute acceptus
85 est homo vivus, et sicut homo vivus non includitur in homine mortuo, sic
nec homo absolute acceptus includitur in hoc antecedente, homo
mortuus. Et ideo non est verum quod dicendo sic "homo mortuus; ergo
homo," quod consequens intelligatur in antecedente.

< QUAESTIO 24 >
UTRUM HAEC SIT VERA "CAESAR EST MORTUUS."

Quaeritur adhuc circa fallaciam secundum quid et simpliciter. Et quia
dictum est quod non sequitur "homo mortuus; ergo homo," quia
5 "mortuum" est determinatio distrahens a ratione hominis, ideo quaeritur
utrum "mortuum" possit vere praedicari de aliquo supposito hominis. Et
hoc est quaerere utrum haec sit vera: "Caesar est mortuus."

Et arguitur quod non:

<1.> Quia nullum compositum ex anima et corpore est mortuum,
10 quia anima existens in corpore dat esse vivum. Et ideo omne illud quod
habet animam in corpore est vivum. "Caesar" autem significat compositum ex anima et corpore. Ideo etc.

<2.> Item, illud quod per se est vivum non est mortuum. Sed Caesar
est vivus per se; quia secundum quod dicit Commentator v Metaphysicae[1]

---

82 consequentia bona est: c.e.b. *O*, b.e.c. *V*.

---

[1] Averr., *Metaph.* 5 c.23.

15 haec est per se "Chilus vivit;" et eadem ratione ista "Caesar vivit." Ergo
etc.

Oppositum arguitur:

Quod prius vivebat et modo non vivit, est mortuum. Sed Caesar prius
vivebat et modo non vivit. Ergo etc.

20 Illud quod facit difficultatem in hac quaestione est hoc quod "Caesar"
videtur significare compositum ex anima et corpore, et tali non videtur
competere "esse mortuum." Dicendum tamen quod Caesare corrupto ista
est vera "Caesar est mortuus." Et hoc patet ex tribus.

Primo sic: mors enim est corruptio non quorumcumque, sed vi-
25 ventium. Mors enim est privatio vitae. Et ideo in viventibus illud quod est
corruptum, cum prius esset et nunc non est, ipsum est mortuum. Nunc
autem Caesar per hypothesim corruptus est, cum tamen prius esset. Ergo
Caesar est mortuus. Quod autem Caesar sit corruptus, patet. Illud enim
V4rA quod // totaliter mutatum est ab esse in non esse, illud corruptum est;
30 sicut patet per Philosophum vi Physicorum.[2] Sed Caesar qui fuit et non
est, per sui corruptionem totaliter mutatus est ex esse in non esse. Sicut
enim per sui generationem totaliter mutatus erat a non esse in esse, ita per
sui corruptionem totaliter est mutatus ab esse in non esse. Caesar ergo per
sui corruptionem est totaliter corruptus. Sed in viventibus illud quod est
35 totaliter corruptum, illud est mortuum. Sed Caesar est huiusmodi. Ergo
etc.

Item, hoc patet per Philosophum in De iuventute et senectute[3] dicentem
quod "vita in viventibus stat per calidum et humidum; et ideo, humido
radicali corrupto et corde infrigidato, necesse est animal mori" – haec sunt
40 verba Philosophi. In quocumque ergo vivente est corruptio humidi
radicalis et infrigidatio cordis, ibi contingit mors. Sed omnia ista contin-
gebant Caesari in eius corruptione. Ideo etc.

Item, hoc tertio declaratur sic: de Caesare quandoque erat verum dicere
quod est mortalis. "Mortalis" autem dicit potentiam ad moriendum. Ergo
45 Caesar quandoque erat in potentia ad moriendum. Cum igitur omnis
potentia debeat reduci ad actum, oportet quod ista potentia reducatur ad
actum. Si igitur verum erat dicere quandoque quod est mortalis, verum
erit dicere modo, vel erit post verum dicere, quod est mortuus. Ad
propositum autem non refert quid illorum dicatur, quoniam ad minus
50 habeo quod haec quandoque est vera "Caesar est mortuus."

24 mors enim: quia mors *M*, mors *V*.   48 quod: hic *M*.   49 quid: quod *MOV*.

[2] Cf. Arist., *Ph.* 6 c.5 (?).
[3] Cf. Arist., *Longaev.* c.5 (466a17-20); *Iuv.* c.4 (469b17-20).

Sed dubitatio est utrum ista propositio sit vera per se. Dicendum quod
aliqua propositio est vera per se primo modo, aliqua secundo modo. Dico
quod illa non est per se primo modo: quia ista propositio dicitur per se
primo modo in qua praedicatum // cadit in ratione dicente quid est eius   M71vA
55 quod significatur per subiectum. Nunc autem "esse vivum" et "mortuum"
et talia non cadunt in ratione dicente quid est eius quod significatur per
"Caesarem." Et ideo ipsa non est per se primo modo. Caesare tamen
corrupto, ista "Caesar est mortuus" est per se secundo modo. Et ratio
huius est quia illa propositio est per se secundo modo in qua illud quod
60 praedicatur est passio aliqua necessario concomitans subiectum. Sed
Caesare corrupto, mortuum est quaedam passio necessario concomitans
ipsum. Corruptibile enim et incorruptibile hiis quibus insunt, necessario
insunt. Et ideo esse mortuum de Caesare corrupto praedicatur per se
secundo modo. Ista igitur propositio est vera, et est vera secundo modo.
65   Non autem intelligo quod ista sit vera per se "Caesar etc.," ita quod
idem Caesar numero, qui prius erat vivus, modo sit mortuus, habens
eandem naturam quam habuit prius. Quia secundum Commentatorem
II De anima[4] et in De substantia orbis,[5] generatio et corruptio sunt
tales transmutationes quibus si transmutetur aliquid, nec manet idem
70 secundum nomen, nec secundum rationem. Et propter hoc, si Caesar
prius generatus est, et postea corruptus, et per corruptionem mortuus,
manifestum est quod non habet idem nomen, nec eandem definitionem,
quam prius habuit. Et propter hoc non possumus dicere quod idem Caesar
numero, qui prius erat vivus, quod iste idem modo sit mortuus, habens
75 eandem rationem quam prius habuit.
     Quomodo ergo verificabitur ista "Caesar est mortuus"?
     Dico quod pro tanto quia eadem materia Caesaris numero, quae prius
erat sub forma vivi, modo est sub forma non vivi; et eadem materia quae
prius fuit sub forma Caesaris modo est sub forma non Caesaris. Unde,
80 corrupto Caesare, non manet forma eius, sed solum materia. Et ideo
ratione materiae quae manet, debet verificari ista "Caesar est mortuus:"
quia illud quod prius erat subiectum vivi modo est subiectum non vivi.
Dico tunc quod ista est vera "Caesar est mortuus."

---

62 enim: *om. MV*.   69-70 transmutetur aliquid, nec manet idem ... rationem:
aliquid transmutetur nec manet idem ... rationem *M*, transmutetur aliquid nec secundum
nomen nec secundum rationem *O*, transmutemur nec secundum nomen nec secundum
rationem manet aliquid *V*.

---

[4] Locum non invenimus.
[5] Averr., *De substantia orbis* 1 (fol. 3H).

Ad rationes in oppositum:

85   < *1.* > Ad primam. Cum arguitur "Compositum ex anima et corpore etc.," concedo. Et ad minorem: nego eam; quia positum est quod Caesar corruptus est, et per consequens forma vivi separata est. Haec enim est corruptio rei.

O106rA   Sed forte aliquis deduceret rationem aliter: // "De eo quod significat
90   compositum ex anima et corpore non praedicatur 'mortuum'. Sed Caesar significat compositum ex anima et corpore; vox enim non cadit a suo significato propter corruptionem rei. Ergo etc."

Ad maiorem dico quod de eo quod significat compositum ex anima et corpore non praedicatur mortuum, nisi illud compositum sit essentialiter
95   transmutatum. Et quando aliquid praedicatur de altero, certum est quod non praedicatur de eo ratione vocis, sed ratione rei. Et ideo secundum quod res transmutatur et variatur, secundum hoc diversa praedicata de ea verificantur. Et tu dicis "Caesare corrupto etc.," – concedo quod significet compositum ex anima et corpore. Tamen illud est essentialiter trans-
100   mutatum. Et ideo mortuum praedicatur de eo.

< *2.* > Ad aliam rationem. Cum arguitur "Quod est per se vivum etc.," concedo. Et ad minorem: nego eam. Et ad probationem; cum < dicitur > "Commentator dicit etc.": sicut patet per Philosophum ı Peri-hermeneias[6] "orationes sunt verae quem ad modum et res." Unde de
105   rebus transmutabilibus est oratio habens veritatem transmutabilem, de intransmutabilibus intransmutabilem, unde illud quod est verum de Caesare ipso existente, non oportet esse verum de ipso non existente. Unde Chilo vivente, haec est vera "Chilus vivit." Vivum enim est quaedam passio consequens unionem animae cum corpore, et ideo
110   quamdiu manet, vivum praedicatur de eo; et cum transmutatus fuerit, et ista unio corrumpatur, esse mortuum praedicatur de eo. Et hoc est rationabile quod sicut per sui generationem praedicabatur de eo esse vivum, quod sic per sui corruptionem praedicetur de eo esse mortuum. Et ideo, sicut haec est vera "Caesar est vivus" ipso vivente, similiter et haec
115   "Caesar est mortuus" ipso non existente. Unde pro tanto dixit Com-mentator quod ista est per se quia esse vivum comcomitatur insepara-biliter unionem animae cum corpore; non quia sit vera per se simpliciter.

105-106 de intransmutabilibus intransmutabilem: *om. M.*   114-115 ipso ... ipso: ipso ... Caesare *O,* eo ... eo *V.*

---

[6] Arist., *Int.* c.9 (19a33).

< Quaestio 25 >
Utrum aliquis incipiens sic loqui "dico falsum" dicat verum determinate vel falsum.

Quaeritur adhuc circa fallaciam secundum quid et simpliciter. Et propter
5 quosdam paralogismos quos Philosophus ponit in II huius,[1] quaeratur
utrum aliquis incipiens sic loqui "dico falsum," dicat verum determinate
vel falsum.

Et arguitur quod determinate dicat verum vel falsum:

< 1. > Propositio una determinate significat verum vel falsum. Sed ista
10 "dico falsum" est propositio una, quoniam hic non ponitur aliquod
multiplex. Ergo determinate significat verum vel falsum.

< 2. > Item, sicut par et impar se habent ad numerum, ita verum et
falsum se habent ad propositionem. Sed omnis numerus est determinate
par vel impar. Ergo etc.

15 Oppositum arguitur:

Illa oratio quae idem affirmat et negat non dicit determinate verum vel
falsum. Sed dicens "dico falsum," idem affirmat et negat. Ideo etc.
Probatio minoris: quia dicens "dico falsum" affirmat se dicere falsum, et
in affirmando se dicere falsum, cum dicat falsum, affirmat se dicere
20 verum. Ergo simul affirmat se dicere falsum et negat se dicere falsum.
Ideo etc.

Intelligendum quod aliquis incipiens sic loqui "dico falsum," non potest
dicere falsum quin dicat verum, nec e converso. Probatio primi est quia, si
incipiens sic loqui "dico falsum" dicat falsum, tunc ipsum dicere falsum
25 est verum. Ergo dicens se dicere falsum dicit verum. Sed dicens "ego dico
falsum" dicit se dicere falsum. Et ideo dicens "dico falsum" dicit verum.
Dicens ergo "dico falsum" non potest // hoc dicere nisi dicat verum. M71vB
Probatio secundi, scilicet quod incipiens sic loqui "dico falsum" non
potest dicere verum quin dicat falsum: quia, si dicens sic dicat verum, tunc
30 ipsum dicere falsum est falsum. Dicens ergo se dicere falsum dicit falsum.
Sed dicens "ego dico falsum" dicit se dicere falsum. Ergo dicens "dico
falsum" dicit falsum. // Ergo incipiens sic loqui "dico falsum" non potest V4rB
dicere verum quin dicat falsum.

Et hoc potest declarari sic: si aliquod dictum est verum, tunc attributio
35 falsi ad illud dictum est falsa. Verbi gratia, illud dictum "homo est animal"
est verum; ergo attributio falsi ad illud dictum est falsa. Haec enim est

18-19 affirmat ... falsum²: cum dicat falsum affirmat se dicere falsum et *V*. | et in: in
O.

[1] Arist., SE c.25 (180b2 sqq.).

falsa "hominem esse animal est falsum." Et quando aliquod dictum est
falsum, attributio falsi ad illud dictum est vera. Sed si dicens "dico falsum"
dicat verum, dicto suo vero attribuit falsum; et si dicto vero attribuit
40 falsum, dicit falsum. Et ideo si dicens "dico falsum" dicat verum, tunc
dicit falsum. Similiter si dicens "dico falsum" dicat falsum, tunc dicto falso
attribuit falsum, et attribuens falso falsum dicit verum. Ergo si dicens
"dico falsum" dicit falsum, tunc dicit verum. Sed si dicens "dico falsum,"
in dicendo verum dicit falsum, et in dicendo falsum dicit verum, ergo
45 dicens "dico falsum" nec dicet determinate verum, nec determinate
falsum. Quod videtur inconveniens cum sit propositio una.

Ad huius evidentiam considerandum quod incipiens sic loqui "dico
falsum" oportet quod alterum istorum significet, scilicet vel quod
significet falsum simpliciter et verum simpliciter, vel verum secundum
50 quid et falsum secundum quid; vel quod significet verum simpliciter et
falsum secundum quid, vel falsum simpliciter et verum secundum quid.
Sed dicens "dico falsum" non potest significare falsum simpliciter et
verum simpliciter, quia duo contraria simpliciter non possunt simul inesse
eidem. Sed falsum simpliciter et verum simpliciter sunt huiusmodi. Ideo
55 ista propositio non potest haec duo simul significare. Similiter nec potest
significare falsum secundum quid et verum secundum quid, quia illa
propositio quae significat verum secundum quid et falsum secundum quid
est uno modo vera, alio modo falsa. Talis autem est propositio multiplex.
Sed talis non est ista. Ideo etc. Relinquitur igitur alterum duorum, scilicet
60 vel quod significet falsum simpliciter et verum secundum quid, vel e
converso.

Et dico ad praesens quod ista propositio "dico falsum" significat falsum
simpliciter et verum secundum quid. Significat falsum simpliciter ex
principali significatione, et verum secundum quid ex quadam concomi-
65 tantia. Et huic simile dicit Philosophus ii huius, capitulo de fallacia
O106rB secundum quid et simpliciter,[2] quod // qui [se] periurat et iurat se
periurare, bene iurat et non bene iurat; bene iurat quo et male iurat simpliciter. Similiter dico in proposito quod dicens "dico falsum" dicit falsum
simpliciter et verum secundum quid. Dicit falsum simpliciter, quia oratio

---

39-42 et si ... falsum[1]: *om. V.*   40-41 ideo ... falsum[1]: *in mg. O.*   41 dicat falsum:
om. M.   42 verum: falsum *M.*   43-45 dicit[1] ... falsum: *om. V.*   43 verum: falsum
M.   50-51 vel ... quid[2]: *om. M*   53-54 inesse eidem: contraria enim esse in eodem est
impossibile ut dicitur in secundo Perihermeneias in fine *add. V (vide Arist. Int. c.14
[24b9]).*   59 sed talis: ideo (?) *M,* ideo etc. *in scribendo in* ideo et talis *corr. O,* quod *V.*
59 ideo: *om. V.*   66 se periurat: se per *om. O a.c., supra lin. supplevit.*

---

[2] Arist., SE c.25 (180a38-180b2).

70 quae aliud significat per vocem quam sit in re, ipsa significat falsum simpliciter. Sed incipiens sic loqui "dico falsum" aliter significat per vocem
quam sit in re: quia repraesentat se dixisse aliquod dictum prius. Quia
"falsum" in oratione positum prius stat pro alia oratione quam pro ea in
qua ponitur, cum sit pars eius. Et tamen manifestum est quod nullum
75 dictum dixit prius. Et ideo dicens "dico falsum" dicit falsum simpliciter.
Dicit tamen verum secundum quid; quia qui dicit se dicere sicut dicit,
verum dicit. Sed dicens "dico falsum" dicit se dicere sicut dicit, quia dicit
se dicere falsum et falsum dicit. Et ideo verum dicit. Falsum ergo dicit
quantum est ex principali significato orationis, tamen quantum ad
80 quandam concomitantiam verum dicit.

Et ad hoc advertens Philosophus IV Metaphysicae,[3] dicit quod dicens
"omne enuntiabile est falsum" se ipsum interimit, et ipsam suam orationem interimit, et quamcumque aliam. Et in quantum quamcumque
aliam interimit, falsum dicit simpliciter. Dicit tamen verum secundum
85 quid, quia enuntiabile quod profertur falsum est, quia dicendo "omne
enuntiabile est falsum" dicit illud falsum quod profertur falsum esse. Ideo
ex concomitantia quadam verum dicit. Et ita se ipsum interimit.

Et ex hoc potest concludi quod terminus significans complexionem,
cuiusmodi est propositio, secundum quod est pars alicuius orationis, non
90 supponit pro illo toto cuius est pars. Ex consequenti tamen supponit pro
illo cuius est pars, quia proprie loquendo pars secundum quod pars non
supponit pro toto, sed improprie. Et adhuc non ut est pars, sed ut est
totum; quoniam ut est pars integralis non supponit pro toto cuius est pars,
sed prout ad illud potest habere rationem totius universalis, supponit pro
95 eo.

Ad rationes:

< 1. > Ad primam. Cum arguitur "Propositio una etc.," concedo
quantum est ex principali significato. Et talis est ista. Et ideo ex principali
significato significat falsum. Tamen secundum concomitantiam significat
100 verum. Et differt dicere sive ponere aliquid secundum concomitantiam, et
ponere aliquid secundum significationem; quia "homo" ponit animal
secundum significationem, ponit autem risibile secundum concomitantiam.

< 2. > Ad aliam. Cum arguitur "Sicut par et impar etc.," concedo de
105 propositionibus unis. Et ad minorem: concedo eam. Et ideo dico quod ista
est falsa de principali significato.

93-106 supponit ... significato: sup *in contextu, sed fort. ex corr., reliqua in mg. inf. O.*

[3] Arist., *Metaph.* 4 c.8 (1012b13-18).

< Quaestio 26 >

PROPOSITO ALIQUO CUIUS UNA MEDIETAS EST ALBA ET ALIA MEDIETAS NIGRA,
UTRUM DEBEAT DICI ALBUM SIMPLICITER VEL NIGRUM SIMPLICITER.

Quaeritur utrum proposito aliquo cuius una medietas sit alba et alia
5 medietas nigra, utrum debeat dici album vel nigrum simpliciter.

Et arguitur quod sic:

< 1. > Quia illud quod denominatur ab aliquo genere, denominatur ab
aliqua eius specie; quia genus non est aliquid praeter eius species. Sed illud
cuius una medietas est alba et alia nigra, est coloratum. Ergo aliqua specie
10 coloris coloratum est; dicetur ergo vel alba vel nigra simpliciter.

M72rA < 2. > Item, si illud quod // minus videtur inesse inest, et illud quod
magis videtur inesse inerit. Sed minus videretur quod illud accidens quod
in minore parte denominaret totum, quam illud quod in maiore. Et illud
quod est in minore parte denominat; ut crispitudo capitis denominat
15 totum. Ergo multo fortius et albedo secundum medietatem, vel nigredo
secundum medietatem, totum denominabit.

Oppositum arguitur:

Conclusio in syllogismo peccante in forma non debet esse simpliciter
vera. Nunc autem ista "scutum est album et nigrum" est conclusio in
20 syllogismo peccante in forma. Arguatur enim sic: "hoc scutum est album
secundum unam medietatem et est nigrum secundum aliam; ergo scutum
est album et nigrum." Ergo etc.

Dissolutio huius quaestionis apparet ex praecedentibus: quoniam debet
dici quod non est album simpliciter nec nigrum simpliciter, nec album
25 simpliciter et nigrum secundum quid, nec nigrum simpliciter et album
secundum quid; et ideo relinquitur quod dicatur album secundum quid et
nigrum secundum quid.

Quod non debeat dici album simpliciter et nigrum simpliciter apparet:
quia duo contraria simpliciter non possunt esse in eodem. Sed "album" et
30 "nigrum" sunt opposita. Ideo etc. Item, nec potest dici quod sit album simpliciter et nigrum secundum quid. Quod enim dicitur tale simpliciter,
dicitur tale totaliter vel secundum plures partes eius. Sed si accipiamus
aliquid cuius una medietas est alba et alia medietas nigra, manifestum est
quod ipsa non est alba totaliter nec secundum plures partes eius. Et ideo
35 non potest dici album simpliciter et nigrum secundum quid. Nec e

---

1-50 *Totam quaestionem 26 om. V.*   12 videretur: videtur *M.*   29 possunt: simul
*add. M (cf. Arist. Int. c.14 [24b9], sed lectionem codicis O tuetur idem Aristoteles, SE c.25
[180a26-27]).*

converso, eadem ratione. Ideo relinquitur quartum, quod illud cuius
medietas etc. est album secundum quid et nigrum secundum quid.

Simpliciter tamen est coloratum. Quia genus importat naturas diversas
omnium suarum specierum, tamen sub ratione una confusa et indeter-
40 minata; quidquid enim dicit "homo" dicit "animal." Et ideo species quae
in se ipsis diversae sunt, in genere unum sunt. Et ideo quia species in
genere unum sunt, cuicumque insunt diversae species illi simpliciter inest
illud genus et totaliter. Nunc autem ponamus quod aliquod scutum sit,
cuius medietas est alba et alia nigra; manifestum est quod ipsi insunt
45 diversae species coloris. Et ideo ipsi inest color simpliciter, quia omnes
species coloris in colore unum sunt. Et ideo nec est simpliciter album, nec
simpliciter nigrum, sed simpliciter coloratum. //   O106vA

< Ad rationes:
  1. ***
50 *2.* *** >

< QUAESTIO 27 >
UTRUM IGNORANTIA ELENCHI SIT FALLACIA DISTINCTA
CONTRA ALIAS.

Quaeritur de fallacia secundum ignorantiam elenchi. Et ibi quaerantur
5 duo: primo utrum ignorantia elenchi sit fallacia distincta contra alias fallacias; et secundo, quia Philosophus dicit[1] quod "elenchus est contradictio
unius et eiusdem non nominis tantum sed rei et nominis," utrum ad
bonitatem syllogismi sive elenchi requiratur unitas rei et unitas vocis.

De primo arguitur quod non:
10 <*1.*> Commune enim non distinguitur contra proprium, animal
enim non distinguitur contra hominem. Nunc autem ignorantia elenchi
est fallacia communis in quam reducuntur aliae. Ergo etc.

48-50 *Solutiones rationum om. OM, sed spat. vac. X linn. reliquit O. Si discere cupias*
quomodo Simon rationes solvere potuerit, lege Inc. Auct. Quaest. SE (CPD *VII: 208*).

1-26 *Quaeritur ... enim:* Utrum autem ignorantia elenchi sit fallacia distincta ab aliis,
de hoc expeditum est alibi. Ideo per modum notabilis tantum hoc scias quod est fallacia
distincta. Cuius ratio est quia ista fallacia est distincta quae specialiter peccat contra
aliquam particulam veri elenchi, sed ignorantia elenchi peccat enim contra
has [c.h.: has *V p.c.,* contra *V a.c., ut videtur*] particulas quattuor: secundum idem etc., ut
vult Philosophus etc. [*cf. Arist.* SE *c.7 (169b11-12)*]. Item sicut *V. Verbo 'alibi' nos ad*
partem deperditam Quaestionum Veterum referri verisimile est.   6 et: *om. M.*
10 *Commune enim:* quia commune *M.*   12 *est:* non est nisi *M.*

---

[1] Arist., SE c.5 (167a23-24).

<2.> Item, nos videmus quod omnes paralogismi qui fiunt se-
cundum ignorantiam elenchi fiunt secundum fallaciam secundum quid et
15 simpliciter. Sicut enim hic est ignorantia elenchi "hoc est duplum ad hoc
et non est duplum ad hoc, ergo hoc est duplum et non duplum," similiter
ibi est fallacia secundum quid et simpliciter; et ita in omnibus aliis
paralogismis secundum ignorantiam elenchi. Ipsa ergo non erit fallacia
distincta contra secundum quid et simpliciter.
20   Oppositum arguitur:
Illa fallacia quae specialiter peccat contra aliquam particulam veri
elenchi est fallacia distincta contra alias fallacias. Sed ignorantia elenchi est
huiusmodi; peccat enim contra istas particulas: "secundum idem et ad
idem et similiter et in eodem tempore." [2] Ergo etc.
25   Dicendum est ad hoc quod ignorantia elenchi est fallacia distincta
contra alias. Sicut enim videmus quod entia distinguuntur penes formas
specificas dantes esse, ita fallaciae distinguuntur penes suas causas
apparentiae; et ideo fallacia quae habet causam apparentiae distinctam est
fallacia distincta. Nunc autem ignorantia elenchi habet causam apparen-
30 tiae distinctam ab aliis fallaciis. Ideo etc.
Ad cuius evidentiam considerandum quod in elencho inveniuntur
quaedam condiciones materiales, quaedam formales. Materiales sunt
condiciones communes, quae competunt sibi et syllogismo ut syllogismus
est. Et contra istas condiciones communes quasi peccant omnes fallaciae
35 tam in dictione quam extra dictionem. Quaedam autem sunt condiciones
formales, quae non competunt elencho ut syllogismus est, sed ut
specialiter includit contradictionem; et istae condiciones sunt quattuor:
"secundum idem et ad idem etc." Fallacia autem quae peccat contra istas
condiciones non est nisi una, et illa dicitur fallacia secundum ignorantiam
40 elenchi; ita quod fallacia secundum ignorantiam elenchi non est nisi
deceptio proveniens ex eo quod omittitur aliqua istarum quattuor
particularum.
Causa apparentiae est partialis identitas contradictionis apparentis ad
contradictionem veram; causa non existentiae est diversitas earundem.
45 Ex hoc enim oritur fallacia quod partiali identitati subest realis diversitas, quae quidem impedit veram identitatem contradictionis verae ad
apparentem. Et istius fallaciae assignantur quattuor modi secundum

17 ibi: hic *M.*   23 particulas: *om. O.*   26 alias: fallacias *add. M.* | entia
distinguuntur: materia distinguitur *V.*   31-42 ad ... particularum: *om. V.*   34 quasi:
vox fort. corrupta.

[2] Arist., SE c.5 (167a26-27).

quattuor particulas contra quas peccat. Unus modus est quando omittitur
haec particula "ad idem," ut si arguatur "hoc est duplum ad hoc et non est
50 duplum ad illud; ergo est duplum et non duplum." Et sic de aliis. Et ita
videmus quod ista fallacia specialiter peccat contra contradictionem; et
propter hoc dicit Philosophus significanter in littera[3] quod "aliquis trahet
istam fallaciam in fallacias in dictione," quae specialiter peccant contra
contradictionem. Unde et Philosophus dicit[4] quod omnes fallaciae in
55 dictione peccant contra contradictionem, quod erat proprium elenchi,
quia in contradictione requiritur unitas rei et unitas vocis. Illae igitur fallaciae in quibus est // minor identitas realis peccant magis contra   M72rB
elenchum; sed tales sunt illae in dictione, ibi enim nulla est identitas rei
sed solum est ibi unitas vocis in affirmativa et negativa, sed in fallaciiis
60 extra dictionem est aliqualis identitas rei; et ideo fallaciae in dictione magis
peccant contra elenchum quam fallaciae extra dictionem. Et ideo aliquis
trahet istam in illas in dictione. Nihilominus secundum veritatem ista fallacia est fallacia extra dictionem; quia illae in dictione magis peccant
contra contradictionem quam ista, quia in ista fallacia principium et causa
65 decipiendi sumitur ex parte rei, quae quidem est partialis identitas contradictionis verae ad apparentem; ideo magis est fallacia extra dictionem
quam fallacia in dictione.

Sed quaeret aliquis quare ista fallacia dicitur peccare contra contradictionem specialiter et ex hoc vocatur ignorantia elenchi, postquam ita est
70 quod minus deficit a contradictione quam illae in dictione.

Dico quod licet ista minus peccet contra contradictionem quam illae in
dictione, tamen magis videtur concludere apparentem contradictionem
quam aliqua in dictione, cum expresse ponantur contradictoria apparenter
in conclusione et non sic in aliqua fallacia in dictione. Et ideo dicitur
75 specialiter peccare contra contradictionem non obstante hoc quod minus
deficit a contradictione quam aliqua fallacia in dictione.

Ad rationes:

<1.> Ad primam. Cum arguitur "Commune non distinguitur etc.,"
concedo. Et tu dicis quod ignorantia elenchi etc., – dico quod aliqua est
80 ignorantia elenchi in quam reducuntur aliae fallaciae; sed ignorantia
elenchi duplex est, scilicet generalis et specialis. Generalis includit omnes
condiciones elenchi contra quas peccant omnes fallaciae in dictione et
extra, et ipsa provenit // ex omissione cuiuscumque particulae positae in   O106vB

48-51 unus ... videmus: ut patet in littera, ex quo patet *V*.   55 quod: quae *O*.
58 rei: *om. OV*.   74-102 et ideo ... contra illam: *om. V*.

[3] Arist., se c.5 (167a35).
[4] Arist., se c.6 (169a19-20).

definitione elenchi. Sed ignorantia elenchi specialis provenit ex omissione
85 alicuius particulae de numero quattuor. Et in primam ignorantiam elenchi
reducitur ista et omnes aliae; et illa non distinguitur contra alias fallacias,
ista autem distinguitur.

<2.> Ad aliam rationem. Cum arguitur "Omnes paralogismi etc.":
sicut Philosophus dicit in II huius,[5] "non est inconveniens in eadem
90 oratione esse plures occasiones fallendi." Possibile enim est formare
aliquem talem paralogismum in quo assignentur omnes fallaciae, tam in
dictione quam extra; et ideo non est inconveniens quod in eodem
paralogismo fiat deceptio secundum quid et simpliciter et secundum
ignorantiam elenchi, dummodo sit propter diversas causas. Si enim
95 arguatur sic "hoc est duplum ad hoc etc.;" si quis credat quod "duplum ad
hoc" et "duplum simpliciter" sint idem, et "non duplum ad hoc" et "non
duplum simpliciter," et credat sequi in conclusione "ergo hoc est duplum
et non duplum simpliciter," ipse decipitur secundum quid et simpliciter. Si
quis autem credat propter identitatem partialem contradictionis apparentis
100 ad contradictionem veram quod sequatur, decipitur secundum ignorantiam elenchi, et ita non eodem modo. Et propter hoc haec est fallacia
distincta contra illam.

< QUAESTIO 28 >
UTRUM AD BONITATEM ELENCHI SIVE SYLLOGISMI
REQUIRATUR UNITAS REI ET UNITAS VOCIS.

De secundo arguitur quod non requiratur unitas vocis:
5   <1.> Quia hic est bonus syllogismus: "omnium oppositorum eadem
est disciplina, haec sunt opposita, ergo etc." Et tamen hic non est identitas
secundum vocem, quia medius terminus diversificatus est secundum
vocem, quoniam in maiore est "oppositorum," in minore "opposita." Ideo
etc.
10   <2.> Item, Philosophus dicit[1] quod hic est soloecismus: "quod tu
dicis esse hoc tu dicis esse; sed lapidem dicis esse; ergo lapidem est." Hic
autem non est soloecismus secundum Philosophum[2] "quod tu dicis esse

---

92 extra: dictionem *add. M.*   97 simpliciter: sint idem similiter *add. M.*
98 simpliciter ipse decipitur: similiter iste accipitur *M.*   100 veram: apparentem *O.*

4-54 de secundo ... suis: *om. V (totam sc. quaestionem).*   12 esse: *om. M.*

---

[5] Arist., SE c.24 (179b17).

[1] Arist., SE c.32 (182a7-11) et c.4 (166a10-12).
[2] Cf. Arist., SE c.32.

hoc tu dicis esse; sed lapidem dicis esse; ergo lapis est," et tamen hic non
est identitas vocis de hoc quod est lapis. Ideo etc.

15   < 3. > Item, hic est bonus syllogismus "omnis homo currit; ego sum
homo; ergo ego curro," et tamen hic non sumitur eadem vox pro minori
extremitate.

Oppositum arguitur:

< 4. > Philosophus dicit[3] quod si arguatur sic "omne indumentum est
20 album; vestis est indumentum; ergo tunica est alba," quod quamvis
conclusio vera sit, tamen non est syllogizata. Et hoc non est nisi quia
deficit identitas vocis.

Ad hoc dico quod syllogismus dupliciter potest considerari: vel in se et
absolute, vel quantum ad utentes. Primo modo non requiritur unitas
25 vocis, ita quod maior vel minor extremitas vel medium sit sub eadem voce
totaliter, ad hoc quod sit bonus syllogismus. Cuius ratio est quia syllogismus constituitur ex propositionibus sicut propositio ex terminis. Sed ad
veritatem propositionis non requiritur identitas terminorum, quia termini
non praedicantur sub ratione qua voces sunt absolute, quia sic omnis
30 propositio affirmativa esset falsa in qua non praedicatur eadem vox de
eadem voce; sed requiritur identitas rerum quia res de re praedicatur.
Ergo similiter ad bonitatem syllogismi non requiritur identitas vocis sed
identitas rerum. Et propter hoc requiritur ad bonum syllogismum quod
medius terminus et alii similiter realiter sumantur pro eodem in diversis
35 propositionibus.

Si autem syllogismus sumatur per comparationem ad utentes sic
requiritur unitas rei // et unitas vocis. Et ratio huius est quia utentes syllo-   M72vA
gismo dicunt conclusionem accidere propter praemissas. Nunc autem si
alia vox accipiatur in conclusione et in praemissis pro aliqua extremitate,
40 tunc non dicent conclusionem sequi propter praemissas, quia dubium est
eis utrum termini pro eodem sumantur in praemissis et in conclusione.
Propter quod dicit Philosophus in littera[4] quod arguendo sic "omne
indumentum est album etc.," conclusio vera est sed non est syllogizata. Et
subdit rationem: quia indiget interrogatione, scilicet utrum termini
45 significent idem in praemissis et in conclusione. Sed si constaret eis quod
idem significaretur per "vestis" et per "tunica," bene esset syllogizatum.
Similiter dico de contradictione quoniam adeo vera contradictio est haec

---

13 tu dicis esse: *an* est *scribendum ?* | ergo: tu *add. O.*   16 ego: *om. M.*   20 quod:
om. M.   46 significaretur ... per[2]: significarent vestis et *M.* | vestis: *vel* vestem *O.*

---

[3] Cf. Arist., SE c.6 (168a29-31).
[4] Cf. Arist., SE c.6 (168a29-33).

"tunica est alba, vestis non est alba," dato quod "tunica" et "vestis" idem
significent, sicut haec "tunica est alba, tunica non est alba;" sed non est ita
50 evidens contradictio. Unde universaliter est hoc verum quod ad hoc quod
syllogismus evidenter concludat et ad hoc quod fiat evidens contradictio
requiritur unitas rei et unitas vocis; ad hoc tamen quod fiat verus syllogismus vel vera contradictio sufficit unitas rei.

    <1.-4.> Ad rationes apparet, procedunt enim viis suis.

< QUAESTIO 29 >
UTRUM PETITIO PRINCIPII SIT LOCUS SOPHISTICUS.

Quaeritur circa petitionem principii, et primo utrum petitio principii sit
locus sophisticus.
5   Et arguitur quod non:

    <1.> Quia sicut est petitio principii, sic est petitio contrarii, scilicet
quando contrarium probatur per contrarium; ut si dicatur "bonum est
eligendum, ergo malum est fugiendum." Sed petitio contrarii non est locus
sophisticus. Ideo etc.

10   *<2.>* Item, locus sophisticus peccat contra locum dialecticum. Sed
petitio principii non peccat contra locum dialecticum. Ergo etc. Maior
patet, quia locus dialecticus fundatur supra veram consequentiam, locus
sophisticus non. Minor patet, quia dicit Boethius[1] quod petitio principii
potest stare cum bona habitudine locali, procedendo enim a singularibus
15 ad universale est petitio principii, et tamen ibi est bonus locus dialecticus.
Ergo etc.

O107rA   *<3.>* Item, de petitione principii determinatur VIII // Topicorum[2] et II
Priorum.[3] Et planum est quod ibi non determinatur de aliquo loco sophistico. Ergo etc.

20   Oppositum arguitur:

V4vA   Omnis locus qui fundatur supra aliquam maximam falsam // et
apparentem est locus sophisticus. Sicut enim locus dialecticus fundatur
supra aliquam maximam probabilem, sicut locus a maiori supra istam
"quod non potest maius nec minus," ita et locus sophisticus supra
25 maximam falsam et apparentem. Sed petitio principii fundatur supra

---

49 significent: significant *O*.

23 a maiori: a minori *MO, spat. vac. VII circ. litt. V.*   24 maius nec minus: minus
nec maius *M*.

[1] Locum non invenimus; cf. Inc. Auct., *Quaest.* SE (CPD VII: 229 app. ad lin. 16).
[2] Arist., *Top.* 8 c.13.
[3] Arist., *APr.* 2 c.16.

maximam falsam et apparentem; et est maxima ista "quae sunt diversa
secundum vocem sunt diversa secundum rem, et unum potest
demonstrari per alterum." Ergo manifestum est quod petitio principii est
locus sophisticus.

30   Ad evidentiam istius quaestionis considerandum est quod petere
principium est non demonstrare propositum. Non demonstrare autem
propositum contingit multipliciter, sicut apparet ex II Priorum.[4] Aut quia
non syllogizatur omnino, et tunc non est petitio principii. Si enim aliquis
dicat "homo currit," propositum non demonstrat quia non syllogizat; et
35   hic non est petitio principii. Vel quia syllogizatur, et tamen per aeque nota
vel minus nota; et tunc est petitio principii. Unde petitio principii
secundum quod est locus sophisticus, fit quando unum et idem sub alio et
alio nomine, vel in suo aequivalente, vel in suo simili, sumitur ad
probationem sui ipsius. Si autem idem sub eodem nomine sumatur ad
40   probationem sui ipsius, non est petitio principii quae sit locus sophisticus.
Omnis enim locus sophisticus debet habere apparentiam bonae illationis;
sed arguens sic "homo currit; ergo homo currit" non habet apparentiam
bonae illationis; ideo etc. Sed talis petitio principii totaliter deridenda est.
Hoc autem modo accepta, petitio principii habet causam apparentiae
45   et causam non existentiae. Causa apparentiae est apparens diversitas
eiusdem ad se ipsum, propter quam videtur quod idem possit sumi ad
probationem sui ipsius. Causa autem non existentiae est realis et vera
identitas eiusdem ad se. Ita quod fallacia petitionis principii est deceptio
proveniens ex eo quod idem sumitur ad probationem sui ipsius propter
50   hoc quod idem videtur realiter differre a se ipso. Istius autem fallaciae tot
sunt modi quot sunt positi in VIII Topicorum,[5] sicut dicitur in littera.[6] Sic
igitur petitio principii est locus sophisticus.
Sed videretur alicui quod non distinguatur contra accidens. Dicit enim
Philosophus in littera[7] quod decipimur secundum petitionem principii ex
55   eo quod nescimus diiudicare quid idem et quid diversum. Et similiter
dicit[8] quod decipimur secundum accidens ex eo quo non possumus

---

43 principii: *om. OV.* | deridenda: dividenda *M, ut videtur*; dimittenda *V.*
55 diiudicare: inspicere *Aristoteles l.c.*

---

[4] Arist., *APr.* 2 c.16 (64b29-31).
[5] Arist., *Top.* 8 c.13 (162b34-163a13).
[6] Arist., SE c.5 (167a36-37); cf. Radulphus Brito, *Quaest. super libro Topicorum Boethii*, qu.II.4 (ed. Green-Pedersen, CIMAGL 26 [1978], 31) et qu.II.10 (ibid., p. 46).
[7] Arist., SE c.5 (167a36-39).
[8] Arist., SE c.7 (169b3-4).

inspicere quid idem et quid diversum. Et ita ex eodem sumunt principium decipiendi petitio principii et accidens.

Dico quod in utraque fallacia decipimur ex eo quod non possumus
60 inspicere quid idem et quid diversum. Sed secundum accidens decipimur credendo illa quae sunt diversa esse eadem. Medium enim quod di-
M72vB versimode comparatur ad extrema accipimus ac si eodem modo // comparraretur ad ea, et tunc propter hoc accipimus extrema esse eadem. Sed in petitione principii est e converso. Idem enim acceptum sub alio et
65 alio nomine credimus differre secundum rem; et propter hoc credimus quod unum possit probari propter alterum.

Sed adhuc videtur quod ista fallacia non sit fallacia extra dictionem. Quia in omnibus locis extra dictionem causa apparentiae generalis est apparens identitas. Et in hoc loco videtur potius quod causa apparentiae sit
70 apparens diversitas. Ergo iste locus non erit locus extra dictionem.

Dico quod verum est quod causa apparentiae in omnibus locis extra dictionem est apparens identitas. Sed in proposito additur quia causa apparentiae est apparens identitas cum apparenti diversitate. Arguo enim sic: "Marcus currit; ergo Tullius currit;" apparet nobis quod hic sit tanta
75 identitas et tanta diversitas quanta sufficit ad probandum, et ideo decipimur. Verum igitur est quod causa apparentiae est apparens identitas cum apparenti diversitate; nihilominus apparens diversitas est quid formale. Sic igitur apparet quod petitio principii est fallacia et quomodo distinguitur ab aliis et quod est fallacia extra dictionem.

80   Sed propter dissolutionem rationum advertendum est quod triplex est petitio principii, scilicet petitio principii secundum veritatem et secundum opinionem et secundum apparentiam. Petitio principii secundum verita- tem est in demonstrativis; secundum opinionem, in dialecticis; secundum apparentiam in sophisticis. Petitio principii secundum veritatem est
85 quando procedendo ex propriis, sicut procedimus in demonstrativis, maior est aeque dubia conclusioni et termini minoris sunt convertibiles. Petitio principii secundum opinionem est quando procedendo ex probabilibus accipitur maior vel minor quae est aeque probabilis conclusioni. Petitio principii secundum apparentiam est quando proce-
90 dendo ex communibus accidit defectus in syllogismo secundum quod maior vel minor est aeque dubia conclusioni, et ei superadditur apparentia

57 inspicere: diiudicare *Aristoteles l.c.*   66 possit probari propter alterum: possit probare alium *M*, posset probare propter alterum *O*, possit probari per alterum *V*. 69 videtur potius: potius *vel* ponimus *O*, ponimus *V*.   72 quia: quod *M*, quare *V*. 89 est: *om. OV*.

bonae illationis. Et hoc est quod solet dici,[9] quod de petitione principii
secundum quod dicit puram obliquitatem syllogismi simpliciter determinatur II Priorum,[10] sed de petitione principii secundo modo determinatur
95 VIII Topicorum;[11] hic autem determinatur de petitione principii tertio
modo. Unde non differt petitio principii in dialecticis et sophisticis nisi
quia in dialecticis dicit puram obliquitatem syllogismi dialectici, sed petitio
principii in sophisticis superaddit apparentiam boni syllogismi.

Ad rationes:

100 <1.> Ad primam. Cum arguitur "Sicut est petitio principii etc.,"
concedo. Et ad minorem: concedo eam. Et ideo petitio principii est fallacia, sed petitio contrarii non. Cuius ratio est quoniam, sicut dictum
est, ad locum sophisticum duo concurrunt, scilicet apparentia et non
existentia. Ubi ergo est maior apparentia cum non existentia quam alibi,
105 ibi // magis est fallacia. Sed quando idem probatur per se sub alio nomine, O107rB
est maior apparentia boni syllogismi quam cum contrarium probatur per
contrarium; quia bonus syllogismus, sive bona illatio, est ex identitate
antecedentis ad consequens. Sed quando idem probatur per se sub alio
nomine, est maior identitas antecedentis ad consequens quam cum
110 contrarium probatur per contrarium. Ergo etc.

<2.> Ad aliam dico[12] quod quamvis locus sophisticus non sit locus
dialecticus, tamen in eadem †ratione† potest esse locus dialecticus et
sophisticus. Procedendo enim a definitione ad definitum est locus
dialecticus et etiam locus sophisticus. Definitio enim quodammodo est
115 notior definito, et quodammodo non. Quia, loquendo de cognitione
distincta, definitio est notior quam definitum; quia definitio dicit explicite
quod definitum dicit implicite; et sic procedendo a definitione ad
definitum est bonus locus dialecticus. Loquendo tamen de cognitione
confusa, definitum nobis notius est. Et hoc vult Philosophus I Physi-
120 corum,[13] qui vult quod magis confusa sunt nobis magis nota. Et isto modo

96 differt: refert *OV*.   108-109 sed ... consequens: *om. V*.   109 identitas: *om. O*.
110 probatur: *om. OV*.   112 ratione: consequentia *malimus; quod si minus probaveris,*
aut oratione *aut* ratiocinatione *scribas.*

[9] Cf. Robertus, *Comm.* SE (Cambridge, Peterhouse, MS 205, fol. 294v); Robertus de
Aucumpno, *Comm.* SE (Cambridge, Peterhouse, MS 206, fol. 152rA); Aegidius Romanus,
Expos. SE (ed. Augustinus, fol. 19vB).
  [10] Arist., *APr.* 2 c.16.
  [11] Arist., *Top.* 8 c.13.
  [12] Cum hac solutione secundae rationis conferas quae dicit Radulphus Brito, *Quaest.*
super libro Topicorum Boethii, qu.II.4 (ed. Green-Pedersen, CIMAGL 26 [1978], 31);
Radulphus positionem nostri increpat.
  [13] Arist., *Ph.* 1 c.1 (184a21-22).

procedendo a definitione ad definitum est petitio principii. Et ita eadem consequentia potest fundari super locum dialecticum et sophisticum. Similiter est procedendo a singularibus ad universale. Quaedam enim praedicata sunt notiora de universali quam de particulari, sicut praedicata
125 substantialia secundum Boethium.[14] Quaedam vero sunt quae sunt notiora de singulari quam de universali, ut accidentalia et universaliter operationes ut currere et talia; operationes enim sunt circa singularia. Unde accipiendo tale praedicatum quod prius inest singulari quam universali, a singulari ad universale est bona illatio et bona probatio; et
130 isto modo inducens non petit. Sed si accipiamus aliquod praedicatum quod prius inest universali quam singulari, ut arguendo sic "Socrates est animal; ergo homo est animal," hic est petitio principii. Si quis enim bene vellet advertere, non concederet istam simpliciter "Socrates est animal; ergo homo est animal," quoniam non probatur, quamvis bene inferatur.
135 Sed dicendo sic "Socrates currit; ergo homo currit," hic est bona illatio et bona probatio.

<3.> Ad aliam rationem dico quod non est inconveniens in diversis partibus scientiae determinare de eodem sub alia et alia ratione. Videmus enim quod de corpore mobili determinatur in tota scientia naturali, tamen
M73rA 140 in diversis // partibus sub diversa ratione. Similiter dico // de petitione
V4vB principii, et modus visus est.

< QUAESTIO 30 >
UTRUM LOCUS SOPHISTICUS ACCIDAT IN DEMONSTRATIVIS.

Quia dictum est quod petitio principii accidit in demonstrativis,[1] ideo quaeritur utrum locus sophisticus accidat in demonstrativis.
5 Et arguitur quod sic:
<1.> Quia petitio principii accidit in demonstrativis; in demonstrativis enim accidit secundum veritatem, in dialecticis secundum opinionem, ut dicitur II Priorum.[2] Sed petitio principii est locus sophisticus. Ideo etc.
<2.> Item, hoc arguitur sic: peccatum in superiori sive in priori est
10 peccatum in posteriori; sed syllogismus est prius quam sit demonstratio; ergo peccatum quod accidit in syllogisticis accidit in demonstrativis. Sed

---

127 talia operationes enim: tales praedicationes M.

11 syllogisticis: syllogismis MV.

---

[14] Locum non invenimus.

[1] QN 29.
[2] Arist., APr. 2 c.16 (65a35-37).

locus sophisticus est peccatum quod accidit in syllogisticis. Ergo locus
sophisticus accidit in demonstrativis.

Oppositum arguitur:

15 <3.> Omnis locus sophisticus est principium decipiendi; ubi ergo
non accidit aliqua deceptio, ibi non accidit locus sophisticus. Sed in
demonstrativis non accidit aliqua deceptio; ibi enim finaliter intenditur
veritas. Ideo etc.

Intelligendum quod in syllogismo est duplex peccatum, quia quantum
20 ad materiam et quantum ad formam. Formam syllogismi dico ordinem
trium terminorum in duabus propositionibus dispositis ad se invicem et
etiam ad conclusionem. Materiam autem syllogismi appello illud in quo
invenitur talis forma. Sicut enim materia circuli est illud in quo invenitur
forma circuli, ita materia syllogismi est illud in quo invenitur forma syllo-
25 gismi. Et sicut in syllogisticis potest contingere duplex peccatum, scilicet
in materia et in forma − in materia si sit syllogismus peccans in materia, in
forma si sit syllogismus peccans in forma − sic etiam in demonstrativis.

Quantum ad materiam: quia materia syllogismi demonstrativi sunt
praemissae verae et immediatae et causae conclusionis − unde dicit
30 Philosophus i Posteriorum[3] quod demonstratio est ex primis et veris et
immediatis et prioribus et notioribus et causis conclusionis − sicut materia
syllogismi dialectici sunt probabilia, sicut igitur ille syllogismus qui
procedit ex improbabilibus peccat in materia dialectici, sic ille syllogismus
qui procedit ex falsis et improbabilibus peccat in materia demonstrativi. Et
35 ita potest ibi contingere peccatum quantum ad materiam.

Item, ibi potest contingere peccatum quantum ad formam. Syllogismus
enim non descendit in syllogismos speciales per differentias formales,
sicut genus dividitur in species, sed descendit in eos per differentias
materiales, quae sunt necessitas et probabilitas. Unde syllogismus sic
40 comparatur ad syllogismum demonstrativum et dialecticum, sicut totum
in modo ad suas partes, scilicet sicut homo ad hominem album et nigrum.
Nunc autem forma hominis est eadem in homine albo et nigro,
diversificata secundum quasdam condiciones materiales; ita et forma
syllogismi manet eadem in dialectico et demonstrativo, variata solum
45 quantum ad differentias materiales. Et ex quo forma syllogismi simpliciter
manet in demonstrativo, quidquid peccat contra syllogismum simpliciter
peccat contra syllogismum demonstrativum.

---

12 syllogisticis: sophisticis *M*, syllogismis *vel* syllogisticis *V*.   17 finaliter: finaliter
vel figuraliter *O*, figuraliter *M*, *om. V*.   39 et: *om. OV*.

[3] Arist., *APo.* 1 c.2 (71b20-22).

Ex hoc arguitur quod locus sophisticus accidat in demonstrativis.
Peccatum enim quod accidit in forma syllogismi simpliciter, accidit in
50 forma syllogismi demonstrativi. Nunc autem locus sophisticus est
O107vA peccatum quod accidit in syllogismo vel in syllogisticis. Ideo etc. // In
demonstrativis ergo accidit locus sophisticus. Unde sicut videmus quod
hic est locus sophisticus "omne в est A; omne c est A; ergo omne c est
в," similiter arguendo ex ambabus affirmativis in secunda figura in
55 demonstrativis est peccatum contra formam syllogismi demonstrativi. Et
hoc inspiciendo ad formam syllogismi.

Sed tu dices: "In demonstrativis bene arguimus ex affirmativis in
secunda figura; quia in demonstrativis termini sunt convertibiles et in
convertibilibus bene arguimus ex affirmativis in secunda figura; ergo etc."
60 Dico quod verum est quod sic arguimus, et tamen ibi est peccatum
contra formam syllogismi simpliciter, et etiam demonstrativi; tenet tamen
gratia materiae. Et hoc est quod Philosophus probat I Posteriorum,[4] ante
illud capitulum "Sed quia differt et propter quid." Probat enim ibi quod in
demonstrativis non accidit deceptio.
65 In demonstrativis enim non potest esse deceptio secundum consequens.
Aliquis enim decipitur secundum consequens quia credit antecedens et
consequens esse convertibilia cum non sint; ergo in terminis convertibilibus non fit deceptio secundum consequens. Sed in demonstrativis omnes
termini sunt convertibiles. In demonstrativis enim termini sunt distincti
70 sicut causa et effectus; et causa sequitur ad effectum, et e converso. Ideo
etc.

Nec ibi fit deceptio secundum aequivocationem. Aliquis enim decipitur
per paralogismum aequivocationis quia non percipit pro quo significato
determinate accipitur terminus aequivocus in una propositione et in alia.
75 Nunc autem si in demonstratione accipiatur aliquis terminus aequivocus,
statim perpenditur pro quo significato accipitur. "Circulus" enim est
aequivocus ad figuram circularem et ad poema Homeri. Modo, si tu ponas
circulum in demonstratione sic "omnis figura in cuius medio est punctus a
quo omnes lineae procedentes ad circumferentiam sunt aequales, est
80 circulus; sed poema Homeri est huiusmodi; ideo etc.," ex ista definitione
circuli statim perpenditur pro quo significato accipitur. Et ideo ibi non est
deceptio secundum aequivocationem.

Item, nec decipimur secundum accidens. Quoniam secundum accidens
decipimur quia accipimus propositionem per accidens tamquam per se;

58-59 quia ... ergo: *om. V*.   58 et: *om. M*.   64-65 non ... enim: *om. V*.   65 enim:
supra lin. O, tamen *M*.   69 distincti: *vox fortasse corrupta*.   80 ideo: *supra lin. O, om.*
V.

[4] Arist., *APo.* 1 c.12 (78a6-21); "sed ... quid": Arist., *APo.* 1 c.13 (78a22 sqq.).

85 quia universaliter in omni paralogismo ubi est fallacia accidentis, una
    propositio est per se, alia per // accidens, ut hic, "animal est genus; homo   M73rB
    est animal; ergo homo est genus;" et quia nos accipimus illam per accidens
    ac si esset per se, decipimur secundum accidens. Sed talis deceptio, scilicet
    accipiendo propositionem quae est per accidens tamquam esset per se, non
90 accidit in demonstrativis; quia in demonstrativis sunt omnes propositiones
    per se. Ideo etc.

    Nec in demonstrativis contingit deceptio secundum quid et simpliciter.
    Quia in secundum quid et simpliciter fit deceptio quia propositionem quae
    est vera secundum quid accipimus tamquam veram simpliciter. Sed talis
95 deceptio non potest esse in demonstrativis, cum omnes propositiones sint
    ibi per se.

    Locus ergo sophisticus bene contingit in demonstrativis, tamen in
    demonstrativis non accidit deceptio per locum sophisticum. Et ista bene
    stant simul, quoniam non est de ratione syllogismi sophistici quod
100 actualiter decipiat.

    Ad rationes:

    < 1. > Ad primam. Cum arguitur "Petitio principii accidit in demons-
    trativis etc.," concedo quidquid ratio concludit. Volo enim quod locus
    sophisticus accidit in demonstrativis; tamen deceptio secundum locum
105 sophisticum non accidit in demonstrativis.

    < 2. > Et similiter ad aliam.

    < 3. > Ad rationem in oppositum. Cum arguitur "Omnis locus sophis-
    ticus est principium etc.," concedo, ita quod non repugnat syllogismo
    sophistico quod decipiat. Et cum dicis "Ubi ergo non accidit aliqua
110 deceptio etc.," dico quod immo potest alicubi esse locus sophisticus ubi
    non necessario est deceptio, nec etiam potest esse; quia hoc non est de
    ratione loci sophistici quod decipiat, sed hoc est de ratione loci sophistici
    quod ubicumque est locus sophisticus ibi est peccatum in forma syllo-
    gismi. Sed non oportet quod ubicumque est locus sophisticus quod ibi sit
115 deceptio secundum locum sophisticum.

    < Quaestio 31 >
    ### UTRUM PETITIO PRINCIPII SIT BONUS SYLLOGISMUS.

    Quaeritur utrum petitio principii sit bonus syllogismus.   V5rA

    Et arguitur quod non:

5   < 1. > Quia in syllogismo conclusio debet esse alia a praemissis; syllo-
    gismus enim est "oratio in qua etc. necesse est accidere aliud," hoc est

    ---

    93 et simpliciter: *om. OV.*   115 sophisticum: *sequitur in V, fol. 4vB-5rA, quaestio
    14, post quam qu. 31.*

conclusionem quae est alia a praemissis. Sed in petitione principii
conclusio non est alia a praemissis. Hic enim est petitio principii "omne
animal rationale mortale est homo; omnis homo est animal rationale
10   mortale; ergo omnis homo est homo," et hic non est conclusio alia a
praemissis. Ideo etc.

     $<2.>$ Item, in bono syllogismo conclusio debet accidere non con-
numerato eo quod erat in principio. Sed in petitione principii accidit conclusio connumerato eo quod erat in principio. Ideo etc.

15   Oppositum arguitur:

     Hic est bonus syllogismus "omne B est A; omne C est B; ergo omne C est
A," quia ex opposito conclusionis cum altera praemissarum infertur
oppositum alterius. Et hic est petitio principii, quia praemissae non sunt
notiores conclusione. Ideo etc.

20   Item, petitio principii est quando particulare probatur per universale.
Sed in omni bono syllogismo qui tenet per virtutem dici de omni,
particulare probatur per universale; quia in omni tali syllogismo concluditur maior extremitas de minori per medium, et minor continetur sub
medio sicut pars sub toto. Ideo etc.

25   $<3.>$ Aliqui dixerunt[1] ad hoc quod petitio principii non est bonus
syllogismus: quia omnis syllogismus procedit ex notioribus et probat
suam conclusionem. Sed petitio principii non procedit ex notioribus nec
probat suam conclusionem. Ideo etc.

     $<4.>$ Aliam rationem adducunt ad hoc: omnis locus sophisticus
30   peccat contra syllogismum; omnes enim loci sophistici peccant eo quod
"immodificati" sunt – et alia littera habet eo quod "insyllogizati." [2] Sed
petitio principii est locus sophisticus. Ideo etc.

     $<3.>$ Prima ratio falsum accipit. Quod enim dicitur quod omnis
syllogismus probat suam conclusionem falsum est; quia syllogismus, unde
35   syllogismus, non probat suam conclusionem. Quia si syllogismus, unde
O107vB   syllogismus est, // probaret suam conclusionem, idem esset prius et
posterius, notius et ignotius se ipso. Hoc est impossibile. Ergo impossibile
est quod syllogismus, unde syllogismus est, probet suam conclusionem.
Probatio consequentiae. Quia syllogismus circularis est syllogismus, ut
40   dicitur II Priorum.[3] Nunc autem syllogismus circularis est quando facto

---

11 ideo: ergo *M, om. V.*   35 suam: *in mg. M, om. O.*

---

[1] Cf. Inc. Auct., *Quaest.* SE, qu.807 (CPD VII: 265.140-160).
[2] Arist., SE c.6 (168a21); de "alia littera" vide *Vivarium* 17 (1979), 70.
[3] Cf. Arist., *APr.* 2 cc.5-7.

syllogismo principali ex conclusione et conversa alterius praemissarum concluditur reliqua. Si igitur dicas quod syllogismus, unde syllogismus, probat suam conclusionem et habet praemissas notiores conclusione, tunc syllogismus primo factus probabit suam conclusionem, et habebit

45 praemissas notiores conclusione; et eodem modo syllogismus secundo factus probabit suam conclusionem. Et cum conclusio in priori syllogismo sit praemissa in secundo, et praemissa in priori conclusio in secundo, si praemissa secundum quod huiusmodi sit notior conclusione per te, ergo idem erit prius et posterius, notius et ignotius se ipso. Hoc est impossibile.

50 Ergo etc.

Et intelligo sic quod syllogismus non probat suam conclusionem, hoc est, non facit fidem de veritate et falsitate conclusionis. Potest enim esse syllogismus simpliciter in terminis communibus, et in illis non est veritas nec falsitas. Manifestum est igitur quod syllogismus unde syllogismus non

55 facit fidem de conclusione quantum ad veritatem et falsitatem. Verum est tamen quod facit fidem de consecutione conclusionis. Et ita apparet quod maior primae rationis falsa est.

<4.> Et quod arguitur secundo quod omnes loci sophistici peccant etc., dico quod duplex est syllogismus: probans et inferens. De inferente

60 determinatur // in libro Priorum[4] usque ad partem illam "Quoniam autem   M73vA idonei erimus;" et ibi incipit determinare de syllogismo probante, secundum expositores.[5] Ibi enim ostendit qualiter ex consequentibus et antecedentibus repugnantibus debeat constitui syllogismus; quae pertinent ad syllogismum probantem. Unde concedo quod petitio principii peccat

65 contra syllogismum ut probans est, non tamen peccat contra syllogismum ut inferens est.

Et apparet quod non omnes loci sophistici peccant contra syllogismum ut inferens est. In paralogismis enim secundum non causam ut causam conclusio accidit de necessitate, tamen non probant propositum; et ideo

70 dicit Philosophus[6] quod "tales orationes simpliciter quidem insyllogizatae non sunt, tamen ad propositum non sunt syllogizatae." Et ideo non omnes

---

52 et: vel *O*.   54 nec: vel *O*.   55 et: vel *O*.   59 syllogismus: scilicet *add. O*.
60 quoniam: quomodo *Arist. l.c., sed falsa lectio* quoniam *etiam in commento Roberti Kilwardby in APr., ms Cantabr. Domus Petri 205, fol. 108v, occurrit*.   70 orationes: conclusiones (?) *M*, dictiones *V*. | quidem: quaedam *M, lectio incerta V*.

---

[4] Arist., *APr.* 1 c.27 (43a20).
[5] "Expositores" nobis ignoti.
[6] Arist., se c.5 (167b34-35).

loci sophistici peccant contra syllogismum ut inferens est, sed ut est probans. Et de numero talium est petitio principii.

Et ideo dico quod petitio principii stat cum bona forma syllogistica quantum ad illationem. // Bene enim sequitur "Marcus currit; ergo Tullius currit," quia oppositum consequentis infert oppositum antecedentis; et tamen hic est petitio principii. Et ita petitio principii stat cum bona consequentia, et per consequens cum forma syllogistica.

Item, Philosophus vult I Posteriorum[7] quod sicut effectus demonstratur per causam, ita contingit demonstrare causam per effectum. Tamen cum demonstratur causa per effectum, simpliciter loquendo est ibi petitio principii; quia causa prior et notior est secundum naturam suo effectu. Et cum contingit sic demonstrare, et in demonstratione omni reservatur bona forma syllogistica, petitio ergo principii stat cum bona forma syllogistica.

Et loquor de petitione principii quae fit ex eo quod aeque notum probatur per aeque notum, vel idem ex se sub alio tamen nomine; de illa autem in qua idem infertur ex se sub eodem nomine videbitur post.[8]

Ad rationes:

<1.> Ad primam. Cum arguitur "Conclusio debet esse alia etc.," dico quod sufficit quod conclusio sit alia secundum rationem tantum. Et ita est cum idem probatur per se, sub alio tamen nomine. Et ideo ibi reservatur forma syllogistica.

<2.> Ad aliam rationem. Cum arguitur "In bono syllogismo conclusio debet accidere etc.," – verum est in bono syllogismo probante, ita quod faciat fidem de veritate et falsitate conclusionis; sed non oportet hoc de syllogismo inferente sive faciente fidem de illatione conclusionis solum, quod est de ratione syllogismi unde syllogismus. Et quia petitio principii sub alia voce est syllogismus inferens, tamen non obstante quod ibi connumeretur illud quod est in principio, ibi est bonus syllogismus, cum hoc non sit contra rationem syllogismi unde syllogismus est.

---

73 principii: et hoc etiam videmus de intentione Alberti, nam supra partem illam ubi dicitur quod omnes fallaciae et syllogismi sophistici sunt immodificati dicit quod omnes fallaciae peccant in forma; hoc autem potest esse dupliciter: possunt enim peccare in forma syllogismi unde syllogismus est vel in forma unde talis est syllogismus, ut est syllogismus probans vel ad propositum, et sic in forma syllogistica peccat non [enim *V*] causa ut causa et petitio principii *add. V (cf. Alberti Magni Expos. SE 1.4.1 [ed. Jammy, p. 888A -B]).*   76 quia: *lectio incerta, fort.* per *V.* | oppositum consequentis infert: ad oppositum consequentis infertur *M.*   95 et: vel *O.*   98 tamen: *supra lin. O,* tunc *malimus.*

---

[7] Arist., *APo.* 1 c.13.
[8] QN 32.

< Quaestio 32 >
Utrum ista consequentia sit bona "omnis homo currit; ergo omnis homo currit."

Quaeritur utrum ista consequentia sit bona: "omnis homo currit; ergo
5 omnis homo currit."

Et arguitur quod sic:

< 1. > Quia sequitur "omnis homo currit; ergo omne animal rationale
mortale currit," per locum a definito. Et sequitur "omne animal rationale
mortale currit; ergo omnis homo currit," per locum a definitione. Ergo a
10 primo ad ultimum sequitur "omnis homo currit; ergo omnis homo
currit."

< 2. > Item, sicut omnis condicionalis vera potest transformari in
categoricam veram, secundum Boethium,[1] ita e converso; ista enim
categorica est vera "homo est animal," et potest transformari in con-
15 dicionalem veram sic: "si homo est; animal est." Sed ista est categorica
vera "homo est homo;" ergo potest transformari in condicionalem veram.
Non in aliam quam in hanc: "si homo est, homo est." Ergo bene sequitur
"si homo est, ergo homo est." Et eadem ratione in proposito.

Oppositum arguitur:

20 Omnis consequentia bona fundatur supra habitudinem localem. Sed ista
consequentia "omnis homo currit; ergo omnis homo currit" non fundatur
supra habitudinem localem. Licet enim identitas sit eiusdem ad se,
habitudo tamen est inter diversa, ut inter antecedens et consequens, prius
et posterius, notius et ignotius, et talia. Consequentia ergo eiusdem ad se
25 non fundatur supra habitudinem localem, et per consequens non est bona
consequentia.

Dicendum quod per se loquendo non est bona consequentia "omnis
homo currit; ergo omnis homo currit." Et ratio huius apparet ex tribus.
Primo, quia in omni consequentia bona oportet antecedens inferre
30 consequens. Nunc autem idem secundum rem et vocem se ipsum inferre
non potest. Omne enim inferens debet esse notius illato: nisi enim inferens
esset notius illato, per ipsum inferens non fieret notitia de illato; nunc
autem ita est quod inferens debet facere notitiam de illato. Sed idem
secundum rem et secundum vocem non est notius se ipso. Et ideo se
35 ipsum non infert. //   O108rA

8-11 et ... currit: ergo opposito modo ad ultimum sequitur etc. *V.*   9 ergo[2]: per
locum *add. M.*   18 ergo: *supra lin. O, om. V.*

[1] Boethius, *In Top. Cic.* 4 (PL 64: 1128D-1129B); cf. Boethius, *De syllog. hyp.* (PL 64:
832C-833A); vide etiam Inc. Auct., *Quaest.* SE (CPD VII: 233).

Sed hoc videtur esse contrarium hiis quae dicta sunt: dictum enim est prius[2] quod syllogismus, unde syllogismus est, non probat suam conclusionem, et quod syllogismus, unde syllogismus, non procedit ex notioribus conclusione; hic autem dictum est quod oportet omne inferens
40 esse notius illato. Ideo intelligendum est quod aliquid potest esse notius alio duobus modis: vel in essendo, vel in inferendo. Modo syllogismus, unde syllogismus, procedit ex notioribus in inferendo, cum omnis syllogismus faciat fidem de consecutione conclusionis, quamvis non faciat fidem de veritate vel falsitate vel necessitate vel probabilitate conclusionis.
45 Et hoc modo dico in proposito quod oportet inferens esse notius illato, quia oportet ipsum facere fidem de consecutione conclusionis. Nunc
M73vB autem idem // secundum vocem et secundum rem non est notius se ipso in inferendo, nec in essendo. Ideo non est bona consequentia ubi idem infertur a se sub eadem voce.
50 Secundo hoc declaratur sic: quia antecedens et consequens distingui habent in consequentia, quoniam ratio antecedentis et consequentis se habent ut ratio prioris et posterioris. Cum igitur idem secundum vocem et secundum rem non sit prius et posterius se ipso, manifestum est etc.

Item, consequentia est quaedam relatio diversitatis. Quae enim sunt
55 distincta sicut antecedens et consequens oportet esse diversa sicut inferens et illatum, prius et posterius; et ideo consequentia est relatio diversitatis. Relatio autem diversitatis requirit diversa vel secundum rem vel secundum vocem. Nec sufficit quod sint diversa secundum rationem, quia relatio identitatis est diversorum secundum rationem; dicit enim
60 Philosophus v Metaphysicae[3] quod quando anima dicit aliquid esse idem sibi ipsi, utitur uno tamquam duobus. Relatio ergo diversitatis necessario est diversorum secundum rem vel secundum vocem, nec sufficiet diversitas secundum rationem. Idem ergo secundum rem et vocem non potest se habere in ratione antecedentis et consequentis respectu sui ipsius.
65 Sed arguendo sic "omnis homo currit; ergo omnis homo currit," hic idem repetitur secundum vocem et secundum rem. Et ideo haec consequentia non valet.

Et si dicas: "Videtur quod haec sit bona consequentia 'omnis homo currit, ergo etc.,' quia ex opposito consequentis sequitur oppositum ante-
70 cedentis, sequitur enim 'non omnis homo currit; ergo non omnis homo currit';" dico quod quando ad antecedens sequitur consequens, verum est

39 dictum est: dicitur *M*.

[2] QN 31.
[3] Arist., *Metaph.* 5 c.9 (1018a8-9).

quod oppositum consequentis non potest stare cum antecedente. Et ratio
huius est quia quidquid stat cum antecedente stat cum consequente, et
consequens stat cum antecedente; ergo si oppositum consequentis posset
75 stare cum antecedente, oppositum antecedentis posset stare cum consequente; et ita duo contradictoria starent simul. Et tu dicis quod hic ad
oppositum consequentis etc. Dico quod falsum supponis, quoniam
supponis quod hoc se habet ut antecedens et illud ut consequens. Et hoc
est falsum. Tamen ille qui ponit "non omnis homo currit" ponit "non
80 omnis homo currit," quia idem ponit se ipsum secundum identitatem;
tamen non idem ponit se ipsum secundum consequentiam proprie. Et ideo
illa consequentia non valet: "omnis homo currit; ergo omnis homo
currit."

Et sicut hic non est bona consequentia, similiter nec est hic locus
85 sophisticus, quia sicut hic non est bona illatio, sic nec est ibi apparentia
bonae illationis sive boni syllogismi. Immo talis petitio deridenda est, et
propter hoc non est locus sophisticus sed est pura obliquitas boni syllogismi.

Ad rationes:

90 < 1. > Ad primam. Cum arguitur "Sequitur 'omnis homo currit etc.',"
dico quod ubi est consequentia a primo ad ultimum, ibi est aliquod
primum antecedens, et aliquod ultimum consequens, et inter ista duo
ultima est aliquod medium quod sequitur ex primo antecedente et
antecedit ad ultimum consequens. Et ideo dicitur consequentia a primo ad
95 ultimum. Modo quando ita est quod illud medium antecedit ad ultimum
consequens secundum quod sequebatur ex primo antecedente, tunc
consequentia a primo ad ultimum bona est. Verbi gratia, hic est bona
consequentia a primo ad ultimum: "si homo est, animal est; et si animal
est, substantia est; ergo si homo est, substantia est." Animal enim antecedit
100 ad substantiam secundum quod sequebatur ad hominem. Sed quando ita
est quod illud medium non antecedit ad ultimum sub ratione sub qua
sequebatur ad primum, tunc non est bona consequentia a primo ad
ultimum. Verbi gratia, si arguatur sic: "si nullum tempus est, dies non est;
et si dies non est, nox est; et si nox est, aliquod tempus est; ergo, a primo
105 ad ultimum, si nullum tempus est, aliquod tempus est," ista consequentia
non valet. Quamvis enim prima consequentia sit bona, et secunda similiter
absolute loquendo, tamen habendo respectum ad primam consequentiam,
non sequitur "si dies non est, nox est." Hoc enim esset implicare contra-

81 non idem: idem non *V*.   86 deridenda: dividenda *M*, denominata *V. Cf. qu. 29*.
99 ergo: a primo ad ultimum *add. M*.

dictoria: in prima enim consequentia dicitur nullum tempus esse, in
110 secunda dicitur aliquod tempus esse; si ergo secunda consequentia esset
bona habendo respectum ad primam, contradictoria sequerentur ex se
invicem. Licet ergo ad diem non esse sequatur noctem esse, tamen
habendo respectum ad nullum tempus esse a quo sequebatur, non valet
consequentia.

115   Modo ad propositum dico quod, quamvis absolute loquendo bene
V5vA sequatur "omnis homo currit; ergo omne animal rationale currit etc.," //
et ulterius sequatur "omne animal etc., ergo etc.," tamen ex isto medio
antecedente ut inferebatur a tali antecedente primo, non sequitur, sicut
apparet in priori exemplo; quoniam ubicumque est consequentia a primo
120 ad ultimum, omnes consequentiae debent tenere in virtute primae consequentiae, sicut nos videmus in connexione causarum quod omnes sunt
in virtute primae. Similiter omne quod tenet in tali consequentia tenet in
virtute primae consequentiae; et si non sequatur in virtute eius, non tenet
a primo ad ultimum.

125   < 2. > Ad aliam rationem. Cum arguitur "Omnis categorica vera etc.,"
dico quod omnis propositio quae proprie est categorica, et ubi proprie
invenitur praedicatum et subiectum, potest proprie transformari in
hypotheticam veram. Et tu dicis quod dicendo "homo est" categorica est,
ideo etc. Dico quod aliquo modo est categorica, et tamen non est ibi
130 aliquid quod proprie habet rationem praedicati vel subiecti respectu sui
O108rB ipsius. Non habet proprie rationem praedicati vel subiecti, quia rationes //
praedicati et subiecti sunt diversae; cum igitur idem respectu sui ipsius
non sit diversum secundum rem nec secundum rationem, idem respectu
M74rA sui non proprie habebit rationem praedicati vel subiecti. Quamvis tales //
135 propositiones sint verissimae, tamen talis veritas est ratione identitatis, non
ratione praedicationis.

< QUAESTIO 33 >

UTRUM FALLACIA CONSEQUENTIS SIT FALLACIA DISTINCTA
CONTRA ALIAS.

Quaeritur utrum fallacia consequentis sit fallacia distincta contra alias.
5   Et arguitur quod non:
< 1. > Quia ubicumque est deceptio secundum consequentiam propter
hoc quod ex antecedente videtur sequi consequens, cum tamen non
sequatur, ibi est fallacia consequentis. Sed in omnibus fallaciis est deceptio

---

116 rationale currit: currit *M*, rationale *O*.   118 antecedente[2]: consequente *OV*,
antecedente *vel* consequente *M*.

secundum consequentiam propter hoc quod ex antecedente videtur sequi
10 consequens, cum tamen non sequatur. Ideo etc.

< 2. > Item, sicut ad consequentiam requiritur consequens ita requiritur et antecedens. Sed non habemus fallaciam antecedentis. Ergo, ut
videtur, non habebimus fallaciam consequentis.

Item, praedicatum se habet ad categoricam, sicut consequens ad con-
15 dicionalem. Si ergo habeamus fallaciam consequentis, eadem ratione
habebimus fallaciam praedicati. Sed fallaciam praedicati non habemus.
Ideo etc.

Oppositum apparet per intentionem Philosophi,[1] qui ponit fallaciam
consequentis esse fallaciam extra dictionem et ponit eam distinctam ab
20 aliis.

Dico quod fallacia consequentis est fallacia distincta contra alias. Et
ratio huius est quia sicut entia distinguuntur per suas formas ita
distinguuntur fallaciae per suas causas apparentiae. Causa enim apparentiae in qualibet fallacia est quid formale. Et ideo fallacia quae habet
25 causam apparentiae distinctam est fallacia distincta. Sed consequens est
huiusmodi: quia sua causa apparentiae est partialis identitas antecedentis
ad consequens, propter quam videtur quod sicut ex antecedente sequitur
consequens, quod ita sequatur e converso; et ita putamus consequentiam
converti cum tamen non convertitur. Et ideo haec est fallacia distincta ab
30 aliis.

Causa autem non existentiae est diversitas antecedentis ad consequens.
Accipitur autem hic "consequens" secundum quod illud dicitur consequens a quo non convertitur subsistendi consequentia. Unde fallacia
secundum consequens dicitur esse quando aliquis sic decipitur quod credit
35 consequentiam valere a consequente ad antecedens. Istius autem fallaciae
duo sunt modi: unus est procedendo a positione consequentis ad positionem antecedentis, alius est procedendo a destructione antecedentis.

Sed forte aliquis diceret: "Si ista fallacia fiat procedendo a destructione
antecedentis sicut a positione consequentis, qua igitur ratione nominatur
40 consequens, eadem ratione dicetur antecedens."

Ad dissolutionem istius intelligendum quod sive procedatur a positione
consequentis, sive a destructione antecedentis, semper proceditur a consequente ad antecedens; et propter hoc dicitur fallacia consequentis.

---

24 formale: forma autem et actus omnis didicit [*intellege* dividit] et distinguit
secundum Philosophum *add. V (vide Arist. Metaph. 7 c.13 [1039a7]).*   27 quam: quod
MV, fort. recte.

[1] Arist., SE c.4 (166b21-25).

Assumptum apparet, quia quanto aliquid affirmative sumptum est
45 specialius et in minus, tanto illud negative sumptum efficitur generalius;
verbi gratia, "homo" est in minus quam "animal," et tamen "non homo"
est in plus quam "non animal." Nunc autem quando ad antecedens
affirmatum sequitur consequens affirmatum, antecedens affirmatum est in
minus quam consequens affirmatum; et ideo illud idem negatum est in
50 plus quam consequens negatum. Sed illud quod est in plus est consequens
respectu illius quod est in minus; ergo antecedens destructum erit consequens ad consequens destructum. Et ideo procedendo a destructione
antecedentis proceditur a consequente ad antecedens. Et ita sive fiat
processus a positione consequentis, sive a destructione antecedentis,
55 semper fit fallacia a positione consequentis.

Sed aliquis dicet: "Plures videntur esse modi istius fallaciae quam qui
dicti sunt; quia aliquando fit fallacia consequentis procedendo a
propositione habente plures causas veritatis ad unam illarum, aliquando
vero procedendo ab inferiori distributo ad superius distributum; item
60 procedendo ab insufficienti, ut si dicatur sic: 'Socrates currit; Plato currit;
ergo omnis homo currit.' Et ita plures erunt modi quam qui dicti sunt, ut
videtur."

Dico quod in omnibus istis qui modo dicti sunt, proceditur a
consequente ad antecedens, vel affirmative vel negative. Unde arguendo
65 ex insufficienti affirmative vel negative – affirmative sic "Socrates currit;
Plato currit; ergo omnis homo currit," negative sic "Socrates non currit;
Plato non currit; ergo nullus homo currit" – proceditur a consequente ad
antecedens; sequitur enim e converso. Et similiter procedendo a propositione habente plures causas veritatis ad unam, proceditur a con-
70 sequente ad antecedens. Et similiter arguendo ab antecedente distributo ad
consequens distributum.

Ad rationes:

$<1.>$ Ad primam. Cum arguitur "Ubi est deceptio etc.," dico quod
deceptio secundum consequentiam potest intelligi duobus modis: uno
75 modo quia ex antecedente non sequitur consequens, cum tamen videatur
sequi; alio modo quia ex consequente credatur sequi antecedens, cum
tamen non sequitur. Primo modo accidit consequens in omnibus fallaciis,
secundo modo solum in hac fallacia. Et secundum hoc distinguitur haec
fallacia ab aliis.
80    $<2.>$ Ad aliam rationem apparet, quoniam fallaciam consequentis
habemus eo quod credimus consequens esse sufficiens ad inferendum
antecedens cum tamen non sit. Non tamen habemus fallaciam ante-

---

59 vero procedendo: autem procedendo *M, una vox illegibilis V.*

cedentis, quia antecedens de sua ratione semper est sufficiens ad inferendum consequens; et etiam alia causa dicta superius.

85   <*3.*> Ad aliam. Cum arguitur "Praedicatum se habet ad categoricam
etc.," dico quod praedicatum non proprie se habet in ratione consequentis,
nec subiectum in ratione antecedentis, quia tunc omnis propositio categorica esset condicionalis. Nec in categorica est proprie consequentia. Et
cum omnes fallaciae peccent contra consequentiam, ideo habemus
90 aliquam fallaciam secundum consequens, secundum praedicatum vero
nullam habemus. //   O108vA

<*<* QUAESTIO 34 *>*
UTRUM CONSEQUENS SIT PARS ACCIDENTIS.

Quaeritur adhuc de hoc quod Philosophus[1] dicit quod consequens accidit,
et quaeratur utrum consequens sit pars accidentis.

5   Et arguitur quod non:

<*1.*> Quia pars ex opposito non distinguitur contra suum totum;
eadem enim est forma partis et totius, et distinctio est per formam. Sed
consequens ex opposito distinguitur contra accidens. Ideo etc.

<*2.*> Item, si consequens est pars accidentis, aut est pars integralis
10 eius, aut subiectiva. Non subiectiva: quia totum de parte subiectiva
praedicatur; accidens autem non praedicatur de consequente; // ergo con-   M74rB
sequens non est pars subiectiva eius. Item, nec est pars integralis eius: quia
deficiente parte integrali, deficit totum; sed deficiente consequente non
deficit accidens; quia consequens non fit in convertibilibus, et tamen ibi fit
15 accidens; et ita deficiente consequente non necessario deficit accidens.
Ideo etc.

<*3.*> Item, illud quod est in pluribus non est pars illius quod est in
uno solo; quia pars non est maioris ambitus quam totum. Sed accidens est
in uno solo et consequens in pluribus.[2] Ideo etc.

20   Oppositum arguitur:

Illud quo posito ponitur aliud, et non e converso, videtur esse pars
illius; ut si homine posito ponitur animal, et non e converso, homo est
pars animalis. Sed posito consequente ponitur accidens, et non e converso;
quia in terminis convertibilibus fit accidens, et in illis non fit consequens.
25 Ideo etc.

84 dicta: est *add. O.*

7 forma: ratio *M.*   9-16 item ... etc.: *om. V.*   23 et non e converso: *om. OV.*

[1] Arist., SE c.6 (168b28).
[2] Arist., SE c.6 (168b29-31).

Intelligendum est hic quod "accidens" et "consequens" uno modo possunt accipi secundum quod nominant diversas fallacias; et isto modo consequens non est pars accidentis, nec e converso. Quae enim sic se habent ad invicem quod sunt distincta secundum formam et speciem,
30 unum non est pars alterius; pars enim secundum speciem non distinguitur a toto; unde cum homo et asinus sint distincta secundum speciem, unum non est pars alterius. Nunc autem accidens et consequens secundum quod nominant diversos locos sophisticos sunt distincta secundum speciem, quia habent diversas causas apparentiae. Ideo, ut sic, unum non est pars
35 alterius.

Alio modo, "accidens" et "consequens" possunt accipi secundum quod accidens est illud a quo denominatur fallacia accidentis, et consequens illud a quo denominatur fallacia consequentis. Et hoc modo consequens est pars accidentis. Accidens enim a quo denominatur fallacia accidentis
40 est quodcumque praedicatum extraneum quod non est penitus idem in
V5vB ratione cum eo de quo praedicatur. // Et illud accidens comprehendit sub se triplex praedicatum: quod enim praedicatur de aliquo et non est idem omnino cum eo vel est superius respectu illius, vel accidens commune, vel accidens proprium; secundum quae praedicata distinguuntur tres modi, ut
45 superius dicebatur.[3] Et ideo accidens a quo denominatur fallacia accidentis est praedicatum extraneum quodcumque. Consequens autem a quo denominatur fallacia consequentis est illud quod est in plus ad aliqua et consequitur ad illa.

Modo dico quod sic accipiendo "accidens" et "consequens," omne
50 consequens est accidens, et non convertitur. Omne consequens est accidens: quod enim in plus se habet ad aliqua et consequitur ad illa, praedicatur de illis ita quod non est penitus idem in ratione cum aliquo illorum; verbi gratia, animal est in plus ad hominem et asinum, et praedicatur de eis ita quod non est penitus idem in ratione cum aliquo
55 illorum; et ideo est accidens respectu utriusque, cum praedicetur de utroque sic quod cum neutro eorum est penitus idem. Et ita omne consequens est accidens. Sed non omne accidens est consequens: quia aliquid praedicatur de pluribus ita quod non est idem penitus in ratione cum ipsis, et tamen non sequitur ad illa de virtute sermonis; ut "album"
60 praedicatur de homine et asino ita quod non est idem penitus in ratione

---

37-39 illud ... enim: *om. M.*   50-51 omne ... accidens: *om. V.*   59 ad illa de virtute sermonis: de virtute sermonis ad illa *O,* ad ipsa de virtute sermonis *V.*   59-61 ut ... sermonis: *in mg. M, om. V.*

[3] QN 20.

cum ipsis, et tamen non sequitur ad illa de virtute sermonis; et ideo album
se habet ut accidens respectu utriusque, tamen non sequitur ad illa, et ideo
non est consequens ad ea; aliquid ergo est accidens, accipiendo ipsum
secundum quod ab eo denominatur fallacia accidentis, quod non est
65 consequens, accipiendo ipsum ut ab eo denominatur fallacia consequentis.
Et quia omne consequens est accidens, ideo dicit Philosophus hic[4] quod
consequens accidit. Et ideo consequens est pars accidentis.

Unde omne illud quod sequitur ad aliqua est accidens illorum, sed non
omne quod inest pluribus sequitur ad ea. Patet igitur quod accidens et con-
70 sequens, secundum quod ab eis denominantur istae duae fallaciae, quod
consequens est pars accidentis. Sed si accipiamus illa ut faciunt distinctas
fallacias, unum non est pars alterius, nisi pro tanto quia ubicumque est
consequens, ibi est accidens, et non e converso. Hic enim est accidens:
"omne animal rationale mortale est homo; omne risibile est animal
75 rationale mortale; ideo etc.," et tamen hic non est consequens, cum
termini sint convertibiles.

Ad rationes:

< 1. > Ad primam. Cum arguitur "Pars non distinguitur etc.,"
– verum est. Et tu dicis quod consequens etc., – dico quod accidens et
80 consequens secundum quod nominant diversos locos sophisticos, hoc
modo consequens distinguitur contra accidens et ut sic consequens non est
pars accidentis. Fallacia enim consequentis non est pars fallaciae accidentis. Accipiendo tamen "accidens" et "consequens" prout accidens est
illud a quo denominatur fallacia accidentis et consequens illud a quo
85 denominatur fallacia consequentis, sic unum non distinguitur contra
aliud.

< 2. > Ad aliam rationem. Cum arguitur "Si consequens sit pars acci-
dentis aut etc.," dico quod accipiendo ipsum hoc modo quo ab ipso
denominatur fallacia consequentis, sic est pars subiectiva accidentis. Et tu
90 dicis "Totum praedicatur de parte etc." – verum est. Et ideo dico quod
accidens de consequente praedicatur hoc modo, sicut patet superius;
quamvis non praedicetur de eo ut sunt fallaciae distinctae.

< 3. > Ad aliam rationem. Cum arguitur "Illud quod est in pluribus
etc.," dico quod verum est, si illud quod est in pluribus ex hoc dicatur esse
95 communius. Et cum dicitur "Consequens est in pluribus," concedo quod

77-86 ad ... aliud: per hoc patet fallacia [*intellege* solutio] ad rationem primam *V*.
87-92 ad ... distinctae: *om. V* (*sibi constans, ut qui rationem secundam omisisset*).

[4] Arist., SE c.6 (168b28).

consequens est in pluribus, tamen ex hoc non est communius quam accidens. Unde nos dicimus accidens esse in uno solo, quia principium
O108vB decipiendi in fallacia accidentis originaliter sumitur ex aliquo uno, // ut ex
medio termino; ex hoc enim quod medium diversimode comparatur ad
100 extrema causatur ibi originaliter deceptio; ex consequenti tamen accidens
fit in pluribus, quia medium variatum et diversimode comparatum ad
M74vA extrema est quodam modo plura. Consequens autem // fit in pluribus,
quia in fallacia consequentis sumitur originaliter deceptio ex parte
plurium; quia ex parte duorum antecedentium ad unum consequens, et ex
105 parte antecedentis et consequentis. Ex parte duorum antecedentium: ex
hoc enim quod videmus aliqua plura antecedere uni, si credamus quod
unum antecedat ad alterum, decipimur secundum consequens; et ideo
dicit Philosophus[5] quod decipimur secundum consequens eo quod quae
uni et eidem sunt eadem sibi invicem probamus esse eadem. Item, accidit
110 deceptio ex parte plurium, hoc est ex parte antecedentis et consequentis:
quia enim ad antecedens sequitur consequens, videtur nobis quod e
converso debeat sequi. Et sic in fallacia consequentis principium
decipiendi sumitur semper a pluribus. Et ita intelligendum est verbum
Philosophi[6] qui dicit quod accidens fit in uno solo, consequens vero fit in
115 pluribus.

< QUAESTIO 35 >

UTRUM UBICUMQUE EST FALLACIA CONSEQUENTIS NECESSE SIT
CONSEQUENTIAM CONVERSAM BONAM ESSE.

Quaeritur adhuc circa fallaciam consequentis utrum ubicumque est fal-
5 lacia consequentis necesse sit consequentiam conversam esse bonam.
Et arguitur quod non:
< 1. > Quia hic est fallacia consequentis "Socrates est comptus; ergo
est adulter," tamen non est necessarium consequentiam conversam
bonam esse. Non enim est necessarium quod si Socrates est adulter, quod
10 ipse sit comptus. Possibile enim est aliquem esse adulterum qui non est
comptus. Ergo non est necesse ubicumque est fallacia consequentis consequentiam conversam esse bonam.

97 nos ... esse: nos accidens esse *O*, accidens non est *V*.   102 consequens: *notam vix
legibilem add. in mg. O, fort.* "nota expositionem."   104-105 ad ...antecedentium *om. V*.
105 parte¹: *om. M.* | et: ex *add. M*.   114 qui: quod *OV*.

7-13 quia ... item: *om. V*.   8 non: *om. M*.

[5] Arist., SE c.6 (168b31-32).
[6] Arist., SE c.6 (168b29-31).

<2.> Item, hic est fallacia consequentis "Socrates tantum currit; ergo Socrates tantum movetur;" quamvis enim Socrates tantum currat, 15 possibile est quod multi alii moveantur. De virtute ergo sermonis hic est fallacia consequentis. Tamen non sequitur e converso "Socrates tantum movetur; ergo Socrates tantum currit," quia potest moveri aliquo alio motu quam motu cursus. Ergo etc.

<3.> Item, hic est fallacia consequentis: "omne album est animal; 20 omne sanum est animal; ergo omne sanum est album," et tamen non est necessarium consequentiam conversam bonam esse, arguendo ex conclusione cum minore ad maiorem; non enim sequitur "omne sanum est album; et omne sanum est animal; ergo omne album est animal." Ergo etc.

25 Oppositum arguitur:

Philosophus[1] dicit quod fallacia consequentis est eo quod putamus consequentiam converti cum non convertatur. Ergo, per ipsum ubicumque est fallacia consequentis, ibi praesupponitur aliqua consequentia bona; et tunc putando illam consequentiam converti cum tamen non convertatur, 30 fallacia consequentis est. Ergo ubicumque est fallacia consequentis necesse est consequentiam conversam bonam esse.

Intelligendum ad hoc quod consequentia quae est antecedentis ad consequens, vel potest esse inter talia duo quorum unum de necessitate sequitur ex altero; et ubicumque in talibus est fallacia consequentis 35 necesse est consequentiam conversam esse bonam. Verbi gratia, homo et animal sic se habent quod unum de necessitate sequitur ad alterum; et ideo cum in talibus est fallacia consequentis, e converso est bona consequentia; ut arguendo sic "animal currit; ergo homo currit" est fallacia consequentis, et e converso est bona consequentia; sequitur enim "si homo 40 currit, animal currit." Et hoc est rationabile, scilicet quod in talibus consequentia conversa bona sit, quia quandocumque aliqua duo ita se habent ad invicem quod inter ea est necessaria habitudo in consequendo, si unum ipsorum non sequatur ad alterum, necesse est alterum sequi ad ipsum. Si ergo antecedens et consequens sint talia duo inter quae est necessaria 45 habitudo in consequendo, necesse est quod si ex consequente non sequitur antecedens, quod ex antecedente sequatur consequens; quia aliter non esset ibi aliqua necessaria habitudo.

25-31 oppositum ... esse: oppositum apparet ex intentione Aristotelis *V*.   28 ibi: *om.*
M.   36 ad alterum: alterum *O*, ex altero *M*.   38-39 ut ... consequentia: *om. M*.

---

[1] Arist., SE c.5 (167b1-2).

Accipiendo autem talia duo quorum unum non sequatur de necessitate
ex altero, sed secundum probabilitatem et opinionem solum, non est
50 necesse consequentiam conversam bonam esse. Quandocumque enim
aliqua duo sic se habent ad invicem quod inter illa non est necessaria
habitudo in consequendo, quamvis ex uno non sequatur alterum, non est
necessarium quod alterum sequatur ex altero. Unde quia inter Socratem
comptum et eum adulterum non est necessaria habitudo, ideo quamvis ad
55 esse comptum non sequatur esse adulterum, non est necesse consequentiam conversam bonam esse. Sed si inter illa esset necessaria
habitudo, oporteret quod e converso sequeretur. Licet autem accipiendo
talia duo quorum unum non de necessitate sequitur ex altero, ubicumque
est fallacia consequentis non sit necesse consequentiam conversam bonam
60 esse, tamen probabile est consequentiam conversam bonam esse. Unde
cum hic sit fallacia consequentis "Socrates est comptus; ergo est adulter,"
probabile est consequentiam conversam bonam esse.

Et propter hoc potest elici regula generalis quod in quibuscumque
terminis est fallacia consequentis, consequentia conversa vel erit neces-
65 saria vel erit probabilis, sed non oportet quod ipsa semper sit necessaria.
Et quod hoc oporteat satis apparet ex ipsa nominatione fallaciae consequentis: fallacia enim consequentis praesupponit aliquid esse consequens ad aliud naturali ordine, hoc est de necessitate, vel aliquid esse
consequens ad aliud secundum probabilitatem; ita quod ubicumque est
70 fallacia consequentis praesupponitur aliquid esse antecedens et aliquid
esse consequens, et putando quod ex consequente sequatur antecedens fit
fallacia consequentis. Et ideo ad fallaciam consequentis requiritur bona
consequentia, et hoc vel necessaria vel probabilis.

Item, hoc patet quia ubicumque est fallacia consequentis oportet ista
75 duo esse annexa, scilicet causam apparentiae et causam non existentiae – ista enim duo requiruntur ad quamlibet fallaciam. Cum igitur
fallacia consequentis peccet in consequentia, ipsa requirit quod ibi sit
aliqua consequentia mala; et ulterius requiritur ibi aliqua bona con-
M74vB sequentia quae faciat malam consequentiam apparere bonam, et // illa
80 consequentia bona vel erit necessaria vel probabilis sicut visum est. Et hoc
bene innuit Philosophus[2] cum dicit quod fallacia consequentis fit eo quod
putatur consequentia converti cum tamen non convertatur.

---

48 sequatur: sequitur *O* (*sed compendiose*).   50 quandocumque enim: quia
quandocumque *M*, quando enim *V*.   63 hoc: ex *add. O*, ex hoc *add. V*.   80 bona: *om.*
MV.

[2] Arist., sᴇ c.5 (167b1-2).

Ad rationes:

<1.> Ad primam. // Cum arguitur "Hic est fallacia consequentis: O108ᵃrA
'Socrates est comptus; ergo est adulter," nunc responsum est ad hoc.
Verum enim est quod hic est fallacia consequentis, nec est necesse consequentiam conversam esse bonam, tamen probabile est consequentiam
conversam bonam esse; unde sufficit quod consequentia conversa sit
necessaria vel probabilis, nec oportet semper quod sit necessaria.

<2.> Ad aliam rationem. Cum arguitur "Hic est fallacia con-
sequentis: 'Socrates tantum currit; ergo Socrates tantum movetur'," dico
quod quaelibet exclusiva habet duas exponentes, scilicet affirmativam et
negativam. Unde istae "Socrates tantum currit" et "Socrates tantum
movetur" habent duas exponentes. Ista enim "Socrates tantum currit"
exponitur sic: "Socrates currit et nihil aliud quam Socrates currit." Et
similiter ista "Socrates tantum movetur." Unde ratione negativarum
exponentium hic est fallacia consequentis "Socrates tantum currit; ergo
Socrates tantum movetur," quoniam sensus iste: "nihil aliud quam
Socrates currit; ergo nihil aliud quam Socrates movetur." Et sic e
converso est bona consequentia; bene enim sequitur "nihil aliud quam
Socrates movetur; ergo nihil aliud quam Socrates currit." Et ita illa ratione
qua fuit fallacia consequentis, e converso est bona consequentia. Si autem
inspiciamus ad affirmativas exponentes, sic est bona consequentia
"Socrates tantum currit; ergo Socrates tantum movetur," et e converso est
fallacia consequentis; quoniam sensus est iste: "Socrates currit; ergo
Socrates movetur." Et e converso est fallacia consequentis. Et ita videmus
quod ubicumque est fallacia // consequentis, e converso est bona con- V6rA
sequentia, et hoc vel necessaria vel probabilis.

<3.> Ad aliam rationem. Cum arguitur "Hic est fallacia con-
sequentis: 'omne album est animal etc.'," videndum est quid est proprie
antecedens. Et proprie antecedens est illud quod immediate infert consequens. Consequentia autem non fit nisi ex duobus, scilicet ex antecedente et consequente – non loquor ad praesens de consequentia syllogistica – ita quod consequentia proprie fit in uno enthymemate quod
includit duo, quorum unum est antecedens et alterum consequens, et antecedens debet esse tale quod immediate inferat consequens. Unde si

85-91 Socrates ... consequentis: *om. V.*   92 exponentes: expositiones sive duas
exponentes *M*, expositiones *O in contextu*, sive exponentes *O in mg.*, expositiones *V.*   92-
94 scilicet ... exponentes: *in mg. M.*   94 exponentes: expositiones sive exponente *M*,
expositiones *O in contextu*, sive exponentes *O in mg.*, exponentes sive expositiones *V.*
97 exponentium: expositionum *MOV.*   98 sensus: est *add. O.*   100 enim: *om. MV.*

velimus proprie loqui de antecedente, non dicemus quod maior est antecedens. Et sic loquendo in proposito, dico quod sicut prima consequentia
mala est, ita et conversa est bona, et hoc arguendo a conclusione cum
120 maiore ad minorem; quia minor proprie est quae antecedit ad
conclusionem, et sicut ab illa ad conclusionem in dicto syllogismo erat fallacia consequentis, sic a conclusione ad ipsam est bonum argumentum.
Bene enim sequitur "omne sanum est album; omne album est animal;
ergo omne sanum est animal."

< Quaestio 36 >
Utrum arguendo a positione consequentis ad positionem antecedentis sit bona consequentia.

Quaeritur utrum arguendo a positione consequentis ad positionem ante-
5 cedentis sit bona consequentia.
Et arguitur quod sic:
< 1. > Quia quandocumque ad antecedens sequitur consequens, ad
distributionem consequentis sequitur distributio antecedentis; ut si
sequatur "si homo currit; ergo animal currit," sequitur "omne animal
10 currit; ergo omnis homo currit." Nunc autem sequitur "homo est asinus;
ergo homo est animal." Ergo a distributione consequentis sequitur
distributio antecedentis; sequitur ergo "omnis homo est animal; ergo
omnis homo est asinus." Sed sic arguendo procedimus a positione consequentis ad positionem antecedentis. Ergo etc.
15 < 2. > Item, Philosophus dicit in Praedicamentis[1] quod quando
alterum de altero praedicatur, quidquid praedicatur de praedicato praedicatur de subiecto; ut si homo est animal, et animal est substantia,
sequitur "ergo homo est substantia." Ergo, per ipsum, haec est bona consequentia "animal est substantia; ergo homo est substantia." Et tamen hic
20 proceditur a positione consequentis. Ergo a positione consequentis est
bona consequentia.
Oppositum arguitur:
Consequentia illa nulla est in qua antecedens potest esse verum sine
consequente. Sed arguendo a positione consequentis, antecedens potest
25 esse verum sine consequente. Arguendo enim sic "animal currit; ergo

123-124 album[2] ... sanum: sanum ... album *MOV*.

4-83 quaeritur ... formalis: *totam quaestionem om. V*.

[1] Arist., *Cat.* c.3 (1b10-12).

homo currit" arguitur a positione consequentis, et hic antecedens potest
esse verum consequente existente falso. Ergo etc.

Dico quod arguendo a positione consequentis, consequens potest accipi
absolute et per se, vel secundum quod distribuitur signo universali. Primo
30 modo arguendo a positione consequentis ad positionem antecedentis consequentia mala est; verbi gratia: "animal currit; ergo homo currit." Et ratio
huius est quia quandocumque ad antecedens sequitur consequens, antecedens debet esse causa verificationis consequentis; sicut apparet hic:
"Socrates currit; ergo homo currit." Et ideo in bona consequentia ante-
35 cedens determinate debet ponere ipsum consequens. Et sicut videmus in
propositione verissima – ut in propositione per se primo modo – quod
subiectum habet causam quare praedicatum sibi inest, ita in bona consequentia antecedens debet habere in se causam quare consequens ad
ipsum sequitur. Et ideo in bona consequentia antecedens debet includere
40 causam determinate quare consequens ad ipsum sequitur. Sed arguendo
sic "animal currit; ergo homo currit," antecedens non determinate ponit
consequens, quia "animal" supponit suum significatum indeterminate pro
quocumque. Item, animal non includit causam quare homo debet sequi ad
ipsum, quia tunc homo non esset extra rationem animalis. Planum autem
45 est quod homo et quaelibet species est extra rationem animalis, cum
animal sit genus. Et ideo non est bona consequentia arguendo a positione
consequentis hoc modo, cum in omni consequentia bona ad intellectum
antecedentis sequitur intellectus consequentis, vel intellectus antecedentis
est intellectus consequentis. Et sic apparet primum.
50 Accipiendo tamen consequens ut determinatum est signo universali, a
positione consequentis est bona consequentia. Quamvis enim "animal" de
se supponat suum significatum non ut determinatum, tamen determinari
potest ad unum numero determinate, ut dicendo "hoc animal;" vel ad
unum numero indeterminate, dicendo "aliquod animal;" vel ut stet pro
55 quolibet actualiter, dicendo "omne animal." Modo ita est quod omnia pro
quibus terminus stat actualiter sequuntur ad ipsum. Cum igitur // sic M75rA
dicendo "omne animal currit," li "animal" stet actualiter pro quolibet
animali et ideo quodlibet animal sequitur ad ipsum. Et sine dubio quando
arguimus a superiori distributo ad inferius distributum, // non arguimus O108ᵃrB
60 proprie a positione consequentis sed magis ab antecedente ad consequens.
Nos enim non dicimus fallaciam consequentis nisi quia illud quod est consequens ponimus ut antecedens, et e converso; et ita pervertimus ordinem.

---

30 arguendo: proceditur (?) *M*.   40 determinate: *una vox vix legibilis supra lin. O,*
incertum an determinate.   42 supponit: ponit *M*.   46 consequentia: *om. O*.

Et cum arguendo a positione consequentis distributi non pervertamus ordinem, non dicemus ibi argui a positione consequentis proprie.

65   Ad rationes:

<1.> Ad primam. Cum arguitur "Quandocumque ad antecedens sequitur consequens etc.," dico quod verum est, si in consequente distribuatur illud ratione cuius tenebat prima consequentia. Et videamus ratione cuius sequatur ista consequentia: "homo est asinus; ergo homo est
70   animal." Manifestum est quod ratione asini et animalis. Et ideo si distribuas consequens illud, ex illo distributo bene sequitur antecedens distributum; sequitur enim "homo est omne animal; ergo homo est omnis asinus."

<2.> Ad aliam. Cum arguitur "Quando alterum de altero etc.,"
75   regula illa intelligenda est in praedicatis essentialibus et non in acci-dentalibus. Et cum dicitur "Hic est bona consequentia: 'animal est substantia; ergo homo est substantia'," dico quod ista consequentia non tenet ratione formae, sed ratione materiae. Non tenet ratione formae quia secundum Commentatorem ı Physicorum[2] sermo concludens virtute
80   formae debet tenere in omni materia; ista autem consequentia tantum tenet in essentialibus, et hoc propter identitatem naturae importatam in talibus per antecedens et consequens; et propter hoc consequentia ista non est formalis.

<Quaestio 37>
Utrum arguendo a destructione antecedentis ad destructionem consequentis sit bona consequentia.

Quaeritur utrum arguendo a destructione antecedentis ad destructionem
5   consequentis sit bona consequentia.

Et arguitur quod sic:

<1.> Quia sicut ista consequentia est bona "homo currit; ergo animal currit," ita ista consequentia bona est "homo non currit; ergo animal non currit." Et tamen sic arguendo arguitur a destructione antecedentis. Ergo a
10   destructione antecedentis est bona consequentia.

<2.> Item, hoc arguitur sic: dicendo sic "homo est animal," non solum affirmatur animal de homine, sed quodlibet quod est superius ad animal. Unde qui dicit quod homo est animal habet concedere quod homo est corpus et substantia. Ergo qui negat hominem esse animal, negat

81 importatam: *fort.* importatae *scribendum.*

[2] Averr., *Ph.* 1 c.25.

15 animal ab homine et quodlibet superius ad ipsum. Sequitur ergo "si homo
non est animal; ergo homo non est substantia." Sed sic arguendo
procedimus a destructione antecedentis. Ergo etc.

Oppositum arguitur:

Quia consequentia nulla est in qua antecedens potest esse verum sine
20 consequente. Sed arguendo a destructione antecedentis ad destructionem
consequentis antecedens potest esse verum sine consequente. Arguendo
enim sic "nullus homo currit; ergo nullum animal currit," antecedens
potest esse verum consequente existente falso, quia asinus potest tunc
currere; et sic erit haec falsa "nullum animal currit," antecedente existente
25 vero. Ideo etc.

Intelligendum est quod arguendo a destructione antecedentis ad
destructionem consequentis potest contingere dupliciter: vel ita quod
negatio praecedat utrumque, scilicet antecedens et consequens, vel ita
quod negatio sequatur utrumque. Si negatio praecedat utrumque, sic dico
30 quod arguendo a destructione antecedentis ad destructionem consequentis
non est bona consequentia; verbi gratia, si arguatur "non homo currit;
ergo non animal currit." Et ratio hius apparet ex duobus. Primo, quia
remoto eo quod est per accidens, non est necesse removeri hoc quod est
per se; quamvis enim removeantur accidentia ligni non oportet propter
35 hoc removeri lignum. Nunc autem homo comparatur ad animal sicut
accidens comparatur ad illud cui accidit, homo enim est extra rationem
animalis et animal potest existere sine homine; et ideo remoto homine
universaliter, non oportet removeri animal universaliter; propter quod
non erit bona consequentia "non homo currit; ergo non animal currit."
40 Item, hoc declaratur sic: quandocumque aliqua duo sic se habent ad
invicem quod ad destructionem unius necessario sequitur destructio
alterius, ad positionem illius alterius sequitur positio primi. Causa enim
quare ad destructionem consequentis sequitur destructio antecedentis est
quia antecedens non potest esse sine consequente, et ideo posito ante-
45 cedente necessario ponitur consequens. Et ita maior vera est. Si igitur ad
destructionem hominis necessario sequeretur destructio animalis, tunc
posito animali necessario poneretur homo. Si igitur ista consequentia esset
bona "nullus homo currit; ergo nullum animal currit," concederemus
istam "animal currit; ergo homo currit." Istam autem non concedimus.
50 Ergo etc.

E converso tamen bene sequitur sic "nullum animal currit; ergo nullus
homo currit," et hoc patet ex duobus. Primo quia remoto eo quod est per
se, removetur et omne illud quod est per accidens. Remoto enim homine,
removentur et omnia accidentia hominis. Nunc autem homo comparatur
55 ad animal sicut accidens ad illud cui accidit; et ideo remoto animali

universaliter, necesse est hominem universaliter removeri; propter quod
sequitur "nullum animal currit; ergo nullus homo currit." Item, hoc patet
quia remoto animali universaliter, necesse est removeri omne illud in quo
actualiter includitur animal; sed in homine actualiter includitur animal; et
60 ideo remoto animali universaliter, necesse est hominem universaliter
removeri. Ista igitur consequentia nulla est: "nullus homo currit; ergo
nullum animal currit." Haec tamen est bona: "nullum animal currit; ergo
M75rB nullus homo currit." Sic igitur apparet // quod si negatio praecedat tam
antecedens quam consequens quod tunc consequentia non valet.

65   Si autem negatio sequatur utrumque, scilicet antecedens et etiam consequens, sic ad destructionem antecedentis sequitur destructio consequentis. Sequitur enim "homo non currit; ergo animal non currit," et
ratio huius est quia cum dicimus "homo non currit," homo, quod est
antecedens, remanet affirmatum et currere negatur ab eo. Nunc autem si
O108ᵃvA 70 currere negatur ab homine, necessario negabitur ab // animali, vel dices
quod homo non est animal. Quidquid igitur removetur ab antecedente
removetur a consequente; hoc tamen non est verum quod a quocumque
removetur antecedens, quod ab eodem removetur consequens: ab asino
removetur homo et tamen ab asino non removetur animal. Sic igitur patet
75 quid est dicendum ad quaestionem.

Ad rationes:

<1.> Ad primam. Cum arguitur "Sicut ista consequentia est bona
etc.," dico quod verum est quod illa consequentia bona est, quia ex
opposito consequentis sequitur oppositum antecedentis. Et cum dicis:
80 "Hic proceditur a destructione antecedentis," dico quod falsum est, si
proprie loquamur; quoniam homo est illud quod antecedit hic, et illud non
negatur sed currere negatur ab eo. Nec in consequente negatur consequens, sed currere. Et ideo non proceditur hic a destructione antecedentis proprie.

85   <2.> Ad aliam rationem. Cum arguitur "Sic dicendo 'homo est
animal etc.'," dico quod de virtute formae non sequitur "homo est animal;
ergo homo est corpus," sed tenet gratia materiae tantum; quoniam si
teneret gratia formae, teneret in omni materia; modo autem non tenet in
omni materia, quoniam non valet "homo movetur; ergo homo currit." Et
90 cum dicitur "Ergo qui negat animal ab homine etc.," dico quod qui negat
animal ab homine, negat omne illud quod est superius ad animal ab
homine, secundum esse quod ipsum superius habet in animali; tamen

61 currit: om. OV.   62 currit¹: om. OV.   62 bona: consequentia add. M. | currit²:
om. OV.   63 currit: om. OV.   74-75 sic ... quaestionem: om. V.   87 quoniam: quia
M.   88 modo: nunc M.   89 quoniam: quia M.   92 ipsum: supra lin. O, om. V.

adhuc non tenet gratia formae. Si enim arguatur sic "lapis non est animal;
ergo lapis non est substantia," non valet. Et ideo consequentia illa non est
95 formalis. Unde qui vult generaliter loqui potest dicere quod procedendo a
destructione antecedentis ad destructionem consequentis non tenet gratia
formae, quamvis quandoque teneat consequentia gratia materiae, sicut
dicebatur prius[1] quod quandoque tenet gratia materiae a positione consequentis, formaliter tamen loquendo consequentia non valet.

< QUAESTIO 38 >

UTRUM NON CAUSA UT CAUSA SIT LOCUS SOPHISTICUS.

Quaeritur de fallacia secundum non causam ut causam et primo quaeratur
utrum non causa ut causa sit locus sophisticus.
5   Et arguitur quod non:
     <1.> Quia eiusdem est considerare habitum et suam privationem,
per Philosophum ix Metaphysicae.[1] Sed non causa ut causa est privatio
causae. Ergo eiusdem est considerare non causam ut causam et causam.
Sed demonstratoris est considerare causam; ergo demonstratoris est
10 considerare non causam. Ex hoc arguo: ad demonstratorem non pertinet
considerare de aliquo loco sophistico; sed demonstratoris est considerare
non causam ut causam, ut probatum est; ergo etc.
     <2.> Item, sicut demonstratio est ex causis, ita est ex veris et ne-
cessariis; ergo qua ratione secundum non causam ut causam esset locus
15 sophisticus, eadem ratione et secundum non verum ut verum esset locus
sophisticus. Similiter secundum non necessarium ut necessarium esset
locus sophisticus. Sed secundum ista non habemus fallacias; ergo non
habemus secundum non causam ut causam.
     <3.> Item, quod reperitur in quolibet loco sophistico non est locus
20 sophisticus distinctus. Sed non causa ut causa reperitur in quolibet loco
sophistico; in quolibet enim paralogismo cuiuslibet loci sophistici est
aliquid quod videtur esse causa conclusionis, quod non est causa. Ergo
etc.

13-14 necessariis: ut apparet ı Posteriorum *add. V (cf. Arist. APo. 1 c.2 [71b20-22] et
c.4 [73a24]).*   15 esset: erit *O,* est *V.*   17 non[2]: nec *O.*

[1] QN 36.

[1] Arist., *Metaph.* 9 c.1-2 (1046a30 sqq.).

<*4.*> Item, in II Priorum[2] non determinatur de aliquo loco sophistico.
25 Ibi tamen determinatur de non causa ut causa; ibi enim determinatur de
non propter hoc accidere falsum, et hoc est idem quod non causa. Ergo
V6rB etc. //

<*5.*> Item, quod potest reperiri in omni bono syllogismo ostensivo
non est locus sophisticus. Sed non causa ut causa potest reperiri in omni
30 bono syllogismo ostensivo. Ergo etc. Minor probatur: illud enim dicitur
non causa ut causa quo posito vel remoto nihilominus sequitur conclusio.
Sed in quolibet syllogismo bono, posita vel dempta minore, nihilominus
sequitur conclusio †in maiore†; arguatur enim sic "omnis homo currit;
Socrates est homo; ergo Socrates currit," dempta minore, nihilominus
35 sequitur "omnis homo currit; ergo Socrates currit."

Oppositum arguitur:

Omnis locus qui fundatur supra aliquam maximam falsam et apparentem est locus sophisticus. Sed non causa ut causa fundatur supra
maximam falsam et apparentem, quae talis est "omnis propositio ordinata
40 cum praemissis quae sunt causae conclusionis, ipsa est causa conclusionis." Ista maxima est falsa, apparens tamen. Ergo non causa ut causa est
locus sophisticus.

Dicendum est ad hoc quod non causa ut causa est locus sophisticus.
Et hoc potest declarari sic: omnis argumentatio quae habet causam
45 apparentiae et causam non existentiae, quae etiam deficit a syllogismo et
habet apparentiam syllogismi, fit secundum aliquem locum sophisticum.
Sed omnis argumentatio quae fit secundum non causam ut causam habet
causam apparentiae et non existentiae, et etiam deficit a syllogismo, et
habet apparentiam syllogismi. Propter quod omnis argumentatio quae fit
50 secundum non causam ut causam fit secundum locum sophisticum. Et
ideo non causa ut causa est locus sophisticus.

Causa autem apparentiae est apparens identitas propositionis quae non
est causa conclusionis ad propositionem quae est causa, causa non
M75vA existentiae est diversitas earundem. Ita quod fallacia secundum non //
55 causam ut causam est deceptio proveniens ex eo quod propositio quae non
est causa conclusionis videtur esse causa, propter hoc quod ordinatur cum
talibus quae sunt causae conclusionis; ita ut non causa ut causa sit idem

---

33 in maiore: *om. V; aut* ex maiore *aut* <quia includitur conclusio> in maiore
scribendum esse videtur.   47-52 sed ... autem: sed non causa ut causa habet omnia ista,
causa enim *V.*   52 autem: *om. M,* enim *V (cf. superius).*   56-58 propter ... causa: *om.*
V.   57 ut[1]: quod *M.*

---

[2] Arist., *APr.* 2 c.17.

quod aliqua propositio quae videtur esse causa conclusionis, quae tamen
non est.

60   Istam autem propositionem, quae videtur esse causa conclusionis, cum
non sit, oportet convenire in aliquo termino cum praemissis quae sunt
causae conclusionis, quia aliter numquam esset ut causa. Unde hic non est
non causa ut causa: "omnis homo currit; Socrates est homo; sol est in
cancro; ergo etc." Sed hic "anima et vita sunt idem; mors et vita sunt

65 contraria; generatio et corruptio sunt contraria; sed mors est corruptio;
ergo vita est generatio. Ergo vivere est generari. Hoc est impossibile. Ergo
anima et vita non sunt idem." Ista propositio "anima et vita sunt idem,"
quae est non causa et ut causa conclusionis, convenit cum propositionibus
probantibus conclusionem in altero termino, et ideo hic est non causa ut

70 causa.

     Et propter hoc possumus dicere quod istius fallaciae sunt duo
modi – propositio enim quae non est causa conclusionis potest convenire
cum propositionibus quae sunt causae conclusionis in subiecto, et sic est
unus modus; vel in praedicato, et sic est alius modus – quamvis aliqui non

75 assignent aliquos modos istius fallaciae, sed hoc // videtur inconveniens. O108ᵃvB

     Ad rationes:

     <1.> Ad primam. Cum arguitur "Eiusdem est considerare etc.," –
verum est. Et cum dicis: "Non causa ut causa est privatio causae," –
verum est secundum aliquem modum. Et tu dicis "Ergo eiusdem est

80 considerare etc.," – verum est ut sic. Et tu dicis quod demonstratoris etc.,
dico quod duplex est causa: quaedam enim est causa in essendo et in
inferendo, et quaedam in inferendo tantum. Causam in essendo et in
inferendo habet demonstrator considerare, quia in syllogismo demonstrativo praemissae non solum sunt causae illationis conclusionis, sed

85 necessitatis; causam autem in inferendo tantum habet priorista considerare, quia hoc solum est de ratione syllogismi simpliciter quod inferat.
Cum igitur dicitur quod non causa ut causa est privatio causae, dico quod
non est privatio causae quam considerat demonstrator, sed est privatio
causae quam considerat priorista; et ideo considerare de non causa ut

90 causa non pertinet ad demonstratorem. Ad quem igitur? Dico quod
secundum quod non causa ut causa dicit puram obliquitatem, sic pertinet
ad prioristam. Sed si consideretur non causa ut causa prout supra istam
obliquitatem additur apparentia, sic pertinet ad sophistam considerare de

---

62 esset: non causa *add. M.*   66 generari: generare *MO.*   67 et vita¹: *om. O.* |
idem¹: eadem *V.* | idem²: eadem *OV.*   68 est non: non est *M.* | et: *om. M,* est *add. V.*
87 dicitur: dicimus *V et, ut videtur, O a.c.*

non causa ut causa; omnem enim defectum qui tegitur apparentia debet
95 sophista considerare, et ita de isto.

<2.> Ad aliam rationem. Cum arguitur "Sicut demonstratio est ex
causis etc.," dico quod ista ratio procedit ex falso intellectu, quia non
causa ut causa, prout consideratur a sophista, non nominat privationem
causae quam considerat demonstrator, sed causae quam considerat
100 priorista. Unde si diceret privationem causae quam considerat demonstrator, sicut secundum non causam ut causam habemus fallaciam,
similiter haberemus fallaciam secundum non verum ut verum. Causa
enim et verum et necessarium, necessario pertinent ad demonstratorem, et
aequaliter.

105   <3.> Ad aliam rationem. Cum arguitur "Illud quod potest reperiri in
quolibet loco sophistico etc.," dico quod non causa aliter et aliter reperitur
in quolibet loco sophistico, et aliter est locus sophisticus. Quia non causa
ut causa uno modo potest dici illud quo posito vel quo remoto,
nihilominus sequitur conclusio ex praemissis; et hoc modo non causa ut
110 causa est locus sophisticus distinctus contra alios locos sophisticos. Et
secundum non causam ut causam hoc modo fit iste paralogismus "anima
et vita sunt idem; etc." Alio modo dicitur non causa ut causa illud quo
posito vel quo remoto, numquam sequitur conclusio de necessitate; et hoc
modo non causa ut causa reperitur in quolibet loco sophistico.

115   <4.> Ad aliam rationem. Cum arguitur "In II Priorum non
determinatur de aliquo loco sophistico etc.," dico quod non determinatur
in II Priorum de non causa ut causa. Et tu dicis quod ibi determinatur de
non propter hoc accidere falsum etc., – dico quod idem sunt secundum
rem, differunt tamen secundum rationem; quia non propter hoc falsum
120 accidere nominat puram obliquitatem, et non causa dicit illud idem, prout
illi defectui superadditur apparentia. Nunc autem omnis defectus, ut ei
superadditur apparentia, causat locum sophisticum. Propter quod non
causa ut causa est locus sophisticus.

<5.> Ad aliam rationem. Cum arguitur "Quod potest reperiri in
125 omni bono syllogismo etc.," concedo. Et ad minorem: nego eam. Et cum
probas "Non causa ut causa dicitur illud quo posito etc.," dico quod illud
dicitur non causa ut causa quo posito et quo remoto, et quantum ad
expressionem et quantum ad intellectum, nihilominus sequitur conclusio.

94 omnem enim: quoniam omnem *M*, tamen igitur *V*.   99-100 sed ... demonstrator:
om. V.   109-113 nihilominus ... remoto: *om. V.*   110-111 et ... hoc modo fit: et hoc
modo ... fit *M*.   115-117 non ... quod: determinatur de non causa ut causa ut dicitur
quia *M*.   118 accidere falsum etc.: accidere falsum est *M*, accidere etc. (etc. *supra lin.*)
O, om. V.   120 causa: ut causa *add. M.*

Et cum dicitur in minori quod in omni syllogismo etc., dico quod in syllo-
130 gismo non est aliquid tale quo remoto quantum ad expressionem et
quantum ad intellectum nihilominus sequatur conclusio. Si enim arguatur
sic "omnis homo currit; Socrates est homo; ergo etc.," dempta enim
minore quantum ad expressionem, oportet quod intelligatur minor ad hoc
quod conclusio sequatur. Et hoc est quod Philosophus vult II Priorum;[3]
135 vult enim quod in omni enthymemate oportet aliquam propositionem esse
probabiliter intellectam.

< QUAESTIO 39 >
UTRUM NON CAUSA UT CAUSA PECCET CONTRA SYLLOGISMUM INFERENTEM VEL CONTRA SYLLOGISMUM PROBANTEM.

Quaeritur utrum non causa ut causa peccet contra syllogismum
5 inferentem vel contra syllogismum probantem.
    Et arguitur quod contra inferentem:
    < 1. > Philosophus enim in illo capitulo "Aut ergo sic dividendum"[1]
reducit // non causam ut causam in ignorantiam elenchi, eo quod ibi non M75vB
sequitur conclusio de necessitate in eo quod haec sunt. Sed haec est una
10 condicio syllogismi inferentis. Ideo etc.
    < 2. > Item, probatio quod peccet tam contra syllogismum inferentem
quam contra syllogismum probantem: quia tam in syllogismo inferente
quam probante praemissae debent esse causae conclusionis. Quod ergo
totaliter privat causam peccat tam contra syllogismum inferentem quam
15 contra syllogismum probantem. Sed non causa ut causa privat totaliter
causam. Ergo etc.
    Oppositum arguitur:
    Orationes quae non sunt simpliciter insyllogizatae non peccant contra
syllogismum inferentem; quia, si peccarent contra syllogismum inferen-
20 tem, simpliciter essent insyllogizatae. Sed orationes secundum non causam ut causam non sunt simpliciter insyllogizatae. Ideo etc.
    Non est dicendum quod paralogismus secundum non causam ut
causam simpliciter et omnino peccet contra syllogismum inferentem. Et

---

132 enim: *om. V.*   135 oportet: *om. O, post* propositionem *V.*   136 probabiliter: probabilem *malimus.*

21 insyllogizatae: per Philosophum in littera *add. V (vide Arist. SE c.5 [167b34-35]).*

[3] Cf. Arist., *APr.* 2 c.27 (70a3-11).

[1] Arist., SE c.6 (168b22-25).

ratio huius est: quod enim compatitur secum debitam formam syllo-
25 gisticam non peccat simpliciter et omnino contra syllogismum inferentem.
Sed paralogismus secundum non causam ut causam compatitur secum
debitam formam syllogisticam, quia in non causa ut causa ex praemissis
dispositis in modo et figura de necessitate sequitur conclusio. Ideo etc.
Non peccat quidem contra syllogismum inferentem quia ibi [non] deficit
30 aliquid eorum quae requiruntur ad debitam formam syllogismi; sed peccat
contra syllogismum inferentem quia ibi est aliquid plus quam requiratur
ad syllogismum inferentem. Ibi enim est aliqua propositio praeternecessaria qua posita et qua remota nihilominus sequitur conclusio. Et ideo non
causa ut causa peccat contra syllogismum inferentem, non quia deficiat,
35 sed quia superabundet.

V6vA   Et ex hoc potest apparere differentia // istius fallaciae ad omnes alias.
Omnes enim aliae fallaciae peccant contra syllogismum in eo quod
deficiunt; ista autem peccat non in eo quod deficiat, quia in non causa ut
causa conclusio de necessitate sequitur ex praemissis, sed quia super-
40 abundet.

Sed dices: "Peccatne contra syllogismum probantem?" – dico quod,
licet non simpliciter peccet contra syllogismum inferentem, peccat tamen
simpliciter contra syllogismum probantem. Quia syllogismus qui non
probat propositum peccat contra syllogismum probantem. Sed para-
45 logismus secundum non causam ut causam non probat propositum; et hoc
est quod dicit Philosophus,[2] quod "orationes secundum non causam ut
O109rA causam // simpliciter quidem insyllogizatae non sunt, ad propositum
tamen insyllogizatae." Ideo etc. Unde, sicut peccat contra syllogismum
inferentem in eo quod superabundat, sic peccat contra probantem in eo
50 quod deficit, quoniam non potest attingere ad id in quod debet attingere
syllogismus probans. Et ideo debemus dicere quod ista fallacia simpliciter
peccat contra syllogismum probantem, non tamen peccat simpliciter
contra syllogismum inferentem.

Ad rationes:
55   < 1. >   Ad primam. Cum arguitur "Philosophus capitulo illo 'Aut ergo
etc.'," dico quod per non causam ut causam possumus attendere ad illam
propositionem quae videtur esse causa conclusionis et non est; et atten-

---

24 quod enim: quia quod *M*, quod *V*.   25-27 non ... syllogisticam: *om. M.*
29 non[1]: *ex corr. O, ut vid.*; et *V*. | ibi non: non (*supra lin.*) ibi *V*.   29-31 non ... est: *in
mg. M*.   31 ibi: non *add. M*.   42-43 inferentem ... syllogismum: *om. V*.   50 ad id
in quod: ad illud in quo *M*, in id ad quod *V*.

[2] Arist., SE c.5 (167b34-35).

dendo ad illam, conclusio non sequitur de necessitate propter hoc, id est
propter illam praemissam; quia posita illa praemissa vel remota, nihilo-
60 minus sequitur conclusio de necessitate propter alias, quamvis non
sequatur propter illam. Et ideo non simpliciter peccat contra syllogismum
inferentem. Et ita attendendo ad illam propositionem quae non est causa,
intelligit Philosophus quod conclusio non sequitur propter hoc. Nihilominus sunt ibi praemissae propter quas sequitur conclusio.
65   < 2. > Ad aliam rationem. Cum arguitur "Tam in syllogismo inferente
quam probante etc.," – verum est. Et tu dicis: "Quod ergo privat
etc.," – concedo. Et tu dicis quod paralogismus secundum non causam
etc., – dico quod privat totaliter causam, inspiciendo ad praemissam
praeternecessariam; ipsa enim est non causa quoniam praemissa illa nec
70 infert nec probat. Sed, quia in paralogismo secundum non causam ut
causam sunt aliae praemissae dispositae in modo et figura, inspiciendo ad
eas, non causa ut causa nec privat causam inferentem nec probantem
simpliciter, quamvis aliquo modo causam probantem ad propositum; ibi
enim sunt praemissae quae necessario probant conclusionem, quamvis
75 ipsa non sit ad intentum.

< QUAESTIO 40 >
UTRUM FALLACIA SECUNDUM NON CAUSAM UT CAUSAM
AEQUE CONVENIENTER HABEAT FIERI IN SYLLOGISMO OSTENSIVO
ET IN SYLLOGISMO DUCENTE AD IMPOSSIBILE.

5 Quaeritur utrum fallacia secundum non causam ut causam aeque convenienter habeat fieri in syllogismo ostensivo sicut in syllogismo ducente
ad impossibile.
       Et arguitur quod sic:
       < 1. > Quia ubi est consimilis causa, ibi est consimilis effectus. Sed fal-
10 lacia secundum non causam ut causam fit quia aliquid quod non est causa
conclusionis accipitur inter praemissas quae sunt causae conclusionis. Hoc
autem contingit aequaliter in syllogismo ostensivo et in ad impossibile. In
ostensivo sic: "omnis homo est animal; Socrates est homo; Socrates est
albus; ergo Socrates est animal." Ergo etc.
15   < 2. > Item, quod aequaliter peccat contra ostensivum et ad impossibile aequaliter invenitur in utroque. Sed fallacia secundum non

---

63 intelligit: intendit *V, compendium ambiguum O.* | sequitur: de necessitate *add. M.*
69 est non: non est *M.*   72 ut causa: *om. OV.* | nec: causat *add. et del. O.*   75 ipsa
non sit: ipsae non sint *V.*

8 sic: aeque convenienter habeat fieri in ostensivo sicut in ad impossibile *O.*

causam ut causam est huiusmodi; quia non causa ut causa est privatio causae in inferendo, ut prius dicebatur;[1] nunc autem causa in inferendo aequaliter invenitur in syllogismo ostensivo et in ad impossibile. Ergo etc.

20   Oppositum arguitur:

Fallacia secundum non causam ut causam convenientius habet fieri in illo syllogismo in quo magis latenter potest accipi propositio praeter-

M76rA necessaria. Sed propositio praeternecessaria // magis latenter potest accipi in ad impossibile quam in ostensivo. Ergo etc.

25   Dicendum est ad hoc quod fallacia secundum non causam ut causam magis convenienter habet fieri in syllogismo ad impossibile quam in syllogismo ostensivo, sicut videtur esse de intentione Philosophi. Dicit enim in littera[2] quod propositio quae videtur esse causa conclusionis debet enumerari inter interrogationes necessarias ex quibus sequitur impossi-

30 bile, sic enim propter ipsam saepe videbitur sequi impossibile; et tunc ulterius ex interemptione illius impossibilis conclusi debet fieri regressus ad interimendum illud quod videbatur esse causa cum non esset. Quia ergo illud convenientius habet fieri in syllogismo ad impossibile quam in ostensivo, ideo non causa ut causa convenientius fit in ad impossibile

35 quam in ostensivo. Et hoc declaratur ratione, quoniam fallacia secundum non causam ut causam magis convenienter habet fieri in illo syllogismo in quo propositio quae non est causa magis habet apparentiam causae. Modo propositio quae non est causa magis habet apparentiam causae in syllogismo ad impossibile quam in ostensivo; quia in syllogismo ostensivo non

40 est nisi unus processus et secundum debitam formam syllogizandi non sunt ibi nisi duae propositiones et una conclusio; et ideo, si praeter illas duas propositiones accipiatur aliqua praeternecessaria, non videbitur habere causalitatem supra conclusionem et sic non apparebit ut causa. Sed in syllogismo ad impossibile est duplex processus, unde ibi sunt plures

45 propositiones et plures conclusiones; et ideo inter illas magis latenter potest accipi propositio praeternecessaria quae cum aliis videbitur esse causa conclusionis. Et quia ita est, fallacia secundum non causam ut causam magis habet fieri in syllogismo ducente ad impossibile quam in ostensivo.

50   Sed ulterius advertendum quod cum fallacia secundum non causam ut causam convenientius fiat in syllogismo ad impossibile quam in ostensivo,

---

19 in[2]: *om. MV.*   32 causa: conclusionis *add. M.*   33 illud: istud *M*, id *V.*
34 in: *om. MV.*   39 ostensivo quia in: *om. M.*   48 magis: convenienter *add. M.*

[1] QN 38.
[2] Arist., SE c.5 (167b23-26).

in isto syllogismo ad impossibile invenitur triplex processus. Primus est in quo proceditur ex aliqua hypothesi falsa et impossibili cum aliquo vero coassumpto, ad aliquid manifestius falsum. Secundus processus est in quo
55 ex interemptione falsi conclusi proceditur ad interemptionem hypothesis. Tertius est quando ex interemptione hypothesis proceditur ad ostendendum propositum verum esse. Primus processus est ostensivus et syllogisticus. Secundus non est syllogisticus, sed est consequentia quaedam fundata super hanc maximam "remoto consequente, necesse est removeri
60 antecedens." Tertius non est syllogisticus, sed est consequentia fundata supra istam maximam "de quolibet esse vel non esse."

Modo dico quod non causa ut causa quando fit in syllogismo ad impossibile, non peccat contra primum processum. Primus enim est ostensivus, in quo conclusio de necessitate sequitur ex praemissis, et in
65 non causa ut causa conclusio sequitur de necessitate ex praemissis. Et ideo non causa ut causa non peccat contra primum processum, nec etiam contra tertium, sed peccat contra secundum processum. Et hoc patet: ponatur quod aliquis velit probare istam "anima et vita non sunt idem," et accipiat contrarium huius, et arguat sic: "anima et vita sunt idem; mors et
70 vita sunt contraria; sed mors est corruptio; ergo vita est generatio; ergo vivere est genera//ri." Hic processus est syllogisticus, et contra istum non   O109rB peccat non causa ut causa, cum inferat suam conclusionem de necessitate. Sed cum dicitur: "Haec est falsa 'vivere est generari;' ergo illud ex quo sequebatur. Sed sequebatur ex isto 'anima et vita sunt idem;' ergo istud est
75 impossibile," contra hunc processum peccat; hic enim dicitur quod haec "anima et vita sunt idem" esset causa conclusionis, cum non sit. Tertius processus bonus est, cum dicitur: "si hoc est impossibile; ergo eius oppositum est necessarium."

Et quia non causa ut causa non peccat contra primum processum, cum
80 in isto processu reperiatur forma syllogistica ostensiva, manifestum est quod non causa ut causa non peccat contra syllogismum ut inferens est. Sic igitur apparet quod non causa ut causa convenientius fit in syllogismo ad impossibile; potest tamen fieri in syllogismo ostensivo. Et hoc patet per Philosophum II Rhetoricorum,[3] ubi loquitur de ista materia.

---

59 super: supra *M*.   60 antecedens: quia oppositum consequentis non potest stare cum antecedente *add. V*.   63-66 primus ... processum *om. V*.   71 generari: generare *MO*; per locum a coniugatis *add. V*.   73 generari: generare *MO*.   76 esset: est *M*.
81 ut causa: *om. OV*.   82 ut causa: *om. OV*.   84 materia: et ideo secundum quod dicit magister Aegidius deinde [*intellege* de intentione] Philosophi, cum dicit quod in syllogismo ad impossibile hanc [*intellege* habet] fieri non causa ut causa, dicit hoc esse intelligendum

---

[3] Arist., *Rh.* 2 c.24 (1401b29-34).

V6vB 85   // Ad rationes in oppositum apparet solutio ex dictis:

<1.> Quando enim dicitur "Ubi est consimilis causa etc.," verum est. Concedo etiam minorem. Et ideo dico quod potest fieri in syllogismo ostensivo, sed non ita convenienter sicut in ad impossibile.

<2.> Ad aliam rationem. Cum arguitur "Quod aequaliter peccat
90 etc.," dico quod unde iste ostensivus, iste ad impossibile, invenitur aequaliter in utroque. Et cum dicitur "Non causa etc.," dico quod aequaliter peccat contra utrumque prout probans est, quia contra neutrum peccat in inferendo. Et tu dicis quod non causa dicit privationem causae in inferendo – dico quod per "non causam ut causam" possum intelligere
95 paralogismum qui fit secundum non causam ut causam, vel propositionem praeternecessariam. Si tu voces non causam ut causam illam propositionem praeternecessariam, sic est privatio causae in inferendo. Sed paralogismus ille non est privatio causae in inferendo, sed in probando solum. Et bene verum est quod paralogismus secundum non
M76rB 100 causam ut causam quantum ad hoc quod infert, aequaliter invenitur // in syllogismo ostensivo et ad impossibile; tamen considerando quantum ad hoc quod propositio praeternecessaria debeat apparere esse causa conclusionis, convenientius fit in syllogismo ducente ad impossibile quam in syllogismo ostensivo.

<QUAESTIO 41>

UTRUM SECUNDUM PLURES INTERROGATIONES UT UNAM
SIT FALLACIA.

Quaeritur de fallacia secundum plures interrogationes ut unam, et
5 quaeritur ibi utrum secundum plures interrogationes ut unam sit fallacia.

Et arguitur quod non:

<1.> Quia secundum unam interrogationem ut plures non facit fallaciam; ergo nec secundum plures interrogationes ut unam habebimus fallaciam. Consequentia patet, quia sicut possumus decipi credendo plures
10 interrogationes esse unam, sic possumus decipi credendo unam interrogationem esse plures. Ergo sicut secundum plures interrogationes ut unam habemus fallaciam, eodem modo habebimus fallaciam secundum unam

---

[V 6vB] ut in pluribus et pure, in syllogismo autem ostensivo minus et non pure; et dico non pure, quia tunc cum ipso incidit alius locus sophisticus, ut fallacia consequentis vel aliquis huiusmodi *add. V (cf. Aegidii Romani Expos.* SE *[ed. Augustinus, fol. 21rB]).*   90-91 unde ... dico quod: *om. V.* | unde ... utroque: *locus suspectus.*   90 ostensivus: et *add. M.*

12-14 eodem ... habebimus: sic etc. sed non quaeritur etc. *V.*

interrogationem ut plures. Sed secundum illam non habemus; ergo nec
secundum istam habebimus.

15 <*2.*> Item, si secundum plures interrogationes ut unam esset fallacia,
unitas quae est ibi aut esset ex parte vocis aut ex parte rei; non ex parte
vocis, quia tunc esset fallacia in dictione; nec ex parte rei, quia ex parte rei
est pluralitas.

<*3.*> Item, arguitur quod non sit fallacia distincta ab aequivocatione:
20 quia penes illud non habemus fallaciam distinctam ab aequivocatione
quod potest reperiri in aequivocatione; sicut enim videmus quod genera
entium sunt impermixta, sic et fallaciae. Sed plures interrogationes ut una
reperiuntur in aequivocatione: "putasne canis currit?," hic sunt plures
interrogationes ut una secundum pluralitatem significatorum. Ergo
25 secundum plures interrogationes ut unam non habemus fallaciam
distinctam ab aequivocatione. Ergo nec erit fallacia nec fallacia distincta.

Oppositum arguitur:

Omnis locus qui fundatur supra aliquam maximam falsam et
apparentem est locus sophisticus. Sed secundum plures interrogationes ut
30 unam fundatur supra maximam falsam et apparentem; et est maxima talis:
"quae proferuntur sub uno modo interrogandi sunt unum in re."

Dicendum quod secundum plures interrogationes ut unam est fallacia,
et fallacia distincta. Nam omnis locus sophisticus qui habet causam
apparentiae et causam non existentiae distinctam facit fallaciam distinc-
35 tam. Sed secundum plures interrogationes ut unam habet causam
apparentiae et non existentiae distinctam. Ergo etc.

Causa autem apparentiae in ista fallacia est aliqualis identitas rerum
interrogatarum vel ad se invicem, vel respectu tertii – respectu tertii quod
eis subicitur, vel de eis praedicatur: respectu tertii quod de eis praedicatur,
40 ut "putasne hic et hic est homo?;" respectu tertii quod eis subicitur, ut
"putasne hoc est idem vel diversum?" – propter quam identitatem res,
quae plures est, apparet esse una. Nec illud ultimum deberet addi ad
causam apparentiae, si proprie vellemus loqui; sed hic addo, et addidi, in
causis apparentiae dictarum fallaciarum aliquid pertinens ad causam non
45 existentiae propter maiorem manifestationem.

Causa non existentiae est diversitas rerum interrogatarum. Unde fallacia secundum plures interrogationes est deceptio proveniens ex eo quod
creditur quod interrogatio quae plures est, sit interrogatio una, propter
aliquam identitatem rerum interrogatarum quae tamen secundum veri-
50 tatem diversae sunt.

---

13 ut plures: *om. O.*   24-26 ergo ... distincta: etc. *V.*   43 hic: hoc *MOV.* | et: vel
MV.   49 aliquam: aliqualem *malimus.*

Istius autem fallaciae tres assignantur modi. Unus modus est quando unum interrogatur de pluribus, ut "putasne hic et hic est homo?" Secundus quando plura interrogantur de uno, ut "putasne hoc est idem vel diversum?" Tertius modus est quando plura interrogantur de pluribus, ut
55 hic "putasne haec et haec sunt bona vel mala?" demonstratis duobus quorum unum est bonum et aliud malum.

Deficit autem ista fallacia a syllogismo principaliter secundum istam particulam "quibusdam." Omnis enim syllogismus debet esse ex propositionibus et ita ex quibusdam. Nunc autem paralogismus qui fit
60 secundum istam fallaciam non est ex propositionibus, proprie loquendo.
O109vA // Eadem enim est ratio propositionis et unius propositionis; propter quod, cum ista fallacia non sit ex propositionibus unis, ipsa non est ex propositionibus. Eadem autem est ratio propositionis et unius propositionis: sicut enim eadem est definitio entis et entis primi, quod est
65 substantia, ita eadem est definitio propositionis et eius quae prima est in genere propositionum; prima autem in genere propositionum est propositio una; et ideo eadem debet esse definitio propositionis et unius propositionis.

Et propter hoc significanter dicit Philosophus[1] quod propositio plures
70 non est propositio. Scimus enim quod interrogatio, enuntiatio, et propositio differunt: interrogatio enim est secundum quod quaeritur, enuntiatio secundum quod absolute profertur, propositio secundum quod ponitur in syllogismo ad aliquid probandum vel ad aliquid inferendum. Illud ergo solum dicitur propositio quod ingreditur syllogismum. Nunc
75 autem propositio plures non ingreditur syllogismum, sicut nec propositio
M76vA multiplex; quoniam ipsa non differt a propositione multiplici nisi // quia in multiplici sub una voce sunt plura, in propositione autem quae plures est sub pluribus vocibus plura importantur. Si enim propositio plures vel multiplex ingrederetur syllogismum, tunc in omni syllogismo posset
80 assignari fallacia accidentis. Sed propositio una proprie ingreditur syllogismum.

Ad rationes:

<1.> Ad primam. Cum arguitur "Secundum unam interrogationem, etc.," dico quod non est simile. Ad fallaciam enim duo concurrunt, scilicet
85 causa apparentiae et causa non existentiae. Unde oportet quod omnis paralogismus qui fit secundum unamquamque fallaciam quod deficiat a

53 secundus: est *add. M.*   75 propositio: interrogatio *V.*   76 quoniam: quia *M*, quomodo *V.*   83-84 cum ... etc.: *om. V.*

[1] Arist., SE c.6 (169a15-16).

syllogismo et habeat apparentiam boni syllogismi; et ideo penes illud quod
syllogismum non impedit, non debet accipi aliqua fallacia. Nunc autem
interrogatio una ut plures non impedit syllogismum; ista enim est inter-
90 rogatio una ut plures "omne animal rationale mortale currit," et si ponatur
in syllogismo, non impedit syllogismum. Ideo etc. Sed si propositio
secundum plures interrogationes ut unam ponatur in syllogismo, impedit
syllogismum. Et ideo secundum plures interrogationes ut unam habemus
fallaciam, et non secundum unam interrogationem ut plures.

95   <2.> Ad aliam rationem. Cum arguitur "Si secundum plures interrogationes etc.," dico quod ista unitas est ex parte rei. Unde propter
apparentem identitatem quae est ipsarum rerum interrogatarum, interrogatio quae plures est apparet esse una. Et tu dicis "Ex parte rerum est
pluralitas," verum est quod ibi est pluralitas rerum secundum rem; est
100 tamen unitas secundum apparentiam. Et ista unitas secundum apparentiam sumitur ex hoc quod uni subiciuntur vel de uno praedicantur.

Et quod illud dictum verum sit potest declarari per intentionem Philosophi. Dicit enim Philosophus[2] quod quandoque non est facile
respondentem decipi secundum istam fallaciam, et hoc contingit quando
105 res interrogatae multum // differunt. Tunc enim interrogatio quae plures V7rA
est non apparet esse una, ut hic "estne terra mare an caelum?;" tanta enim
est diversitas rerum interrogatarum quod statim apparet differentia.
Superiora enim et inferiora in tantum differunt quod quidquid invenitur
in hiis et in illis aequivoce invenitur, ut declarat Commentator II De
110 anima[3] de perspicuo in superioribus et in inferioribus. Sed quandoque
facile est ipsum decipi, ut si dicatur "putasne hic et hic est homo?" Et hoc
est propter identitatem naturae in qua conveniunt "hic" et "hic homo;"
licet enim iste homo differat ab illo secundum quod "hic," tamen non
videtur differre respectu tertii quod quaeritur de eis, scilicet respectu huius
115 quod est homo.

<3.> Ad aliam rationem. Cum arguitur "Penes illud etc." – verum
est. Et cum dicis "Secundum plures interrogationes etc.," – verum est; sed
non secundum eandem rationem secundum quam reperiuntur in fallacia
secundum plures interrogationes ut unam. Et ad probationem: cum dicis
120 "Hic sunt plures interrogationes: 'putasne canis currit?'," – verum est

---

91 propositio: paralogismus *M*, paralogismus *vel* propositio *O (supra lin.)*, interrogatio
V.   113 secundum quod hic: *locus fortasse corruptus*.   120 hic: haec *MV*. |
interrogationes: ut una *add. M*.

---

[2] Arist., SE c.5 (168a1-3).
[3] Locum non invenimus.

quod hic sunt plures interrogationes; tamen plura interrogantur hic sub una voce, sed in fallacia secundum plures interrogationes plura interrogantur sub pluribus vocibus.

Item, alia est diversitas inter has fallacias: quia in aequivocatione
125 identitas interrogationis facit credere unitatem interrogati; quia enim interrogatio est una secundum vocem, creditur quod res interrogata una fuerit. Sed in fallacia secundum plures interrogationes, unitas interrogatorum facit credere unitatem interrogationis.

< QUAESTIO 42 >
UTRUM HAEC SIT PLURES "HOMO ALBUS CURRIT."

Ad videndum quae interrogatio est una et quae plures, quaeritur utrum haec sit plures "homo albus currit."
5   Et arguitur quod sic:

Quia propositio illa in qua plura subiciuntur vel plura praedicantur ex quibus non fit unum, est propositio plures. Sed in hac propositione "homo albus currit," plura subiciuntur ex quibus non fit unum. Ideo etc.

Item, sicut aliquid se habet ad hoc quod sit, sic se habet ad hoc quod sit
10 unum. Sed homo albus est ens secundum accidens; ergo est unum secundum accidens. Sed propositio in qua subicitur unum secundum accidens non est propositio una simpliciter, sed secundum accidens. Ergo etc.

Oppositum arguitur proportionaliter:

15   < 1. > Sicut ex materia et forma fit unum secundum rem, sic ex determinatione et determinabili fit unum secundum rationem. Sed dicendo sic "homo albus currit," hic est determinatio cum determinabili; ergo est unum secundum rationem. Sed unum secundum rationem est unum quod subicitur vel praedicatur. Ideo etc.

20   Dicendum est ad hoc quod secundum Philosophum III De anima[1] duplex est operatio intellectus. Una est indivisibilium intelligentia, secundum quam non est verum nec falsum. Et intellectus secundum istam operationem est apprehensivus simplicis quiditatis rei. Secunda operatio est [apprehensorum] componere vel dividere illa quae apprehensa sunt. Et
25 circa istam consistit veritas vel falsitas. Et secunda operatio habet ordinem

---

121 tamen: cum M.   122 interrogationes: ut una add. M.   127 interrogationes: ut una add. M.

14 proportionaliter: om. M.   17 hic: haec M, hic vel haec vel hoc O, hoc V.

[1] Arist., De an. 3 c.6 (430a26 sqq.).

ad primam; nihil enim componit compositivus nisi quod prius apprehendit apprehensivus.

Et sicut duplex est intellectus, sic duplices sunt voces: // quaedam enim O109vB
sunt voces significantes illud quod intelligitur ab intellectu apprehendente,
30 quaedam autem sunt voces significantes illud quod intelligitur ab
intellectu componente; ita quod voces in significando proportionentur
intellectui in intelligendo. // Et cum isto modo sit proportio inter vocem et M76vB
intellectum, vox una significatione non significat nisi illud quod intellectus
unica simplici apprehensione apprehendit. Illud autem quod intellectus
35 unica simplici apprehensione apprehendit, est una et simplex quiditas rei.
Nihil ergo intellectus una simplici apprehensione apprehendit, nisi quod
est unum actualiter secundum naturam et quiditatem; et ideo vox nihil
una significatione significat, nisi quod est unum secundum quiditatem.

Sicut autem proportio est inter vocem incomplexam et intellectum
40 apprehendentem, ita proportio debet esse inter enuntiationem et
intellectum componentem; sicut enim vox incomplexa significat illud
quod intelligitur ab intellectu apprehendente, sic enuntiatio significat illud
quod intelligitur ab intellectu componente. Modo videmus ex parte
intellectuum simplicium, quod illud quod intellectus apprehendens
45 apprehendit una simplici apprehensione oportet esse unum secundum
essentiam et quiditatem; ita illud quod intellectus componens componit
cum alio secundum compositionem unam, oportet esse unum secundum
essentiam et quiditatem. Et sicut intellectus una compositione non
componit nisi unum secundum rationem cum uno secundum rationem,
50 sic enuntiatio quae una est non enuntiat nisi unum secundum rationem de
uno secundum rationem. Ubicumque ergo est una enuntiatio, oportet esse
unum secundum essentiam ex parte subiecti, et etiam unum secundum
essentiam ex parte praedicati. Ubicumque ergo ponuntur plura quae sunt
distincta secundum rationem essentialem, ibi non est enuntiatio una sed
55 plures. Sed dicendo sic "homo albus currit," ponuntur plura quae sunt
distincta secundum rationem essentialem. Ergo etc.

Sicut enim dictio est signum intellectus apprehendentis, sic enuntiatio
est signum compositionis intellectus; et sicut compositio non est una, nisi
cum unum secundum rationem essentialem componitur cum uno
60 secundum rationem essentialem, sic non est enuntiatio una, nisi cum
unum secundum rationem essentialem enuntietur de uno secundum
rationem essentialem. Dicendo autem "homo albus currit," hic non

---

26 compositivus: componens *V*.   27 apprehendit: comprehendit *MV*. | apprehensi-
vus: comprehendens *V*.   34 unica: una *V*.   35 unica: *om. OV*.   36 una: unica *M*.

enuntiatur aliquid de uno secundum rationem essentialem. Et hoc advertens Philosophus I Physicorum[2] dixit quod aliud est esse albo et suo
65 susceptibili.

Et ex hoc apparet quod quotcumque ponantur ex parte subiecti vel ex parte praedicati, dummodo non distinguantur secundum rationem essentialem, semper est enuntiatio una. Ut si dicatur "animal rationale mortale currit," hic est enuntiatio una; etiam quamvis infinita ponerentur
70 ex parte subiecti vel praedicati, dummodo dicant eandem essentiam, semper est enuntiatio una. Sed si addas aliquid quod differt in essentia ab hiis, tunc est enuntiatio plures. Propter quod ista enuntiatio plures est: "homo albus currit."

<*1.*> Ad rationem apparet; quoniam cum dicitur "Sicut ex materia et
75 forma etc.," dico quod sicut ex materia et forma fit unum essentialiter, sic ex tali determinatione, cuiusmodi est "albus," et suo determinabili fit unum accidentaliter. Et ideo concedo talem propositionem esse unam per accidens, cum tamen sit plures simpliciter.

< QUAESTIO 43 >
UTRUM ISTA INTERROGATIO SIT UNA VEL SIT PLURES
"PUTASNE HIC ET HIC EST HOMO?"

Quaeritur adhuc circa fallaciam secundum plures interrogationes ut
5 unam, et quaeritur utrum ista interrogatio sit una vel plures "putasne hic et hic est homo?"[1]

Et arguitur quod sit una:

<*1.*> Quia illa interrogatio est una in qua interrogatur unum de uno; sed in hac interrogatione interrogatur unum de uno; ergo etc. Maior patet.
10 Minor declaratur: demonstratis enim duobus, ut Socrate et Platone, si quaeratur "putasne hic et hic est homo?" manifestum est quod Socrates et Plato cedunt in identitatem essentiae. Ergo, cum sic quaeritur "putasne hic et hic est homo?" quaeritur unum de uno.

<*2.*> Item, enuntiatio in qua plura enuntiantur de uno est una; ergo,
15 a simili, enuntiatio in qua unum enuntiatur de pluribus est una. Con-

67 distinguantur: distinguuntur *OV.*

11-13 manifestum ... homo: *om. V.*

[2] Arist., *Ph.* 1 c.3 (186a28-29).

[1] Arist., SE c.5 (168a5).

sequentia patet. Probatio antecedentis: ista enim enuntiatio est una "omnis homo est animal et non est non animal;" unde ex ea docet syllogizare Philosophus ı Posteriorum.[2] Et tamen hic enuntiatur plura de uno. Ergo etc.

20 Oppositum apparet per Philosophum,[3] qui dicit istam esse plures: // V7rB "hic et hic est homo." Interrogatio enim illa est plures ad quam dandae sunt plures responsiones. Sed ista "putasne etc." est huiusmodi. Ideo etc.

Sicut alias dictum est,[4] interrogatio, enuntiatio et propositio idem sunt secundum subiectum, sed differunt secundum rationem. Interrogatio est
25 secundum quod interrogatur, propositio cum proponitur ad aliquid probandum vel inferendum, enuntiatio secundum quod absolute significat rem suam sive aliquid de aliquo. Ex quo autem ista sunt idem secundum subiectum, quae et quot requiruntur ad unitatem enuntiationis, eadem et tot requiruntur ad unitatem interrogationis.

30 Ad unitatem autem enuntiationis non sufficit unitas vocis, quia tunc haec esset una: "canis currit." Et ideo praeter unitatem vocis requiritur unitas rei. Sed unitas rei triplex est: aut enim est unitas genere, aut specie, aut numero. Unitas genere non sufficit ad unitatem enuntiationis; tunc enim haec esset una "homo et asinus currit." Item non sufficit unitas in
35 specie; tunc enim esset haec una "Callias et Themistocles sunt domi," quod negat Philosophus in littera.[5] Et quamvis unitas generis non sufficiat, nec unitas speciei, // tamen unitas numeralis non requiritur; haec M77rA enim est una: "homo" vel "omnis homo currit."

Quid ergo requiritur ad unitatem enuntiationis? Dico quod hoc
40 requiritur: quod illud quod importatur per subiectum sit unum essentialiter, similiter et illud quod importatur per praedicatum. Et praeter hoc quod praedicatum subiecto attribuatur unica attributione; quia sicut alias dictum est,[6] enuntiatio est signum compositionis intellectus, et propter hoc in una enuntiatione debet esse una compositio intellectus. Ex
45 hiis apparet quod haec est plures "hic et hic est homo." Nam illa enuntia-tio in qua praedicatum attribuitur pluribus, et non inest uni propter

---

23 interrogatio enuntiatio: enuntiatio interrogatio *MV*.   24 secundum subiectum: *om. M*, secundum substantiam *V*.   31 haec: *om. MV*.   34 haec esset: esset haec *O*. 34-35 homo ... una: *om. V*.   34 non: nec *O*.   35 tunc enim esset haec: quia tunc haec esset *M*. | Themistocles: themistodes *MV*, themistides *O*.

---

[2] Arist., *APo.* 1 c.11 (77a10-25).
[3] Arist., sᴇ c.5 (168a1-5).
[4] Cf. ǫɴ 41.
[5] Arist., sᴇ c.17 (176a1-9).
[6] ǫɴ 42.

alterum, nec unum est informabile altero, sed praedicatum utrique inest
sub propria // forma, talis enuntiatio non est una sed plures. Sed dicendo
sic "hic et hic est homo," praedicatum attribuitur pluribus, et non inest uni
50 propter alterum, nec unum est informabile altero, sed praedicatum utrique
inest sub propria forma. Ergo etc. Sed sicut ista duo supposita accepta in
propria forma distincta sunt et divisa, ita attributiones praedicati ad ipsa
sunt divisae et distinctae.

Cum igitur hic non sit enuntiatio una "hic et hic est homo," cum enun-
55 tiatio et interrogatio sint idem secundum subiectum, dicendum est ad
quaestionem quod haec interrogatio "putasne hic et hic est homo?" plures
est; quia hic interrogatur unum de pluribus sub propria forma et ut plura
sunt, et propter hoc haec est interrogatio plures.

Ad rationes:
60   <1.> Ad primam. Cum arguitur "Illa interrogatio est una etc.,"
concedo. Et ad minorem: cum dicitur "Sed hic etc.," nego. Et ad
probationem: cum dicitur "Demonstratis duobus etc.," dico quod, licet
"hic et hic" demonstratis Socrate et Platone sint unum in quantum sunt
homines, tamen ipsa accepta sub propria forma plura sunt; et quia hic
65 interrogatur unum de eis ut accipiuntur sub propria forma, ideo haec est
interrogatio plures. Et quod hic importentur plura sub propria forma,
apparet: quia hoc pronomen "hic," virtute demonstrationis quam
importat, propriam formam sive qualitatem uniuscuiusque suppositi
ostendit, secundum Priscianum.[7] Et ideo repetendo "hic et hic"
70 accipiuntur supposita sub propriis formis. Sic autem accepta plura sunt et
ut plura.

    <2.> Ad aliam rationem. Cum arguitur "Enuntiatio in qua plura
enuntiantur etc.," concedo consequentiam; sed antecedens est falsum. Et
ad probationem: cum dicitur "haec est una: 'omnis homo est animal et
75 non est non animal'," dico quod haec enuntiatio "omnis homo etc."
distinguenda est ex eo quod li "et" potest copulare inter terminos vel inter
propositiones. Si copulet inter terminos, ita quod totum hoc "est animal et
non est non animal" sit ex parte praedicati, sic haec est propositio de
copulato praedicato, et est propositio plures. Et sic non docet Philosophus
80 syllogizare ex ea. Si li "et" copulet inter propositiones, sic est is sensus:
"omnis homo est animal et omnis homo non est <non> animal." Et sic
ex ea docet Philosophus syllogizare; non syllogismo uno, sed syllogismis
pluribus. Quia hoc modo ista enuntiatio includit in se maiores duorum
syllogismorum, quorum primus est "omnis homo est animal; Socrates est

76 et: _om. MV._   80-82 syllogizare ... syllogizare: de ea syllogizare _V._

[7] Cf. Prisc., _Inst._ 17 c.5 n.33 et c.11 n.76.

85 homo; ergo Socrates est animal." Secundus syllogismus est "omnis homo
    non est non animal; Socrates est homo; ergo Socrates non est non
    animal."

<Quaestio 44 >
UTRUM EODEM MODO DEFINIANTUR RES
IN SINGULARI ET IN PLURALI.

Quaeritur de quodam verbo Philosophi quod ipse dicit in fine istius partis
5 in qua determinatur de fallacia secundum plures interrogationes ut unam.[1]
Dicit enim Philosophus ibi quod secundum plures interrogationes ut
unam contigit ducere ad elenchum verum, posito quod res eodem modo
definiantur in singulari et in plurali. Ideo quaeritur utrum eodem modo
definiantur res in singulari et in plurali.

10   Et arguitur quod sic:
     < 1. > Quia definitio est sermo quiditatis et essentiae, ut dicitur VII
Metaphysicae.[2] Ergo quorum est essentia eadem, eorum est definitio
eadem. Sed rei in singulari et in plurali est eadem essentia. Ergo etc.
     < 2. > Item, plurale non est nisi singulare geminatum. Sed geminatio
15 facta circa rem non tollit a re suam naturam et definitionem; dicatur enim
sic "homo homo," ista geminatio non tollet ab eo suam naturam. Ergo
similiter quod res proferatur in singulari et in plurali non tollit a re suam
definitionem.

     Oppositum arguitur:
20   < 3. > Falsum non sequitur nisi ex falso. Sed supposito quod res
eodem modo definiatur in singulari et in plurali, ex hac suppositione
sequitur falsum, videlicet quod videns sit caecum. Ergo et ista suppositio
falsa est. Falsum est ergo dicere quod res eodem modo definiatur in
singulari et in plurali.

25   Intelligendum est quod rei accidit duplex esse, scilicet esse in anima,
quod est esse abstractum, et esse < extra animam, quod est esse in
suppositis. Sed esse in anima est esse > unum, quia quod est abstractum a
multis est unum in illis; et esse in suppositis est esse plurificatum, quia
quod est in multis est plurificatum et partitum in illis. Et cum rei accidat
30 illud duplex esse, manifestum est quod definitio non competit rei
secundum aliquem istorum modorum; sed definitio competit rei absolute

17 et: vel O.   23 definiatur: definiantur M, definitur V.   26-27 < extra ... esse >:
quae supplevimus exempli gratia suppleta esse intellegas; at textum traditum lacunosum
esse manifestum est.

[1] Arist., SE c.5 (168a11-13).
[2] Arist., Metaph. 7 c.5 (1031a12-13).

consideratae secundum suam essentiam abstractam, cui ut sic accidit esse
unum et esse plurificatum. Et sicut definitio datur de re cui ut sic accidit
esse ut unum et esse ut plura, ita definitio datur de re cui ut sic accidit
35 significari in singulari et in plurali. Rei enim, ut definitur, accidit quod
significetur in singulari vel in plurali.

Istis suppositis, ad quaestionem dicendum est. Cum quaeritur utrum res
eodem modo definiatur in singulari et in plurali, dico quod quantum est
ex parte rei in se, res eodem modo definitur in singulari et in plurali. Res
M77rB 40 enim in se considerata, sive // accipiatur in singulari, sive in plurali,
manet eadem essentialiter; et si essentia erit una, et definitio manet una. Et
ideo res, quantum est de se, eodem modo definitur in singulari et in
plurali.

Si tamen attendatur ad rem et ad suam definitionem secundum quod
45 utraque secundum vocem significatur, sic considerandum est quod definitio potest significari affirmative vel negative. Si definitio significetur
affirmative, res eodem modo definietur in singulari et in plurali; sed si
negative, non oportet. Declaratio primi est: si enim homo secundum id
quod est, est animal rationale mortale, tunc homines secundum id quod
50 sunt sunt animalia rationalia mortalia. Et huius necessitas est: ex quo
V7vA species est quod // definitur, omnium communicantium eadem specie
debet esse eadem definitio. Sed homo et homines communicant in eadem
specie. Et ideo hominis in singulari et hominum in plurali est eadem definitio. Et ideo si definitio significetur affirmative, eadem est definitio in
O110rB 55 singulari et in plurali. Sed si definitio significetur // negative, non oportet
quod res eodem modo definiatur in singulari et in plurali, immo non
eodem modo definitur. Et hoc est quia negatio in singulari tantum unum
negat, sed negatio in plurali potest negare unum vel plura.

Propter quod Philosophus optime exemplificavit[3] de caeco et nudo,
60 quorum definitiones significantur negative. Verbi gratia caecum in
singulari sic definitur: "caecum est quod est aptum natum habere visum et
non habet." Et in plurali: "caeca sunt quae non habent visum et apta nata
sunt habere." Sed ista negatio "non habere visum" per quam caecum definitur in singulari, ad unum refertur. Sed "non habere visum" per quod
65 definitur caeca in plurali, potest referri ad unum vel ad plura. Quia cum

---

35 et: vel *O*.   35-38 rei ... plurali: *om. V*.   50 sunt sunt: sunt *O*, est *V*.   62-
63 non[2] ... habere[1]: sunt apta nata habere visum et non habent *M* (*lectionem codicis M
huic loco convenientiorem esse apparet, sed lectio codicum OV ab Arist. SE [168a14-15]
propius abest*).   62 et[2]: sed *V*.

[3] Arist., SE c.5 (168a13).

dico sic "ista apta nata sunt habere visum et non habent," sensus potest
esse vel quod habere visum neutri istorum insit, vel quod uni insit, alteri
autem non, sicut ista "Socrates et Plato non currunt" potest habere
duplicem intellectum: vel quia neuter currit, vel quia unus currit, alius
70 autem non. Et quia sic negatio in singulari ad unum refertur, in plurali ad
plura, manifestum est quod non eodem modo definitur res in singulari et
in plurali. Quoniam si daretur quod caecum eodem modo definiretur in
singulari et in plurali, contingeret ducere ad verum elenchum. Demonstratis enim duobus, quorum unum est videns et alterum caecum,
75 quaero utrum ista sint caeca vel non caeca. Si caeca, tunc videns erit
caecum. Si non caeca, arguo quod sint caeca: quia quae sunt apta nata
habere visum et non habent, ipsa sunt caeca; sed demonstratis duobus,
quorum unum est videns et alterum caecum, ista sunt apta nata habere
visum et non habent; ergo ambo ista sunt caeca.
80   Sed forte aliquis responderet ad istam rationem, et bene secundum
veritatem, quoniam cum dicitur "Demonstratis duobus, quorum unum
etc.," si ista sint apta nata habere visum et non habent ita quod habere
visum neutri eorum insit, haec sunt caeca. Et ad minorem: nego eam, quia
non est verum quod ista non habent visum ita quod habere visum neutri
85 insit. Propter quod non sequitur quod ista sint caeca.
     Ista responsio secundum veritatem sufficit. Tamen supposito quod
caecum et caeca totaliter eodem modo definiantur, ista responsio non
sufficit. Probatio: quia si eodem modo definiantur, sicut id quod est aptum
natum habere visum et non habet est caecum, referendo "non habere
90 visum" ad unum tantum et non ad plura, sic illa quae apta nata sunt
habere visum et non habent erunt caeca, referendo "non habere visum"
ad unum tantum. Sed demonstratis duobus, quorum unum est videns et
alterum est caecum, ista apta nata sunt habere visum et non habent,
referendo negationem ad unum tantum. Ergo sequitur quod demonstratis
95 duobus quorum unum est videns et alterum caecum, quod ambo sint
caeca.
     Sic igitur patet quod, quantum est ex parte rei, res in se eodem modo
definitur in singulari et in plurali. Considerando tamen ad definitionem ut
datur per negationem et negative significatur, cuiusmodi sunt definitiones
100 nudi et caeci, non est eadem definitio rei in singulari et in plurali. Et hoc
non est ex parte rei in se, sed ex parte negationis. Propter hoc, scilicet,
quod sicut negatio in singulari ad tantum unum refertur, sic et negatio in

---

70 ad²: *an* <unum aut ad> *addendum ?*   71 res: *ante* non *M, om. V.*   90-
92 et ... tantum: *om. V.*   92-93 quorum ... caecum: etc. *V.*   93 est caecum: *om. M.*
95 alterum: est *add. O.*   101-103 propter ... definitur: *corruptelam latere suspicamur.*

plurali ad plura, tunc non eodem modo definitur: quia, posito quod ad
unum sicut in singulari, contingit ducere ad verum elenchum.

105 < *1.-3.* > Ad rationes apparet, procedunt enim viis suis.

< QUAESTIO 45 >

UTRUM OMNIS SYLLOGISMUS SOPHISTICUS FIAT SECUNDUM
ALIQUAM FALLACIAM IN DICTIONE VEL EXTRA DICTIONEM.

Quaeritur, circa partem illam "Quoniam autem habemus,"[1] utrum omnis
5 syllogismus sophisticus fiat secundum aliquam fallaciam in dictione vel
extra dictionem.

 Et videtur quod non:

 < *1.* > Quia syllogismus dialecticus non fit secundum aliquam fallaciam. Sed syllogismus dialecticus est syllogismus sophisticus. Ergo non
10 omnis syllogismus sophisticus fit secundum aliquam fallaciam. Minor

M77vA probatur: dicit enim Philosophus in littera[2] quod // syllogismus sophisticus quidam est qui secundum veritatem est syllogismus, non conveniens
autem rei. Sed syllogismus dialecticus est non conveniens rei cum non
procedat ex propriis. Ideo etc.

15 < *2.* > Item, syllogismus ex falsis non fit secundum aliquam fallaciam;
est enim syllogismus, ut patet per Philosophum II Priorum.[3] Sed syllogismus ex falsis est syllogismus sophisticus. Ideo etc.

 Oppositum arguitur:

 Omnis syllogismus secundum quem contingit alium decipere, fit
20 secundum aliquam fallaciam. Sed omnis syllogismus sophisticus est
huiusmodi. Ideo etc.

 Intelligendum quod syllogismus sophisticus tripliciter accipitur. Uno
modo, qui procedit ex falsis cum sit in propriis terminis alicuius
disciplinae, et dicitur syllogismus paralogisticus ex principiis determinati
25 generis, et potest fieri in terminis naturalis scientiae; ut si dicatur
"ultimum corporis non est immobile; sed locus est ultimum corporis; ergo
locus non est immobilis," maior falsa est, et fit in terminis propriis. Alio
modo dicitur syllogismus sophisticus qui procedit ex communibus
fingendo ea esse propria, et est temptativus, et dicitur deceptorius eius qui

---

 9-10 sed ... fallaciam: *om. M.* 24 syllogismus paralogisticus: syllogismus (s. *in mg.*)
paralogismus *M*, syllogismus alius *V.* 29 deceptorius: temptatorius *M.*

 [1] Arist., SE c.8 (169b18).
 [2] Arist., SE c.8 (169b20-23).
 [3] Arist., *APr.* 2 c.2-4.

30 est propter quid. Et talis syllogismus est sophisticus, quia est fallax et
iniustus: fallax, quia videtur procedere ex propriis cum non procedat;
iniustus, quia appropriat sibi aliena, ut communia. Tertio modo dicitur
syllogismus sophisticus qui procedit ex falsis communibus, quae tamen
apparent esse vera; et iste syllogismus communi nomine dicitur syllo-
35 gismus sophisticus peccans in materia. Et sic intelligit Philosophus[4]
quando dicit quod secundum eadem principia secundum quae fiunt
apparentes syllogismi secundum tot et eadem fiunt et sophistici.

    Et cum syllogismus sophisticus sic tripliciter dicatur, considerare
principia syllogismi sophistici primo modo ad sophistam non pertinet.
40 Cuius ratio est: quia ad sophistam non pertinet considerare ea quae non
possunt haberi sine scientia omnium quae sunt; sed principia syllogismi
sophistici primo modo non possunt haberi sine scientia omnium // eorum   O110vA
quae sunt; ergo etc. Considerare etiam principia syllogismi sophistici
secundo modo non pertinet ad sophistam. Quia sophista et temptativus
45 diversi artifices sunt, et ideo diversa considerant; cum igitur ad temptativum pertineat considerare syllogismum sophisticum secundo modo,
qui dicitur temptativus, ad sophistam non pertinebit ipsum considerare.
Considerare tamen syllogismum sophisticum tertio modo pertinet ad
sophistam. Quia sophista est artifex communis qui apparet esse talis qualis
50 non est, et ideo ad ipsum pertinet considerare omnia illa quae apparent
esse talia qualia non sunt. Sed syllogismus sophisticus tertio modo apparet
esse talis qualis non est; quoniam apparet esse bonus cum tamen non sit.
Ideo etc.

    Tunc ad quaestionem. Cum quaeritur utrum omnis syllogismus sophis-
55 ticus fiat secundum aliquam fallaciam, planum est quod syllogismus
sophisticus primo modo et secundo non fit secundum aliquam fallaciam.
Quia ad ipsum sophistam non pertinet considerare principia syllogismi
sophistici primo vel secundo modo; sed ad sophistam // pertinet   V7vB
considerare fallacias; ergo syllogismus sophisticus primo vel secundo
60 modo non fit secundum aliquam fallaciam tamquam secundum propria
principia eius. Sed syllogismus sophisticus tertio modo fit secundum
aliquam fallaciam. Quia omnis ille syllogismus qui apparet et non existit
fit secundum aliquam fallaciam; sed syllogismus sophisticus tertio modo
est huiusmodi; ergo etc.

    37 et[2]: loci *M*.   40 cuius ... pertinet: *om. M*.   41-42 haberi ... possunt: *om. M*.
44 temptativus: temptator *V*.   45-46 temptativum: temptatorem *V*.   47-48 considerare ... pertinet: considerare *post* pertinet *loc. M*, considerare *om. V*.   62-63 quia ...
fallaciam: *om. V*.

    [4] Cf. Arist., SE c.8 (169b18-20).

65 Et de isto syllogismo sophistico loquens Philosophus[5] dixit quod secundum eadem principia secundum quae fiunt apparentes syllogismi secundum tot et eadem fiunt syllogismi sophistici. Unde ex eodem loco sophistico syllogismus peccans in materia et syllogismus peccans in forma habet suam apparentiam. Sed differentia est in hoc; quia peccans in forma

70 immediate trahit suam apparentiam a loco sophistico, sed peccans in materia mediate, quia mediante peccante in forma. Verbi gratia, arguatur sic: "omnis canis currit; caeleste sidus est canis; ergo caeleste sidus currit" – hic concluditur conclusio falsa, et tamen apparet esse vera. Et ponatur ista pro maiore in syllogismo peccante in materia, sic: "caeleste

75 sidus currit; sed quod currit habet pedes; ergo caeleste sidus habet pedes;" maior apparet esse vera, quia concluditur in syllogismo peccante in forma, qui immediate suam apparentiam habet ex loco sophistico. Et ita secundum quot locos sophisticos fiunt syllogismi peccantes in forma, secundum tot et eosdem fiunt syllogismi sophistici hoc modo.

80 Ad rationes:

<1.> Ad primam. Cum arguitur "Syllogismus dialecticus non fit etc.," concedo maiorem. Et ad minorem: nego eam. Et ad probationem: cum dicitur "Philosophus in littera[6] dicit 'syllogismus sophisticus quidam est etc.'," dico quod hoc quod aliquis syllogismus sit non conveniens rei,

85 potest contingere dupliciter: vel quia procedit ex falsis, vel quia non procedit ex propriis. Modo syllogismus dialecticus est non conveniens rei quia procedit ex communibus; sed syllogismus non conveniens rei de quo loquimur hic, est non conveniens rei quia est ex falsis communibus. Et omnis talis fit secundum aliquem locum sophisticum. Et bene dicitur syl-

90 logismus ex falsis "non conveniens rei," quia falso convenit; sicut enim omnia vero consonant, sic omnia falso dissonant.

<2.> Ad aliam rationem. Cum arguitur "Syllogismus ex falsis non fit etc.," dico quod syllogismus ex falsis et est syllogismus, et est sophisticus, diversimode tamen. Est enim syllogismus, quia procedit ex propositioni-

95 bus debite dispositis in modo et figura; sophisticus, quia praemissae habent apparentiam veri et non sunt verae, quia hanc apparentiam trahunt

M77vB ex aliquo loco sophistico. // Secundo modo intelligit Philosophus hic,[7] innuendo syllogismum ex falsis esse sophisticum; primo autem modo II Priorum,[8] ubi dicit ipsum esse syllogismum.

---

71 arguatur: arguitur *MV*.   79 eosdem: eadem *O*, eodem *V*.   83 philosophus ... dicit: philosophus in littera dicit quod *M*, philosophus in littera *O*, philosophus dicit in littera *V*.   84 quod hoc quod: quod ad hoc quod *M*, ad hoc quod *V*.

[5] Cf. Arist., sᴇ c.8 (169b18-20).
[6] Arist., sᴇ c.8 (169b20-23).
[7] Arist., sᴇ c.8 (169b20-22).
[8] Cf. Arist., *APr.* 2 c.2-4.

< Quaestio 46 >

Quaeritur utrum ista divisio sit conveniens: orationum quaedam disputantur ad nomen, quaedam ad intellectum.

Quaeritur circa partem illam "Non est autem differentia orationum," in
5 qua Philosophus[1] improbat quandam distinctionem antiquorum, qui
ponebant quod orationum quaedam disputantur ad nomen, quaedam ad
intellectum. Ideo quaeritur utrum ista divisio sit conveniens.

Et arguitur quod sic:

< 1. > Quia orationes multiplices disputantur ad nomen, sed orationes
10 non multiplices disputantur ad intellectum. Sed ista divisio conveniens est:
orationum quaedam sunt multiplices, quaedam non multiplices. Ergo et
ista divisio erit conveniens: orationum quaedam disputantur ad nomen,
quaedam ad intellectum.

< 2. > Item, videtur quod ratio Philosophi[2] per quam improbat istam
15 divisionem non valeat; dicit enim quod non fit per opposita, quia contingit
eandem orationem disputari ad nomen et ad intellectum. Hoc enim non
videtur valere, quoniam si valeret, a simili argueretur sic: "contingit idem
corpus esse album et nigrum; ergo album et nigrum non sunt
opposita" – quod tamen non est verum.

20   Oppositum arguitur:

Omnis recta divisio debet fieri per opposita. Sed esse ad nomen et esse
ad intellectum non sunt opposita. Ergo non est conveniens divisio inter ea.
Minor declaratur quia opposita simul non insunt eidem. Sed eadem oratio
simul potest disputari ad nomen et ad intellectum, et hoc a diversis. Ideo
25 etc.

Dicendum est ad hoc quod sustineri potest istam distinctionem bonam
esse, tamen ipsa non est bona intelligendo per esse ad nomen et esse ad intellectum illud quod antiqui intellexerunt. Antiqui enim ex hoc posuerunt
aliquam orationem disputari ad nomen, quod opponens et respondens
30 accipiunt eam alio et alio modo, ita quod ista diversitas acceptionum non
attenditur ex parte orationis in se, sed ex parte opponentis et respondentis,
orationem autem dixerunt disputari ad intellectum, quando opponens
et respondens ferunt intellectum ad idem; ita quod totaliter istam distinc-

---

6 orationum: orationes *OV*.   12 orationum: orationes *V*.   21 opposita: et haec
intentionem [*intellege*: intentio est] Philosophi et Boethii in Divisionibus *add. V (vide
Boeth. Divis. [PL 64: 881D]).*

---

[1] Arist., se c.10 (170b12 sqq.).
[2] Arist., se c.10 (170b12 sqq.).

tionem attribuebant opponenti et respondenti. Et manifestum est quod sic
35 accipiendo, omnis oratio potest disputari ad nomen et ad intellectum, quia
in qualibet oratione possunt opponens et respondens ferre intellectum ad
diversa. Opponens enim potest accipere aliquam orationem uno modo, et
respondens eandem potest accipere alio modo, quantumcumque ista
oratio sit non multiplex; sicut istam "Deus est": opponens potest accipere
40 hoc quod est "Deus" pro aliqua intelligentia, et respondens pro prima
causa. Et sic de qualibet oratione universaliter; et ita divisum universaliter
cadet in utroque dividentium.

O110vB   Ex hoc ad propositum: illa divisio non est conveniens // in qua divisum
cadit sub utroque dividentium. Sed si ita esset sicut antiqui posuerunt,
45 omnis oratio posset disputari ad nomen et ad intellectum. Et ita omnis
oratio cadit sub utroque membro divisionis. Ideo etc.

Sed aliquis diceret: "Probatio quod divisio sit conveniens: quia divisio
quae fit per opposita conveniens est. Sed haec fit per opposita; quia esse ad
nomen est esse non ad intellectum, et esse ad intellectum et non ad intel-
50 lectum sunt opposita. Ergo etc. Et per idem posset probari quod eadem
oratio non possit disputari ad nomen et ad intellectum; quia opposita non
insunt eidem; sed esse ad nomen et ad intellectum sunt opposita; ideo etc."

Quando dicitur quod esse ad intellectum et esse non ad intellectum sunt
opposita, verum est quod possunt esse opposita, et hoc contradicto-
55 rie – tamen quantum est de virtute sermonis veram contradictionem non
important – quia sic potest ea aliquis accipere, et hoc accipiendo ea pro
eodem, quod contradicent. Et hoc, scilicet quod non contradicunt de
virtute sermonis, est propter hoc quod esse ad intellectum et non ad intellectum quid respectivum est, secundum intentionem antiquorum;
60 quoniam secundum ipsos talis disputatio vel talis non est in ipsa oratione
de se, sed ex eo quod opponens et respondens aliquo modo se habent ad
orationem, ut dicitur in littera.[3] In relativis autem non est vera
contradictio. Et ideo in istis, esse ad nomen et ad intellectum, sive esse ad
intellectum et non ad intellectum, sicut antiqui acceperunt, non est vera
65 contradictio de virtute sermonis.

Verbi gratia, idem simul est duplum et non duplum sine aliqua
additione, quia "duplum" et "non duplum" sunt respectiva; et propter
hoc, sicut haec duo conceduntur sine additione facta "hoc est duplum
respective" et "non duplum respective," similiter et ista "hoc est duplum

61 opponens ... habent: opponentes et respondentes aliquo modo se habeant *O*.
64 acceperunt: accipiebant *M*, receperunt *V*.

[3] Arist., SE c.10 (170b28-30).

70 et non duplum" concedetur sine additione. Et manifestum est quod, si
"duplum" et "non duplum" veram contradictionem importarent quantum
est de virtute sermonis, non concederentur. Et ideo manifestum est quod
relativa veram contradictionem non important de virtute sermonis.
Tamen possunt sic accipi quod contradictorientur, verbi gratia: "hoc est
75 duplum secundum longitudinem et non est duplum secundum longitudinem." Et similiter in proposito sic possunt accipi quod erit vera // V8rA
contradictio; ut si diceretur sic "haec oratio disputatur ad intellectum
huius opponentis et huius respondentis" et "haec oratio non disputatur ad
intellectum huius opponentis et huius respondentis," tunc est vera contra-
80 dictio.

Sic igitur accipiendo // istam divisionem, sicut antiqui eam accipiebant, M78rA
inconveniens est. Tamen, sustineri potest, si ponamus illas orationes quae
sunt multiplices, disputari ad nomen, et illas quae non sunt multiplices,
disputari ad intellectum. Et sicut ista divisio conveniens est "orationum
85 quaedam sunt multiplices, quaedam non multiplices," sic et illa.

Et per hoc apparet ad rationes:

< 1. > Ad primam dico quod , si antiqui isto modo intellexissent sicut
sumitur in ratione, divisio bona fuisset. Sed ipsi non hoc intellexerunt. Et
ideo erraverunt sicut praeostensum est.

90 < 2. > Ad aliam rationem. Cum arguitur quod ratio Philosophi non
valeat etc., dico quod non est simile; quia licet idem corpus possit esse
album et nigrum, hoc non est simul et in eodem tempore. Sed eadem
oratio, secundum antiquos, simul et in eodem tempore potest esse
disputata ad nomen et ad intellectum. Et ideo album et nigrum sunt
95 opposita, haec vero non.

< Quaestio 47 >
Utrum nomine dupli significetur dimidium.

Quaeritur circa capitulum de nugatione, et quaeritur utrum nomine dupli
significetur dimidium.
5   Et arguitur quod sic:

< 1. > Quia "significare est intellectum constituere;"[1] ergo quod
constituit intellectum dimidii significat illud. Sed duplum constituit intellectum dimidii; qui enim intelligit duplum necessario cointelligit dimidium. Ergo etc.

---

70 concedetur: conceditur *MV*.   78-79 et[1] ... opponentis: *bis scripsit M, om. V.*
79 huius[2]: *om. OV.*   87 intellexissent: intellexerunt *MV.*

[1] Cf. Arist., *Int.* c.3 (16b20).

10   <2.> Item, ratio quam significat nomen est definitio, ut dicitur IV Metaphysicae;[2] ergo quod ponitur in definitione alicuius est de significato illius. Sed dimidium ponitur in definitione dupli; quia in definitione unius correlativi ponitur suum correlativum. Ergo etc.

Oppositum apparet per Philosophum in littera,[3] dicentem quod sol-
15 vendum est ad orationes ducentes ad nugationem dicendo quod non idem significat nomen per se et nomen coniunctum alteri in oratione, ita quod non idem significat "duplum" et "duplum dimidii." Sed "duplum dimidii" significat dimidium. Ergo "duplum" non significat dimidium.

Dicendum quod aliquid significari per aliud est dupliciter: vel primo,
20 vel ex consequenti. Nomine dupli non significatur dimidium primo: quia quando aliquid significat aliud primo, significare unum est significare alterum, et intelligere unum est intelligere alterum; sicut quia animal est de primario significato hominis, ideo significare hominem est significare animal, et intelligere hominem est intelligere animal. Nunc autem intel-
25 ligere duplum non est intelligere dimidium; quia intelligere sequitur esse, et esse duplum vel dupli non est esse dimidium vel dimidii. Ideo etc. Unde simile est de istis et de forma respectu materiae; materia enim non intel-ligitur nisi per analogiam ad formam, et licet ita sit, tamen intelligere materiam non est intelligere formam. Licet ergo non contingat intelligere
30 unum correlativum nisi intelligatur alterum, tamen intellectus iste non est intellectus ille, nec intelligere unum est intelligere alterum; et ideo nec significare hoc est significare illud.

Propter quod bene dicit Philosophus in littera[4] quod in duplo cointel-ligitur dimidium, sicut in negatione intelligitur affirmatio. In negatione
35 autem non principaliter intelligitur affirmatio, sed cointelligitur, et hoc materialiter tantum, et qui significat negationem consignificat affirmatio-nem. Unde dicit Philosophus[5] quod si aliquis dicat aliquid non esse album, non dicit illud esse album; ac si diceret: significando unum significatur alterum ex consequenti. Duplum enim illud significat, primo vel ex
40 consequenti, ad quod essentialem habet dependentiam. Sed duplum essentialem habet dependentiam ad dimidium. Ergo etc. Et impossibile est absolvere duplum ab habitudine quam habet ad dimidium.

39 enim: autem *malimus*.

[2] Arist., *Metaph.* 4 c.7 (1012a23-24).
[3] Arist., SE c.31 (181b36-37).
[4] Arist., SE c.31 (181b27-30).
[5] Arist., SE c.31 (181b30-31).

Ad rationes:

<1.> Ad primam. Cum arguitur "Significare est intellectum consti-
45 tuere," concedo. Et ad minorem // dico quod aliquid constituere intel- Expl. OV
lectum alterius est dupliciter: vel ita quod intelligere unum sit intelligere
alterum, vel ita quod intelligere unius non sit sine intelligere alterius.
Unde illud <quod> constituit intellectum alterius primo modo oportet
esse de significato alterius; sed illud quod constituit intellectum alterius
50 secundo modo non oportet. Nec est idem dicere intelligere unius esse intelligere alterius, et intelligere unius non esse sine intelligere alterius; sicut
non est idem esse substantiae non esse sine esse accidentis, et esse
substantiae <esse> esse accidentis – unum enim verum est et reliquum
falsum.

55 <2.> Ad aliam. Cum arguitur "Ratio quam significat nomen etc.,"
dico quod non omnia pari modo habent definitionem, sed quaedam
habent definitionem simpliciter, quaedam autem per additamentum. In
illis quae habent definitionem simpliciter, verum est quod nihil ponitur in
definitione ipsorum quod non pertinet ad eorum essentiam; sed de illis
60 quae definiuntur per additamentum non est sic. Et isto secundo modo
definiuntur omnia relativa; non sequitur enim, quamvis dimidium
ponatur in definitione dupli, quod dimidium significetur per ipsum, vel
quod sit de esse ipsius; sed solum terminat eius respectum.

<Quaestio 48
Utrum dicendo "animal homo" sit nugatio.>

Quaeritur utrum hic sit nugatio dicendo "animal homo."
Et arguitur quod non:
5　　<1.> Quia causa quare hic esset nugatio, non esset nisi quia homo et
animal eandem essentiam important. Sed haec causa nulla est, quia genus
et differentia eandem essentiam important, et tamen addendo differentiam
generi non est nugatio. Ideo etc.
　　<2.> Item, ex immediata additione talium, quorum illud quod
10 sequitur est determinativum illius quod praecedit, non causatur nugatio.
Sed dicendo // sic "animal homo," illud quod sequitur est determinativum M78rB

---

45 minorem: *haec est ultima vox in fine columnae B folii 110v codicis O qui iam uno
minimum folio mutilus reliquam partem quaestionum non praebet. Hoc loco etiam in cod.
V., in media columna A folii 8r, finiuntur quaestiones Simonis, his post* minorem *additis:*
etc. Expliciunt quaestiones Simonis Anglici super Elencos.　　51 et: non *add. et del.* (?)*M.*
| sine: *in mg. M.*　　62 definitione dupli: ratione dupli definitione *M* (definitione *fort. ex
correctura*).　　63 sit de: sic det *M.*

6 quia: quare *M.*　　10, 11, 14 determinativum: *vel* determinatum *M.*

illius quod praecedit. Ergo etc. Maior patet: quia ubicumque committitur
nugatio, ibi est aliquid praeternecessarium. Sed quando aliqua talia
immediate coniunguntur, quorum unum est determinativum alterius, ibi
15 non est aliquid praeternecessarium. Ideo etc.

Oppositum apparet:

Commentator enim supra VII Metaphysicae[1] dicit quod, si nasus est
genus simi, tunc est nugatio dicendo "nasus simus." Ergo, secundum
Commentatorem, addendo speciem immediate generi, est nugatio. Sed
20 dicendo sic "animal homo," species immediate generi additur. Ergo etc.

Intelligendum quod nugari est frequenter idem dicere. Illud autem
dicitur quod principaliter per terminum repraesentatur; unde illa quae per
dictionem repraesentantur ex consequenti, per dictionem non dicuntur
proprie. Et ideo nugatio est inutilis repetitio illius quod principaliter per
25 dictionem repraesentatur. Quando ergo aliquid est de principali significato
alicuius termini, si illud exprimatur et illi termino immediate addatur,
nugatio erit. Nunc autem animal est de principali significato hominis. Et
ideo si "animal" exprimatur et immediate homini addatur, nugatio erit. Et
ideo dicendo sic "homo animal" vel "animal homo" nugatio est. Est
30 autem nugatio dicendo "animal homo" quia idem significat nomen et
definitio; sed "animal rationale mortale" est definitio hominis; et ideo illud
potest poni loco hominis; sed ponendo sic definitionem loco nominis est
nugatio, sic scilicet: "animal animal rationale," et ideo nugatio erit dicendo
"animal homo." Et propter eandem rationem est hic nugatio dicendo
35 "homo animal"; ponendo < enim > loco hominis "animal rationale"
(quia licitum est), nugatio erit dicendo "animal rationale animal."

< Et si tu dicas: "Nulla est nugatio dicendo 'animal rationale animal'; >
quia nugatio est inutilis repetitio eiusdem; sed hic non est ita; ideo
etc." – dico quod ubi est nugatio non oportet quod sit immediata repetitio
40 unius et eiusdem secundum vocem, sed unius et eiusdem secundum
vocem et secundum rationem. Sed sic est in proposito, dicendo "animal
rationale animal": quia eandem rationem significat "animal" et "rationale
animal," iterum repetis eandem rationem: quia "animal rationale" includit
ratio < nem > determinati, et ratio determinati includit rationem determi-

---

32 ponendo: dicendo *M*. | loco: hominis *add. et del. M*.   36 licitum: *lectio parum
certa*.   37 < Et ... animal > : *supplementum exempli gratia positum esse intelligas*.
38 hic: hoc *M*.   41 et: *an vel scribendum ?*   41-43 sed ... animal: *lacunam latere
suspicamur*.   43-44 includit ratio < nem > : *fort.* habet rationem *scribendum*.

[1] Averr., *Metaph.* 7 c.18.

45 nabilis; modo si addas "animal" huic quod est "animal rationale" addis
rationem determinabilis rationi determinati. Et ideo hic committitur
nugatio dicendo "animal rationale animal." Unde, licet attendendo ad
alteram partem istius aggregati "animal rationale animal," scilicet ad hoc
quod est "rationale," non sit nugatio addendo "animal"; tamen attendendo
50 ad illud totum aggregatum, quia illud totum aggregatum includit in se
rationem animalis, nugatio est dicendo "animal rationale animal."

Ex dictis apparet quid esset dicendum, si quaereretur utrum esset
nugatio dicendo "nasus simus." Quia non est nugatio nisi quando illud
quod est de principali significato alterius additur illi. Sed nasus non est de
55 principali significato simi, nec aliquod subiectum est de principali significato accidentis. Ideo non est nugatio dicendo "nasus simus," nec dicendo
"corpus album," nec aliquod tale. Sed si nasus esset genus simi, tunc esset
nugatio dicendo "nasus simus." Apparet etiam quare hic est nugatio
dicendo "homo rationalis," et est quia rationale est de principali significato
60 hominis, et ratio rationalis includitur in ratione hominis.

Ad rationes:

<1.> Ad primam. Cum arguitur "Causa quare hic esset nugatio etc.,"
dico quod alia. Quia ratio includitur in ratione sicut res in re: sed ratio
generis non includitur in ratione differentiae, nec e converso; et ideo non
65 est nugatio addendo genus differentiae nec e converso. Ratio enim generis
est extra rationem differentiae, et e converso. Et haec essentia, ut significatur nomine differentiae, est alia a se ipsa, ut significatur nomine
generis; nec unum ponitur in definitione alterius.

<2.> Ad aliam rationem. Cum arguitur "Ex immediata additione
70 etc.," concedo. Et ad minorem: nego eam. Quia species non proprie determinat genus, sed differentia est illud quod proprie determinat genus;
species autem non determinat genus, nisi sit ratione differentiae quam
includit. Et ideo addendo differentiam generi non est nugatio. Addendo
tamen speciem ad genus est nugatio. Quamvis enim inspiciendo ad aliquid
75 quod est in specie, species non sit totaliter idem cum genere nec ut sic sit
nugatio addendo ipsam generi; considerando tamen ad genus, quod
includitur in eius ratione, est totaliter idem generi, et ut sic est nugatio
addendo speciem generi.

45-47 modo ... nugatio: in mg. (verba rationi ... nugatio etiam in contextu) M.
50 quia: quod M.   52 esset[1]: est M a.c. | quaereretur: sequeretur M.   70 minorem:
dico add. et del. M.   73-74 addendo[2] ... nugatio: in mg. M.   78 generi: expliciunt
quaestiones novae magistri Symonis de Faverisham super librum Elenchorum add. M.

Bibliography

A. Simon of Faversham

This is a slightly revised edition of the bibliography published by J. Longeway in his 1977 thesis on Simon's *quaestiones* on the *Posterior Analytics* (see below). This bibliography should be virtually complete to ca. 1980.

Anstey, Henry. *Munimenta Academica, or Documents Illustrative of Academical Life and Studies at Oxford.* 1 vol. in 2 parts. Rerum Britannicarum Medii Ævi Scriptores, or Chronicles and Memorials of Great Britain and Ireland during the Middle Ages [Rolls Series], 50. London: Longmans, Green, Reader and Dyer, 1868. (For Simon, see 1: 98, 104.)

Bale, John. *Index Britanniae scriptorum quos ex variis bibliothecis non parvo labore collegit Ioannes Baleus cum aliis.* Edited by Reginald Lane Poole, with the help of Mary Bateson. Anecdota Oxoniensia, Mediaeval and Modern Series, 9. Oxford: Clarendon Press, 1902. (See pp. 411-412.)

Callus, D. A. "Introduction of Aristotelian Learning to Oxford." *Proceedings of the British Academy* 29 (1943), 229-281. (See pp. 275-279.)

Chevalier, Cyr Ulysse. *Répertoire des sources historiques du moyen âge.* Part I: *Bio-Bibliographie.* Nouv. éd. refondue, cor. et considérablement augm. 2 vols. Paris: Librairie A. Picard et fils, 1905-1907. (See 2: 4269.)

Clerke, Agnes Mary. "Simon of Faversham." *Dictionary of National Biography*, vol. 52 (published 1897)/18 (reissue of 1921), p. 263.

Coxe, Henry Octavius. *Catalogus codicum Mss. qui in collegiis aulisque Oxoniensibus hodie adservantur.* 2 vols. Oxford, 1852. (See 1: 115-116.)

Denifle, Henri, and Émile Chatelain, eds. *Chartularium Universitatis Parisiensis.* 4 vols. Paris: Delalain, 1889-1897. (See 2: 76.)

De Rijk, L. M. "On the Genuine Text of Peter of Spain's *Summule Logicales.* II: Simon of Faversham (d. 1306) as a Commentator of the Tracts I-V of The *Summule.*" *Vivarium* 6 (1968), 69-101.

——, ed. *Peter of Spain's Tractatus.* Assen: Van Gorcum, 1972. (See pp. I., xcv.)

Ebbesen, Sten. "Can Equivocation be Eliminated?" *Studia Mediewistyczne* 18 (1977), 103-124. (See p. 106 note 5, and pp. 113-115.)

——. *Commentators and Commentaries on Aristotle's Sophistici Elenchi.* Corpus Latinum Commentariorum in Aristotelem Graecorum VII.1-3. Leiden: E. J. Brill, 1981. (See indexes in vols. 2 and 3.)

——. "The Dead Man is Alive." *Synthese* 40 (1979), 42-70. (See pp. 65-66, note 13.)

——. "Gerontobiologiens Grundproblemer." *Museum Tusculanum* 40-43 (1980), 269-288. (Contains extracts from Simon's *quaestiones* on *De longitudine et brevitate vitae*.)

——. "Index quaestionum super Sophisticos Elenchos Aristotelis." *Université de Copenhague. Cahiers de l'Institut du Moyen-Âge grec et latin* 10 (1973), 29-44. (See pp. 29-32; but the 1973 list of *quaestiones* is rendered superfluous by the present edition.)

——. "Is 'canis currit' ungrammatical? Grammar in Elenchi commentaries." *Historiographia Linguistica* 7.1/2 (1980), 53-68. (See p. 62 notes 12-13, and p. 63.)

——. "Simon of Faversham on the Sophistici Elenchi." *Université de Copenhague. Cahiers de l'Institut du Moyen-Âge grec et latin* 10 (1973), 21-28. (This paper has no interest after the publication of the present edition.)

——. "Suprasegmental Phonemes in Ancient and Medieval Logic." In *English Logic and Semantics From the End of the Twelfth Century to the Time of Ockham and Burleigh, Acts of the 4th European Symposium on Mediaeval Logic and Semantics, Leiden/Nijmegen 23-27 April 1979*, edited by H. A. G. Braakhuis, C. H. Kneepkens, L. M. de Rijk, pp. 331-359. Artistarium, Supplementa, 1. Nijmegen: Ingenium Publishers, 1981. (See pp. 346, 347, 353.)

——. "The Way Fallacies Were Treated in Scholastic Logic." *Paideia*, forthcoming.

Emden, Alfred Brotherston. *A Biographical Register of the University of Oxford to A.D. 1500*. 3 vols. Oxford: Clarendon Press, 1957-1959. (See 2: 672.)

Fabricius, J. A. *Bibliotheca Latina mediae et infimae aetatis*. 6 vols. in 3. Florence: T. Baracchi et filii, 1858-1859. (See 5/6: 483.)

Gibson, Strickland. "Confirmation of Oxford Chancellors in the Lincoln Episcopal Registers." *English Historical Review* 26 (1911), 501-512. (See pp. 503, 512.)

Gilson, Etienne. *A History of Christian Philosophy in the Middle Ages*. New York: Random House, 1955. (See p. 361, and p. 707 note 83.)

Glorieux, Palémon. *La Faculté des arts et ses maîtres au XIIIe siècle*. Paris: J. Vrin, 1971. (See notice **431**, pp. 356-358.)

——. "Jean de Saint-Germain, Maître de Paris et copiste de Worcester." In *Mélanges Auguste Pelzer: Études d'histoire littéraire et doctrinale de la Scolastique médiévale offertes à Monseigneur Auguste Pelzer à l'occasion de son soixante-dixième anniversaire*. Université de Louvain, Recueil de travaux d'histoire et de philologie, 3me Série, 26me Fascicule, pp. 513-529. Louvain: Bibliothèque de l'Université, Bureaux du "Recueil," 1947. (See p. 527-528.)

——. "Simon de Faversham." *Dictionnaire de théologie catholique*, 14: 2119-2120.

Grabmann, Martin. *Gesammelte Akademieabhandlungen*. Münchener Universitäts-Schriften, Fachbereich Katholische Theologie, Veröffentlichungen des

Grabmann-Institutes, Neue Folge 25. 2 vols. Paderborn: Ferdinand Schöningh, 1979. (See the index *s.v.* "Simon von Faversham" in 2: 2074-2075.)

——. "Mitteilungen über scholastische Funde in der Biblioteca Ambrosiana zu Mailand." *Theologische Quartalschrift* 93 (1911), 536-550. (See pp. 544-549.)

——. *Mittelalterliches Geistesleben.* 3 vols. Munich: Max Hueber, 1926-1956. (See 1: 35; 2: 152, 226, 319, 403; 3: 156-157, 167, 202, 206, 236.)

——. "Simon von Faversham." *Lexikon für Theologie und Kirche*, 1937 ed., 9: 575.

Graham, Rose. "Sidelights on the Rectors and Parishioners of Reculver from the Register of Archbishop Winchelsey," *Archaeologia Cantiana* 57 (1944), 1-12. (See pp. 7-9.)

Great Britain, Public Record Office; *Calendar of Close Rolls. Edward I*, vol. 5: *1302-1307*. London, 1908. (See p. 434.)

——. *Calendar of Close Rolls. Edward II*, vol. 1: *1307-1313*. London, 1892. (See p. 65.)

——. *Calendar of Entries in the Papal Registers relating to Great Britain and Ireland*, Papal Letters, vol. 2: *1305-1342*. London, 1895. (See p. 22.)

——. *Calendar of Patent Rolls, Edward I: 1301-1307*. London, 1898. (See p. 435.)

Green-Pedersen, N. J. "On the Interpretation of Aristotle's Topics in the Thirteenth Century." *Université de Copenhague. Cahiers de l'Institut du Moyen-Âge grec et latin* 9 (1973), 1-46.

——. "Walter Burley, *De consequentiis* and the Origin of the Theory of Consequence." In *English Logic and Semantics From the End of the Twelfth Century to the Time of Ockham and Burleigh, Acts of the 4th European Symposium on Mediaeval Logic and Semantics, Leiden/Nijmegen 23-27 April 1979*, edited by H. A. G. Braakhuis, et al., pp. 279-304. Artistarium, Supplementa, 1. Nijmegen: Ingenium Publishers, 1981. (See p. 298.)

Hackman, A. *Catalogi codicum manuscriptorum Bibliothecae Bodleianae*, pars quarta: codices ... T. Tanneri ... complectens. Oxford, 1860; 2nd impression, 1966. (See col. 493-494.)

Leland, John *Commentarii de scriptoribus britannicis...* ed. A. Hall. 2 vols. Oxford: Theatrum Sheldonianum, 1709. (See 2: 368f.)

Le Neve, John. *Fasti Ecclesiae Anglicanae or A Calendar of the Principal Ecclesiastical Dignitaries in England and Wales and of the Chief Officers in the Universities of Oxford and Cambridge from the earliest time to the year M.DCC.XV.* Compiled by John le Neve, corrected and continued from M.DCC.XV to the present time by T. Duffus Hardy. 3 vols. Oxford: University Press, 1854. (See 1: 39, 505; 3: 464.)

——. *Fasti ecclesiae anglicanae 1300-1541*. 12 vols. London: Athlone Press, 1962-1967. (See vol. 2, *Hereford Diocese*, p. 26; vol. 4, *Monastic Cathedrals*, p. 7.)

Lewry, Osmund. "The Commentaries of Simon of Faversham and MS. Merton College 288." *Bulletin de philosophie médiévale* 21 (1979), 73-80.

——. "The Oxford Condemnations of 1277 in Grammar and Logic." In *English Logic and Semantics From the End of the Twelfth Century to the Time of Ockham and Burleigh, Acts of the 4th European Symposium on Mediaeval Logic and Semantics, Leiden/Nijmegen 23-27 April 1979*, edited by H. A. G. Braakhuis, et al., pp. 235-278. Artistarium, Supplementa, 1. Nijmegen: Ingenium Publishers, 1981. (See pp. 243, 250, 253.)

Little, A. G., and Franz Pelster. *Oxford Theology and Theologians ca. A.D. 1280-1302*. Oxford: Clarendon Press, 1934. (See pp. 262-265, 336, 350, and the index p. 370 *s.v.* Faversham.)

Lohr, C. H. "Medieval Latin Aristotle Commentaries." *Traditio* 29 (1973), 93-197. (See pp. 141-146.)

Longeway, John L. "Simon of Faversham's Questions on the *Posterior Analytics*: A Thirteenth-Century View of Science." Ph.D. thesis, Cornell University, 1977. [*Dissertation Abstracts International* 38.7: 4211-A.]

Mazzarella, Pasquale. "Simone di Faversham." *Enciclopedia Filosofica*, 1957 ed., 4: 632-633; 1968 ed., 5: 1383.

Ottaviano, Carmelo. "Le opere di Simone di Faversham e la sua posizione nel problema degli universali." *Archivio di Filosofia* 1 (1931), 15-29.

——. "Le *Quaestiones super libro Praedicamentorum* di Simone di Faversham." *Atti della Reale Accademia Nazionale dei Lincei*, 1930, serie 6, Memorie della Classe di Scienze Morali, Storiche e Filologiche, 3: 257-351.

Pattin, A. *De verhouding tussen zijn en wezenheid en de transcendentale relatie in de 2ᵉ helft der XIIIᵉ eeuw*. Verhandelingen van de Koninklijke Vlaamse Academie voor Wetenschappen, Letteren en Schone Kunsten van België; Klasse der Letteren, Verhandeling nr. 21. Brussels: Paleis der Academiën, 1955. (See pp. 243-246, 261.)

Pelster, Franz. [Review of Powicke's 1925 article (*q.v.*).] *Scholastik* 1 (1926), 462.

——. [Review of Ottaviano's articles (*q.v.*).] *Scholastik* 7 (1932), 451-452.

——. "Handschriftliches zu Überlieferung der *Quaestiones super libros Metaphysicorum* und der *Collationes* des Duns Scotus." *Philosophisches Jahrbuch der Görres-Gesellschaft* 43 (1930), 474-487. (See pp. 478-482.)

——. "Heinrich von Harclay, Kanzler von Oxford, und Seine Quästionen." In *Miscellanea Francesco Ehrle, Scritti di Storia e Paleografia pubblicati ... in occasione dell'ottantesimo natalizio dell'e.mo cardinale Francesco Ehrle...*, 1: 307-356. Studi e Testi, vol. 37. Rome: Biblioteca Apostolica Vaticana, 1924. (See p. 308.)

Pinborg, Jan. "Die Logik der Modistae." *Studia Mediewistyczne* 16 (1975), 39-97. (See p. 42, p. 48 n. 52, pp. 67-69.)

——. "Simon of Faversham's *Sophisma: Universale est Intentio*: A Supplementary Note." *Mediaeval Studies* 33 (1971), 360-365.

Pits, John. Ioannis Pitsei ... *Relationum historicarum de Rebus Anglicis* Tomus Primus [De illustribus Angliae Scriptoribus]. Paris: Thiery et Cramoisy, 1619. (See pp. 505-506.)

Powicke, Frederick Maurice. "Master Simon of Faversham." In *Mélanges d'histoire du moyen âge offerts à M. Ferdinand Lot par ses amis et ses élèves*, pp. 649-658. Paris: Champion, 1925.

———. *The Medieval Books of Merton College*. Oxford: University Press, 1931. (See pp. 27, 154-156.)

Prynne, William. *An Exact Chronological Vindication and Historical Demonstration of our British, Roman, Saxon, Danish, Norman, English, Kings Supreme Ecclesiastical Jurisdiction...* [Prynne's Records]. 3 vols. London: T. Radcliff, 1666, 1665, 1668. Vol. 3 also with title *The History of King John, King Henry III. And the Most Illustrious King Edward the I ... Collected out of the Ancient Records in the Tower of London*. London: Chetwind and Thomas, 1670. (See 3: 1097.)

Register of John Pecham, Archbishop of Canterbury 1279-1292. Edited by F. N. Davis, et al. 2 vols. Canterbury and York Series, 64-65. Torquay: Devonshire Press, 1968-1969. (See 1: 91; 2: 20, 28.)

Registrum Epistolarum Fratris Johannis Peckham, Archiepiscopi Cantuariensis. Edited by C. T. Martin. 3 vols. Rerum Britannicarum Medii Ævi Scriptores, or Chronicles and Memorials of Great Britain and Ireland during the Middle Ages [Rolls Series], 77. London: Longman & Co., 1882-1885. (See 3: 1011, 1033, 1051, 1053.)

Registrum Ricardi de Swinfield, Episcopi Herefordensis, A.D. MCCLXXXIII-MCCCXVII. Transcribed and edited by William W. Capes. Canterbury and York Series 6. London: Canterbury and York Society, 1909. (See p. 535.)

Registrum Roberti Winchelsey, Cantuariensis Archiepiscopi, A.D. 1294-1313. Transcribed and edited by Rose Graham. 2 vols. Canterbury and York Series, 51-52. Oxford: University Press, 1952-1956. (See 2: 1044.)

Royal Commission on Historical Manuscripts. *Fourth Report*. Part 1: *Report and Appendix*. London: H.M. Stationary Office, 1874. (See p. 395.)

Russell, Josiah Cox. *Dictionary of Writers of Thirteenth Century England*. Bulletin of the Institute of Historical Research, Special Supplement, 3. London: Longmans, Green and Co., 1936; rp. *With Additions and Corrections*, London: Dawson & Sons, 1967. (See pp. 148-149 and the Additions in the 1967 edition.)

Salter, Herbert Edward. *Snappe's Formulary and Other Records*. [Publications of the] Oxford Historical Society, 80. Oxford: Clarendon Press, 1924. (See pp. 61-64, 64-66, 325.)

Sarton, George. *Introduction to the History of Science*. 3 vols. Carnegie Institute Publication, 376. Baltimore: Williams and Wilkins Co., 1927-1948. (See 3.1: 562-563.)

Schmitt, A. "Simon v. Faversham." *Lexikon für Theologie und Kirche*, 1957 ed., 9: 766.

Schum, W. *Beschreibendes Verzeichnis der Amplonianischen Handschriften-Sammlung zu Erfurt*. Berlin: Weidmann, 1887. (See pp. 244-245.)

Sharp, D. "Simonis de Faverisham *Quaestiones super tertium De anima*." *Archives d'histoire doctrinale et littéraire du moyen âge* 9 (1934), 307-368.

Simon of Faversham. *Magistri Simonis Anglici sive de Faverisham Opera omnia.* vol. 1: *Opera logica*, tomus prior. (1) *Quaestiones super libro Porphyrii*. (2) *Quaestiones super libro Praedicamentorum*. (3) *Quaestiones super libro Perihermeneias*. Edited by Pasquale Mazzarella. Pubblicazioni dell'Istituto universitario di magistero di Catania, serie filosofica, testi critici, 1. Padua: Cedam, 1957.

Stump, Eleonore. "Topics: Their Development and Absorption into Consequences." In *The Cambridge History of Later Medieval Philosophy*, ed. N. Kretzmann, et al., pp. 273-299. Cambridge: University Press, 1981.

Tanner, Thomas, *Bibliotheca Britannico-Hibernica....* London, 1748; reprinted: Tucson: Audax Press, 1963. (See p. 673.)

Vennebusch, Joachim. *Ein anonymer Aristoteleskommentar des XIII. Jahrhunderts: Quaestiones in tres libros De anima (Admont: Stiftsbibliothek, cod. lat. 367)*. Paderborn: F. Schöningh, 1963. (See pp. 25-27.)

——. "Die *Quaestiones in tres libros De anima* des Simon von Faversham." *Archiv für Geschichte der Philosophie* 47 (1965), 20-39.

Wingate, Sybil Douglas. *The Medieval Latin Versions of the Aristotelian Scientific Corpus, with Special Reference to Biological Works*. London: Courier Press, 1931. (See pp. 68-69.)

Wolf, Friedrich Antonius. *Die Intellektslehre des Simon von Faversham nach seinen De-anima-Kommentaren*. Inaugural-Dissertation. Bonn: Universität, 1966.

Wulf, Maurice de. *Histoire de la philosophie médiévale*. 6th ed. 3 vols. Louvain/Paris: Institut supérieur de philosophie/J. Vrin, 1936. (See 2: 199, 201.)

Xiberta, Bartolomé María. *De scriptoribus scholasticis saeculi XIV ex ordine Carmelitarum*. Bibliothèque de la Revue d'histoire ecclésiastique, fasc. 6. Louvain: Bureaux de la Revue, 1931. (See p. 121.)

Year Books of Edward II. 7 Edward II. A.D. 1313-1314. Edited by W. C. Bolland. Publications of the Selden Society, 39; Year Books Series, 16. London: Quaritch, 1922. (See pp. 64-69.)

Yokoyama, Tetsuo. "Simon of Faversham's *Sophisma: Universale est intentio*." *Mediaeval Studies* 31 (1969), 1-14.

Zimmermann, Albert. *Verzeichnis Ungedruckter Kommentare zur Metaphysik und Physik des Aristoteles aus der Zeit von etwa 1250-1350*. Studien und Texte zur Geistesgeschichte des Mittelalters, 8/9. Leiden/Cologne: E. J. Brill, 1971. (See pp. 19, 32-33, 190-196.)

B. Medieval Writings on Fallacies

There are almost exhaustive bibliographies up to ca. 1980 in the following:

Ebbesen, Sten. *Commentators and Commentaries on Aristotle's Sophistici Elenchi*. Corpus Latinum Commentariorum in Aristotelem Graecorum VII.1-3. Leiden: E. J. Brill, 1981. (See 3: 281-333.)

——. "The Way Fallacies Were Treated in Scholastic Logic." *Paideia*, forthcoming.

We refer the readers to these bibliographies and to the entries under "Ebbesen,
Sten" in part A, above.

C. SOURCES

See Index of Citations.

Index of Citations

Besides the authors cited below, mention is often made in our notes of authors not named by Simon, especially those whose works have been edited in the Corpus Philosophorum Danicorum Medii Aevi (CPD). Note especially *Incertorum auctorum Quaestiones super Sophisticos Elenchos*, ed. Sten Ebbesen, Corpus Philosophorum Danicorum Medii Aevii VII (Copenhagen: Gad, 1977), and Jacqueline Hamesse, ed., *Les Auctoritates Aristotelis. Un florilège médiéval. Étude historique et édition critique*, Philosophes médiévaux 17 (Louvain: Publications Universitaires; Paris: Béatrice-Nauwelaerts, 1974).

References with asterisks are to sources whose use Simon has not acknowledged; "app." indicates a reference to the apparatus.

Aegidius Romanus, *Expositio ... supra libros Elenchorum Aristotelis*, ed. Augustinus de Meschiatis de Bugella (Venice, 1500).

    fol. 2rB: QN 1app.
    fol. 6vB: QV 4
    fol. 9vB: QV 8*
    fol. 10vB: QV 12
    fol. 11rB: QV 16
    fol. 13vB: QV 23
    fol. 21rB: QN 40app.

Albertus Magnus, *Expositio Sophisticorum Elenchorum*, sive "Liber Elenchorum," in *Opera*, vol. 1, ed. P. Jammy (Lyon, 1651).

    1.1.1: QN 1app.
    1.2.2: QV 4
    1.2.3: QV 23
    1.4.1: QN 5app., 31app.
    not found: QV 6

"Alexander" (or "Commentator"), *In Analytica Posteriora commentarium*. The real author of this work, translated into Latin in the twelfth century, seems to have been John Philoponus. Fragments of the Latin version are edited in S. Ebbesen, *Anonymus Aurelianensis* II, Cahiers de l'Institut du moyen-âge grec et latin 16 (Copenhagen, 1976), pp. 89sqq.

    F3: QV 1; QN 1, 10

———, *In Sophisticos Elenchos commentarium*. The real author of this work, which was translated into Latin in the twelfth century, is unknown. Fragments of the Latin version are edited by S. Ebbesen in Corpus Latinum Commentariorum in Aristotelem Graecorum, VII.2 (Leiden, 1981).

    F.Proem., 4 (pp. 339-340): QV 3
    F.Proem., 4bis (p. 534): QV 1
    F.164a20, 1B (p. 344): QV 10
    F.164a20, 1C (p. 345): QN 5
    F.164a20, 1bis (pp. 534-535): QV 4
    F.165a21, 2B (p. 371): QV 2
    F.165a21, 2C (p. 372): QV 5
    F.165b23, C6 (p. 394): QN 10app.
    F.165b27-30, C4 (p. 426): QN 17
    F.165b30, 1B (pp. 433-434): QV 19
    F.165b30, 1C (pp. 435-436): QN 10
    F.165b30, 3 (p. 536): QV 16
    F.166a6, B (p. 441): QV 22
    F.166a6, C (pp. 441-442): QN 12
    F.166a14, 1C (p. 444): QV 22
    F.166a23-38, 3B (p. 452): QN 14
    F.166a24-30, B (p. 459): QN 14

Alexander Aphrodisiensis, *In Physicam commentarium*. The medieval writers' knowledge of this work was all drawn from Averroes' commentary on the *Physics*.

    QV 10

Algazel, *Tractatus de naturalibus*.

    QV prooemium.

Alpharabius, *De scientiis*, ed. A. G. Palencia, in Al-Fārābi, *Catálogo de las ciencias* (Madrid, 1953²).

    c.2 (= Logica): QV prooemium; QN prooemium

Ammonius, *In Aristotelis de Interpretatione*

commentarius, ed. A. Busse, Commentaria in Aristotelem Graeca [CAG] IV.5 (Berlin, 1897). For the Latin version we cite the edition in the Corpus Latinum Commentariorum in Aristotelem Graecorum [=CLCAG] II (Louvain-Paris, 1961).

CAG pp. 6-7 (CLCAG pp. 10-12): QV 12
CAG pp. 210-211 (CLCAG pp. 381-82): QV 20

Aristoteles: we refer the reader to the first two volumes of Immanuel Bekker's recension of his works (Berlin, 1831). The Latin versions are in part edited, in part to be edited in the Aristoteles Latinus series.

———, *Analytica Priora*.
1 c.1 (24a16): QV7
1 c.1 (24b18-20): QV 7
1 c.1 (24b18-21): QV 7
1 c.13 (32b25-32): QV 20; QN 8
1 c.23: QV 7
1 c.27 (43a20) QN 31
2 cc. 2-4: QN 5, 45
2 cc. 5-7: QN 31
2 c.16: QN 29
2 c.16 (64b29-31): QN 29
2 c.16 (65a35-37): QN 30
2 c.17: QN 38
2 c.27 (70a3-11): QN 38
not found: QV 7

———, *Analytica Posteriora*.
generally: QN prooemium
1 c.1 (71a11-16): QV 4
1 c.2 (71b20-22): QN 30, 38app.
1 c.2 (71b25-26): QN 4*
1 c.4 (73a24): QN 38app.
1 cc. 4-5: QV 8
1 c.11 (77a10-25): QN 43
1 c. 12 (77b27-28): QV 8
1 c.12 (78a6-21): QN 30
1 c.13: QN 31
1 c.13 (78a22sqq.): QN 30
1 c.16 (79b23-24): QV 7
2 c.11 (94a20): QN 10app.
2 c.16: QN 12app.

———, *Categoriae sive Praedicamenta*.
generally: QN prooemium
c.3 (1b10-12): QN 36
c.6 (4b24): QV 15

———, *De anima*.
1 c.1 (403a7): QV 12
1 c.5 (411a5-6): QN 1

2 c.2 (414a11-12): QN 5app.
2 c.4 (415a16-20): QN prooemium, 13app.
2 c.8 (420b27-33): QV 11
2 c.8 (420b32-33): QV 11
3 c.2 (427a6-7): QN prooemium, 13app.
3 c.4 (429a13-14): QV 12*
3 c.4 (429b): QV 2
3 c.6 (430a26sqq.): QN 42
3 c.8 (431b24-25): QN prooemium

———, *De interpretatione sive Peri hermeneias*.
generally: QN prooemium
c.1 (16a3-4): QV 12
c.3 (16b20): QV 14*; QN 47*
c.6 (17a34-35): QV 15
c.7 (17b11-12): QN 11
c.8 (18a13-27): QV 15
c.8 (18a19-23): QV 15; QN 7
c.8 (18a20): QN 7
c.9 (19a33): QN 24
c.11 (21a7-23): QN 23
c.11 (21a22-23): QV 20; QN 8
c.11 (21a32-33): QN 8
c.14 (24b9): QN 25app.

———, *De iuventute et senectute*.
c.4 (469b17-20): QN 24

———, *De longaevitate sive De longitudine et brevitate vitae*.
c.5 (466a17-20): QN 24*

———, *Ethica Nicomachea*.
1 c.1 (1094a1-2): QV 2; QN prooemium
1 c.3 (1095b17-19): QV prooemium
5 c.10 (1134b22): QV 11*
7 c.6 (1147b20-1148b14): QV 20; QN 8, 23
10 c.7 (1177a25): QV 10

———, *Metaphysica*.
1 c.1 (980a21): QV prooemium
2 c.3 (995a13-14): QV prooemium
3 c.1 (995a28-29): QN 1
3 c.1 (995a29-30): QV 2
3 c.1 (995a30-33): QV 1
4 c.2 (1004a): QV 1
4 c.2 (1004b17-26): QN 2
4 c.2 (1004b26): QV 2; QN 1*
4 c.4 (1006b7): QV 12
4 c.7 (1012a23-24): QN 47
4 c.8 (1012b13-18): QN 25
5 c.9 (1018a8-9): QN 32
5 c.13 (1020a26-32): QV 15

Index of Terms and Names

No names have been omitted on purpose. Otherwise, completeness has not been aimed at. Both the lemmata and the references represent a selection, technical terms and words occurring in examples having been given priority.

Lemmatization: Adverbs derived from adjectives (or participles) are normally listed under the adjective (participle); participles normally under their verb (in the present infinitive). Thus "essentialiter" under **essentialis**, "significatum" under **significare**, "latenter" under **latere**.

Double/multiple lemmata: **existe-re,-ntia** = The references under this entry do not discriminate between occurrences of "existere" and occurrences of "existentia."

Sub-lemmatization: Notice the following conventions:
def. = definition of the term in question
etym. = etymology of the term in question
a/b = "a" and/or "b"
a)(b = "a" opposed to "b"
"a" = "a" is an example
cf. b = see more in this index under the entry "b"
see b = consult this index under the entry "b"

References:
63.7, 73.20	= page 63, line 7; and page 73, line 20
63.7/8	= page 63, partly line 7, partly line 8
63.7 +	= page 63, line 7; and at least once more on p. 63
63-65	= pages 63 through 65
63.7 + +	= page 63, line 7; and in several more places in this book
169app.	= page 169, in the apparatus

ablativus 129.16
absolutus 95.74 +, 96.87 +, 109.29, 120.
38 +, 124.52 +, 173.24, 188.115, 214.
72, 219.26, 221.31
abstractus 221.26 +, 222.32
accentuare modus a.-ndi 143.50
accentus a. acutus / gravis 91.57 +, 93.
138 +, 142.7, 143.39 +; a. circumflexus 93.140; fallacia a.: *see* fallacia
acceptio 81.11, 121.59, 130.75, 227.30
accidens 47.78 +, 61.43, 62.57 +, 76.
19 +, 77.86, 78.124, 80.9, 82.42 +,
94.30, 109.25 +, 115.66 +, 120.37 +,
123.26 +, 124.50 +, 151-156, 161.
70 +, 168.12, 191-194, 201.33 +, 216.
10 +, 231.52 +; a. commune / proprium 151.58 +, 192.43 +; a. individuans 155.87 +; a. naturae humanae
156.119; per a. 33.66, 75.77, 95-97,
155.79/80, 201.33, 218.77/78, (*cf.* propositio); fallacia accidentis *see* fallacia;
grammatical a. 61.43, 62.67 +
accidentalis 63.8, 73.21-22, 75.75 +, 143.
42, 200.75-6; *cf.* forma
accipere a. pro significato 180.81; modus
a.-endi terminum pro suppositis 77.62
accusativus *See* casus
actio 77.87 +
activus 62.63 +, 83.8; *cf.* significare
actualis *See* multiplex, multiplicitas
actus 77.84, 94-97, 101.3 +, 110.38 +,
116.9 +, 118.74 +, 121.55 +, 127.76,
133.14 +, 136.98 +, 138.57 +, 141.
44 +, 162.46 +; a. est quod distinguit
133.15 (*cf.* 136.101); a. contrarii 95.
48 +, 138.60 +; a. distribuendi 76.
38 +, 77.67 +, 79.134; ratio actus 136.
99; a. rationis 28.97 +, 76.48 +, 102.
50, 103.70 +, 104.17 +, 105.56 +,
112.42; a.r. (= *syllogismus*) demonstra-
tivus / topicus / sophisticus 105.58 +;
a. significandi 64.37; a. virtutum moralium 101.22, actu plura significare &
sim. 72.102 +, 73.26, 74.40 +, 75.72,
85.53 +; oratio actu prolata in sensu
composito 133-136; *cf.* potentia.
adaequari a. enti 160.48 +
addere 74.53 +, 160.37 +
addiscere 33.14 +
additamentum 231.57 +
additio 74.37, 228.67 +, 229.70
adiacens 160.64 +

adiunctum 73.5 +, 82.55, 83.14, 85.72,
130.74, 154.51
adulter 194.8 +, 196.54, 197.85
Aegidius 39.161, 72.104, 92.87, 211 app.;
cf. Index of Citations, p. 243
aequalitas 145.36
aequivalere 175.38
aequivocatio *def.* 80.33 +, 126.41; *cf.*
fallacia
aequivoce 160.56 +, 215.109
aequivocus *See* nomen, terminus, vox
aer 56.11, 61.16
aestimatio 45.26, 103.76
affirma-re, -tio 109.18 +, 110.42, 165.
16 +, 190.48 +
affirmativus 95.78, 112.35, 152.73, 171.
59, 173.30, 180.54 +, 190.44 +, 197.
92 +, 222.46 +, 230.34 +
agens a. naturae)(a. rationis 76.46 +;
a.)(patiens 77.85 +
aggrega-re, -tum 58.15, 60.80 +, 94.29 +,
148.31 +, 154.58 +, 233.48
Aiax "A." 73.12 +
albedo 82app., 94.32 +, 155.94 +, 161.72,
168.15; "a. est ens" 120.38
Albertus 40.196, 44.60, 92.88 +, 104app.,
112app., 184app.; *cf. Index of Citations*
albus 94.33 +, 155.93 +, 168.5 +, 169.
47 +, 192.59, 193.61, 230.37 +;
a.)(albedo 94.33, 155.94; "album est
accidens, homo est albus, ergo etc."
151.61; "omne a. est animal, omne
sanum est an., ergo omne s. est a."
195.19, 197.110; "album potest esse
nigrum" 95.56, 96.95, 139.80; "contingit idem corpus esse a. et nigrum ..."
227.17 (*cf.* 229.91); "a. secundum dentes / pedem" 156.14, 158.67, 161.69;
cf. homo
Alexander 29.36, 32.40, 34.26, 39.179,
41.15 +, 55.53 +, 56.72, 71.65, 80.
35 +, 86.9, 87.34, 113.59/60, 125.29,
125app., 132.59, 145.25; *cf. Index of
Citations*
Algazel 26.38
alii 59.62, 73.24, 92.87, 137.38
aliquis 32.43, 52.52, 53.98, 65.50 +, 84.
35, 92.96, 97.121, 116.36, 117.71,
164.89, 171.68, 175.53, 189.38, 190.56,
223.80, 228.47; aliqui 35.28, 40.191,
53.95, 56.18, 59.57, 67.29, 76.37, 91.
73, 93.138, 137.23 +, 153.29, 182.25,

tice 31.28; a. perfecta 104.29; a. sophistica 28.7, 30.49 +, 32.40/41, 33.3 +, 34.24 +, 103-108, 125.30
arteria vocalis a. 56.11, 61.17
artifex 107.45, 131.7, 225.45 +
artificialis 101.21
asinus 55.62, 59.48, 69.96 +, 86.90, 96.92 +, 192.31 +, 198.10, 201.23, 202.73 +; *cf.* homo
assignare 214.80
assimilari 25.7 +
attribu-ere, -tio 105.76, 149.48 +, 151.45 +, 152.63 +, 165.34 +, 166.38 +, 219.42 +, 220.52
auctor 58.40 +, 74.45, 81.38
audire 63.4 +, 64.16 +, 66.84 +
Averroes 57.29; *cf. Index of Citations*
Avicenna 27.83, 40.184, 140.17; *cf. Index of Citations*
avis a. volans 26.50

B "(omne) B est / contingit esse A" 82.64 +, 121.58; "omne B est A, omne C est A, ergo omne C est B" 180.53; "omne B est A, omne C est B, ergo omne C est A" 182.16
balneum "b. artificale / naturale" 43.42 +, 51.22
belua marina b. 72.108, 117.73, 125.24 +
bestia, -alis 25.27, 26.29 +
Boethius 26.45, 69.86, 82.54, 83.13, 160.61, 174.13, 178.125, 185.13, 227app.; *cf. Index of Citations*
bonitas b. elenchi 169.8; b. intellectus intelligentis 137.24/25; b. syllogismi 115.12 +, 128.121 +, 169.8, 172.32
bonum 25.24 +, 31.10 +, 33.65 +, 54.21, 55.61, 101.14; "b. est eligendum; ergo malum est fugiendum" 174.7; "non est b.; ergo non est" 160.50; "putasne haec et haec sunt bona vel mala?" 214.55
bonus b. argumentum 140.27, 198.122; b. / mala consequentia 69.7, 71.57 +, 150.73/74 +, 153.16 +, 156.120, 159.10 +, 161.76, 184.77/78, 185-188, 194-202; b. forma syllogistica 184.74 +; b. habitudo localis 174.14; b. illatio 77.56, 175.41 +, 177.92 +, 178.129 +, 187.85 +; b. locus dialecticus 158.75, 174.15; b. probatio 178.129 +; b. syllogismus 40.207, 48.119/120, 111.6 +, 113.79, 125.20 +, 128.122 +, 143.26, 144.21 +, 145.24, 149.51,

152.83 +, 172-173, 177.98 +, 181-184, 187.86 +, 204.28 +, 206.125, 215.87, 225.51/52

cadere c. sub intentione intellectus 36.33; *cf.* significatum
caecus 221.22, 222.59 +, 223.72 +
Caelum et Mundus 94.17
Caesar "C. est mortuus" 161-164
calidus 162.38 +
Callias "C. et Themistocles sunt domi" 219.35
canis "c." 61.26 +, 62.45 +, 68.82, 116-119, 125.25 +, 126.60; "c. est nomen unum, ergo significat unum 44.64; "omnis c." 75.7; "c. currit" 66.17 +, 69.85, 72.106, 74.42, 219.31; "putasne c. currit?" 213.23, 215.120; "c. currit)(c. currunt" 116-118; "(omnis) c. currit; caeleste sidus est c.; ergo etc." 44.68, 68.59, 85.88, 111.5, 113.66 +, 125.26, 226.72; "(omnis) c. currit; ergo latrabile currit" 69-72, 123.15; "c. latrabilis" 73-75, *cf.* sidus
canna 83.14 +
casus 62.50, 76.42, 117.69; ablativus c. 129.16; accusativus c. 73.9 +, 129.16; nominativus c. 61.43, 73.9 +, 116.31, 117.66, 118.94 +
categoricus 185.13 +, 188.125 +, 189.14, 191.85 +
causa 41.22, 46.42 +, 84.36 +, 85.57 +, 86.4, 88.80 +, 129.13 +, 131.22, 157.39 +, 180.70, 184.80 +, 188.121, 199.33 +, 203-212; c. -ae et elementa 125.32; c. apparentiae 32.34, 37.100/101, 79-80, 84.51, 86.7 +, 91-93, 125-128, 131.10, 133.75, 142.9 +, 146-147, 150-152, 156-158, 170.27 +, 176.68 +, 189.23 +, 192.34, 196.75, 204.44/45 +, 213.33/34 +, 214.85, *cf.* fallacia; c. conclusionis 46.42 +, 48.127, 49.129, 179.29, 203-212; c. conclusionis in essendo)(consequendo / inferendo 46.51 +, 48.127, 205.81 +, 210.18 +, 212.93/94 +; c. decipiendi 171.64/65; c. defectus 131.13; c. falsitatis 43.37; c. illationis)(necessitatis conclusionis 205.84 +; c. infallibilis 29.30 +; non c. ut c. 203-212, *cf.* fallacia, paralogismus; c. non existentiae 32.35, 86.7, 89.6, 143.26, 196.75, 204.45, 213.34 +, 214.85, *cf.* fallacia; prima c. 25.12 +, 188.122,

196.64 + , 197.88/89 + ; c. nulla 70.19,
71.58, 198.23, 201.19, 202.61; c. probabilis 196.64/65 + , 197.88/89 + ; c. probans 71.63; subsistendi c. 189.33; c.
syllogistica 197.113; vera c. 174.12

considerare modus c.-andi 101.8 + ; per se
c.-ando 29.19 + , 30.43, 33.12, 34.37

consideratio actualis c. 101.5 +

consignificare 61.35 + , 85.87, 86.92, 89.
87, 117.42 + , 230.36

constitutio 111.14, 114.14 + , 115.57,
141.62 +

constructibilis 92.116 + , 93.120

constructio 44.57, 87.32 + , 88.69 + , 89.
90 + , 116.26, 117.54, 127.93, 136.9 + ,
139.85 + ; c. est congrua dictionum
ordinatio 89.90; pars c.-is 61.21; ratio
c.-is 87.37 + , 132.63

construere 59.64, 61.19 + , 70.24, 87-89,
130.65; c. a parte ante / post 88.64 + ,
89.92 + ; modus c.-endi 87.23 + ; ratio
c.-endi 61.19, 87-89, 132.52 +

contemplatio 25.22

continere 72.107 + , 69.88, 124.58

contingere 52.61, 121.58 + , 227.17

continuus 27.82

contradictio 39.158, 67.31, 109.5 + , 110.
45/6 + , 157.37/8, 169.6, 170.37 + ,
171.51 + , 173.47, 174.50 + ; apparens
/ vera c. 39.159, 170.44 + , 171.65 + ,
172.99 + , 173.47, 228.55 + , 229.71 + ;
c. conclusionis 109.27, 110.54; c. dimi-
nuta)(c. vera 157.38; utraque pars c.-is
56.71

contradictorius 109.32, 171.73, 187.76 + ,
228.54/5

contrahere 57.31, 75.70, 81-85, 120.45,
121.52 + , 122.85 + , 157.49 + , 158.
66 + , 159.20 +

contrarius 94.18 + , 95.48 + , 123.37 + ,
138.60 + , 166.53, 168.29, 174.6 + ,
177.106 + , 211.69

converti 189.29 + , 194-198; ens et unum
c.-untur 109.8/9, 110.74; falsum et non
ens c.-untur 46.44; "non est possibile"
et "necesse non" c.-untur 95.45

convertibilis 69.11, 72.88 + , 176.86, 180.
58 + , 191.14 + , 193.76

copulare 70.27, 220.76 +

copulatio 66-69, 70.27, 72.94 +

cor 162.39 +

Coriscus "C. ... est albus" 94.32 + , 116.22;
"C. est alter ab homine, ergo C. est alter

a se" 148.17, 152-156; "C. est alter a
Socrate, ergo C. est alter ab homine"
153.17 +

corpus 141.39 + , 147.26 + , 161.9 + , 162.
21, 164.85 + , 200.14; "c. album" 233.
57; c. album et nigrum 227.18, 229.91;
c. mixtum 140.36; c. mobile 178.139;
"ultimum corporis non est immobile
..." 224.26

correctio c. antiqua 51.45/46

correlativus 230.13 +

corruptibilis 134.31, 163.62

corruptio 49.136, 162.24 + , 163.68 + ,
164.88 +

credere 26.53, 32.60, 102.55, 105.84, 149.
48 + , 172.95 + , 176.61 + , 189.34,
190.76, 194.106, 212.10, 216.125

crispitudo 168.14

deceptio 33.74, 34.37, 48.102, 103.78,
105.84, 106.92 + , 131.16 + , 143.33,
150.22, 151.24, 170.41, 175.48, 179-
181, 194.100 + , 204.55, 213.47; d. ex
parte rei)(vocis / sermonis 106.95 + ,
126.49; d. per locum sophisticum 181.
98 + ; d. secundum accidens 149.53; d.
sec. aequivocationem 180.72; d. sec.
consequens 180.65; d. sec. consequentiam 188.6, 188.8/189.9, 190.74; d. sec.
ignorantiam elenchi 172.93/94; d. sec.
quid et simpliciter 172.93, 181.92; illud
propter quod causatur d. ... est causa
apparentiae 151.24

deceptorius 224.29

decipere 31.16, 93.147, 143.36, 147.34,
149.65, 150.72 + , 156.21, 158.90 + ,
172.98 + , 175.54 + , 176.57 + , 179.15,
180.66 + , 181.88 + , 189.34, 194.
107 + , 212.9 + , 215.104 + , 224.19

defectus 47.94, 64.39 + , 65.48, 91.80 + ,
92.86, 126.44 + , 131.13 + , 157.52,
176.90, 206.94 +

deficere 105.67 + , 114.10 + , 152.84, 171.
70 + , 204.45, 208.38

definire 125.32, 221-224

definitio 48.117, 56.7 + , 60.81 + , 80.
36 + , 154.43 + , 163.72, 171.84, 177.
113 + , 178.21, 214.64 + , 221-223,
230-232; d. per additamentum)(d. simpliciter 231.57 + , *cf.* locus

delecta-bilis, -tio 55.51 +

demonstrare 175.28 + ; non d.-are propositum 175.31

falsus 45-50, 104.48, 165-167, 211.54 +,
216.22, 221.20 +, 226.90; *def.* 49.151;
accidere f. 68.24, 204.26, 206.118 +;
dicere f. 165-167; ducere ad f. 153.22/
24; f. sec. quid / simpliciter 166.49 +,
167.70 +; *cf.* procedere, propositio, syllogismus
famositas 67.41 +, 68.50 +
famosus 80.38
felicitas 25.21 +, 55.48, 101.23
fides 45.10, 103.71 +, 183.52 +, 184.95,
186.43 +
figura *def.* 147.25; *syllogistic* f. 48.111 +,
49.131, 152.69, 180.54 +, 208.28,
209.71, 226.95; f. circularis 180.77; f.
dictionis: *see* fallacia
figuratio 145.45
finis 25.18 +, 33.70 +, 37.79 +, 55.47,
102.43; f. sophistae 55.62/63; f. ultimus 55.47 +
finitatio f. significati 130.71
finitus 61.10
forma 49.135, 90.39 +, 96.100 +, 112.30,
114.9 +, 115.68 +, 132.40 +, 134.30,
135.67 +, 136.117, 141.41, 148.30 +,
155.106 +, 156.114, 163.78 +, 164.87,
189.22, 191.7, 192.29, 200.78 +, 216.
15, 218.75, 220.48 +, 230.27 +; f.
habet rationem actus 127.76; f. habet
rationem qualis 148.28; f.)(aggregatum
58.15, 60.80; f.)(subiectum 137.40; f.
accidentalis 59.58/59, 94.36 +, 138.
93 +; f. apparens)(vera 91.64 +; f.
artificialis 132.47; f. Caesaris)(f. non
Caesaris 163.79; f. essentialis 56-59; f.
hominis 112.45, 179.42; f. locorum
sophisticorum 92.107; f. naturalis 111.
29, (*cf.* 112.43); f. orationis 135.67 +; f.
partis et totius 191.7; f. quae non habet
esse in materia 132.48; f. specifica 170.
26/27; f. syllogismi / syllogistica 46.60,
49.162, 53.82, 109.21 +, 111-115,
179.20 +, 184.74 +, 208.24 +, 211.80,
cf. syllogismus peccans in f.; f. syllogismi demonstrativi 180.50 +; f. s.-i
simpliciter 114.37, 179.45, 180.49 +; f.
vivi / non vivi 163.78, 164.87; f. vocis:
see vox
formalis 92.108, 110.61, 131.11, 133.77,
134.51, 142.75, 156.116, 170.32 +,
176.78, 179.37, 189.24 +, 200.84,
203.95

gemina-re, -tio 116.9 +, 118.78 +, 221.
14 +
generabilis 134.31
generalis 190.45
generatio 162.32, 163.68, 164.112
genus 45.20 +, 49.160, 50.165 +, 78.
112 +, 89.12, 93.136, 101.25, 109.
35 +, 123.35 +, 124.56, 134.28, 151.
47 +, 152.65, 168.7 +, 169.38 +, 179.
38, 199.46, 213.21, 219.32, 231.6 +,
232.19 +, 233.64 +; ratio generis 109.
36; g. entis: *see* ens; g. femininum /
masculinum 51.43, 62.50, 83.14/15
geometria 27.81
gloria 30.49 +, 55.63
graecus 57.36, 104.23, 106.101, 111.22,
126.37
grammatica 28.98 +, 102.47
grammaticus 118.88 +, 131.5 +, 132.50 +
gratia g. humana 108.50

habere habens quiditatem 154.48/49
habilitas 91.75 +, 92.85; h. ad decipiendum 143.36 (*cf.* 144.60)
habitudo 68.79 +, 72.96 +, 96.88, 230.42;
h. localis 52.52 +, 113.74, 174.14,
185.20 +; necessaria h. in consequendo
195.42, 196.51/52
habitus 32.20 +, 33.69 +, 34.42, 105.
83 +; h. liberalis 26.44; h. rationis 45.
9 +, 49.140; h.)(privatio 42.21, 49.137,
105.77, 123.38 +, 203.6
hic 215.112, 220.67; "hoc" est aequivocum
73.8; hoc aliquid: *see* aliquis
Homerus poema H.-i 180.77 +
homo 55.57, 71.82, 141.39 +, 153-155;
accidentia h.-is 201.54; constitutio h.-is
141.63; definitio h.-is 232.31; definitio
h.-is)(def. hominum 222.48 +; h.-is
finis / perfectio 25.19, 28.4 +, 29.12 +,
55.46 +; h.-is operatio 25.17; ratio h.-is
112.50/51, 161.5, 233.60; quod quid
est h.-is 153.35; "omnis h." 154.53; "h.
albus")("h." 157.36, 179.41 +; "h.
albus currit" 216-218; "h. albus est h."
110.50; "est h. albus, ergo est albus /
ergo est h." 158.76 +; "h. est albus et
equus est albus" 70.15, 117.75; "h." est
in minus quam "animal", "non homo"
est in plus quam "non animal" 190.46;
"h." ponit animal secundum significationem, risibile sec. concomitantiam

immusicus "i.-um fit musicum" 97.131

impedimentum 29.35 +, 30.41 +, 33.5 +, 34.42 +, 103.12 +, 104.30, 105.81, 145.24

impedire 34.23, 106.92, 128.125 +, 144. 21 +, 170.46, 215.88 +

imperitia i. iudican-di / -tis 89.7, 131.28, 143.23; i. ex parte nostra 143.28 +

implicare 157.51, 158.62, 187.108

imponere 57.35, 58.36, 59.46 +, 61.18 +, 69.12, 73.31, 82.40, 117.74, 122.98, 129.27, 145.42

importare 138.76, 219.40 +; i. contradictionem 228.56, 229.71 +; i. demonstrationem 220.67/68; i. duo 72.92; i. formam 138.73; i. naturam 124.75, 149.36, 200.81; i. plura 116.10, 122.12, 153.38, 214.78, 220.66; i. significatum 116.10, 118.82, 154.43; i. suppositum 154.42

impositio 63.11, 66.88, 68.73 +, 74.48, 75.71 +, 81.10, 82.50 +, 83.75, 84. 44 +, 85.62 +, 86.12, 119.11 +, 122. 94 +, 127.102 +, 128.107 +, 129.25 +, 120.46 +

impositor 56.15 +, 117.41

impossibilis 93.14 +, 209-212; antecedens i. 45.30

improbabilis 70.33 +, 71.78, 115.42 +, 179.33 +

improbabilitas 46.62

improprius 135.74; cf. significare

in 129.15, 130.70 +

includere 69.7 +, 71.80 +, 95.69, 96.97, 109.14 +, 150.74 +, 155.90 +, 158.64, 159.8 +, 161.84 +, 199.39 +, 202.59, 232.44, 233.50 +

incontinens 82.45 +, 120.31 +, 159.22 +

inconveniens 153.23 +, 205.75

incorruptibilis 163.62

indeterminatus 136.105, 148.26, 169.39/ 40

individu-alis, -are, -um 118.107 +, 150. 80 +, 151.51 +, 153.12, 154.59 +, 155.87 +

indivisibilis 65.59, 216.21

indivisus 149.36 +

inducere 104.31, 178.130

indumentum 125.15, 173.19 +

inesse 43.38 +, 95.79, 96.80 +, 161.70, 168.11 +, 169.42 +, 219.46, 227.23, 228.52

inferior 52.65 +, 113.63, 115.46 +, 124. 47, 151.59, 152.65, 190.59, 199.59, 215.108 +

inferre 46.53, 109.28, 149.70, 160.43 +, 178.134, 182-186, 190.81, 191.83/84, 197.111 +, 205.82 +, 207-212, 214.73, 219.26

infinitus 61.10, 218.69

influentia 25.13

informa-bilis, -re 154.55, 220.47 +

inquisitio i. veritatis 29.35/36 +, 30.43

instantia 65.61

instrumentum 107.27

insufficiens 73.30, 190.60 +

insyllogizatus 51.46, 111.22 +, 182.31, 183.70, 207.18 +, 208.47 +

intellectus 28.99 +, 50.170 +, 64.31 +, 65.50 +, 90.24 +, 101.16 +, 102.30 +, 135.87 +, 139.96, 199.47 +, 216.21 +, 217.28 +, 219.43 +, 230.30 +; i. apprehendens / apprehensivus 65.76 +, 66.94/95, 102.59, 216.23, 217.26; i. componens / compositivus / dividens 65.61 +, 102.61/103.63, 217.16 +; i. materiae)(formae 90.40 +; i. sec. quod ratiocinatur & discurrit 103.64; i. simplex 65.66, 217.44; i. verus / falsus 137.19 +; i.-um constituere 64.31 +, 65.73 +, 229.6 +, 231.45 +; intentio i.-us 36.33; motivum i.-us 58.19; obiectum i.-us 31.21 +, 107.20 +; operatio i.-us 65.63 +, 101.26, 216. 21 +; perfectio i.-us 25.26; i.)(expressio 206.128, 207.131

intelligentia 26.31, 102.49, 216.21, 228.40

intelligere 25.17, 59.52 +, 64.26 +, 65.63, 71.81 +, 125app., 129.40 +, 137.25, 139.100, 159.12, 160.35, 217.29 +, 230.22 +, 231.46 +; esse)(i.-i 50.171; quod)(quo i.-itur 60.85 +; ratio i.-endi 59.53 +, 129.42

intelligibilis 65.52

intentio 31.24, 36.33 +, 53.97, 139.87: i. secunda 107.31 +

interemptio 48.97, 56.75, 97.116, 210.31, 211.55 +

interimere 67.27, 167.82 +, 210.32

interpretari 102.48, 149.62 +

interrogare 213-216; modus i.-ndi 213.31

interrogatio 173.44; i. necessaria 210.29; i. plures 71.74 +, 215.105, 216.3, 218.5, 219.21; i. una ut plures 212.7 +, 215.

miles 113.62

minus esse in m. 190.45 + ; cf. locus, videre

mixtus 140.36

mobilis 76.33, 97.139, 178.139

modernus 45.33

modus *syllogistic* 48.111 + , 49.131, 112app., 208.28, 209.71, 226.95; cf. accentuare, construere, esse, fallacia, interrogare, opponere, ponere, proferre, scire, significare, terminus

mors 162.24 + , 205.64 + , 211.69 +

mortalis 162.44 + ; cf. animal, homo

mortuus 81.21 + , 112.50, 120.47, 159-164

motus 60.94, 67.47, 138.62, 195.18; m. naturae 49.133/134

multiplex 71.78, 122.88, 130.58, 165.11, 166.58; m. actuale 61.25, 87.28; m. potentiale 134.48; cf. oratio, propositio

multiplicitas 73.4 + , 74.57, 75.18, 87. 42 + , 90.18, 138.48 + , 144-146; def. 145.27; *etym.* 127.70; m. actualis 126. 65, 127.78/79 + ; m. formalis / materialis 127.69 + ; m. orationis)(dictionis 144.7 + ; m. phantastica 126.63, 144. 11, 146.63 + ; m. potentialis 89.5, 127. 81; m. totius orationis)(m. alicuius termini 138.48/49 + ; m. vera 144.10, 145.30 + , 146.63/64 +

multitudo 92.86, 145.25 + ; def. 145.26

mutare 162.29 +

nasus "n. simus" 158.70, 232.18, 233.53 +

natura 25.5, 45.21, 53.96, 76.46, 80.8 + , 81.10, 97.120, 112.41 + , 118.110, 124.69 + , 148.24 + , 149.36 + , 154.47, 155.78, 163.67, 169.38, 184.82, 200.81, 215.112, 217.37, 221.15; n. hominis / humana 153-156, 215.112; n. significata per terminum 124.69, 148.29 + , cf. 118.110; n.)(ars 112.41; impositio = n. 81.10; n.)(supposita 124.69 + , 148.20, 149.36, 154.47

naturalis 57.31 + , 102.32, 112.43 + , 132. 39 + , 134.54, 178.139, 196.68, 224.25

necessarius 52.61, 105.59, 194.8 + , 195. 42 + , 196.51 + , 197.89 + , 201.46 + , 202.70, 203.13/14 + , 206.103, 210.29, 211.78; apparenter n. 53.91 + ; condicionalis n.-a 45.29/30; n.-o concomitans 163.60 + ; n.-o sequi 201.41 +

necessitas 45.24, 49.152, 95.42 + , 104.26, 179.39, 183.69, 186.44, 195.33, 196.

48 + , 205-209, 211.64 + ; conclusio accidit de n.-te 183.69; n. conclusionis 186.44, 205.85; inferre conclusionem de n.-te 211.72; de n. sequi 48.113, 195.33 + , 196.48, 206.113, 207.9, 208.28 + , 209.58 + , 211.64

negare 109.30, 165.16 + , 190.49 + , 200. 14, 202.82, 222.58

negatio 109.18, 201.28 + , 202.63 + , 222. 57 + , 223.70 + , 230.34 +

negativus 152.73, 171.59, 190.45 + , 197. 93 + , 222.46 + , 223.99

nervus 132.41 +

niger 168.5 + , 169.37 + , 179.41 + , 227. 18, 229.92

nigredo 168.15

nihil ex n.-o n. fit 27.82

nobilis 25.7, 26.37

nomen 44.55 + , 46.35, 58-63, 81.30 + , 175.38 + , 176.65, 177.105 + , 184. 86 + ; n. aequivocum 58.16 + , 73.4, 76.31, 89.11, 116.30; n. analogum: *see* analogus; n. synonymum 119.120; n. unum 44.63, 60.8, 62.45 + , 63.85, 113.68, 117.59; virtus nominum 34. 34 + ; n.)(intellectus 227-229; n.)(res 34.35/36, 58.18 + , 61.10, 169.7 + , 176.65; n.)(ratio / definitio 163.70 + , 230.10, 231.55; n.)(significatum 44. 55 +

non non causa: *see* fallacia; non propter hoc accidere falsum 204.26, 206.118 +

nota 60.93

notitia n. de illato 185.32 +

notus aeque n. 175.35, 184.85 + ; notior / magis notus 40.189 + , 112app., 133. 77/78, 177.115 + , 178.124 + , 179.31, 182.19 + , 183.43 + , 185.31 + , 186. 39 + ; minus notus 175.36; notissimus 37.75 +

nudus 222.59, 223.100

nugatio 229-233; def. 232.24

numerus 78.118, 110.66, 111.76, 117. 67 + , 141.52 + , 219.33; n. impar / par 165.12 + ; n. singularis / pluralis 115-118, 221-224; differre / unum esse sec. n.-um 61.39, 62.45 + , 118.97; cf. unus

obiectum 31.21 + , 36.40, 64.42 + , 101. 4 + , 107.20, 136.103

obliquitas 36.60, 37.94 + , 38.110 + , 51. 42 + , 104.43 + , 177.93 + , 187.87, 205.91 + , 206.120

philosophia 26.43 + , 27.59 + , 29.16 + , 55.51, 105.85, 106.12, 108.63; p. organica 102.37; p. practica 102.37; p. prima 29.14, 37.85, 40.197 + , 55.50; p. speculativa 102.36; p.-ae pars 29.23 + , 102.36 +

Philosophus = *Aristoteles* 25.4 + + . *cf. Index of Citations*

Physica 82.41 + + ; *see Index of Citations s.v.* Aristoteles

Plato 153.39, 218.10 + , 220.63; *cf.* Socrates

pluit "p. in domo" 86.14, 89.106, 132.66

pluralis *see* numerus

pluralitas p. significátorum / rerum significatarum 118.85 + ,· 126.46, 146.62, 213.24, 215.99

plus esse in p. 190.47 + , 192.47 + ; *cf.* importare, significare

poema p. Homeri 180.77 +

poetica 28.114, 103.73 +

Politica 31.13, 102.41; *cf. Index of Citations s.v.* Aristoteles

pomum 64.42

ponere 160.38 + ; p. consequens 199.35, 201.45; p. significatum 76.44, 77.60 + ; modus p.-ndi 36.56

positio 189.36 + , 190.54 + , 198-200, 201.42, 203.98

positive 160.44

possibilis 92.117, 93-97, 136-139

possibilitas 136.5 + , 137.18 +

Posteriora 28.113, 30.51, 106.101; *cf. Index of Citations s.v.* Aristoteles

posterius 182.37, 185.24, 186.52; *cf.* prius, significare

potentia 58.27 + , 85.53, 90.31, 94-97, 101.3 + , 121.55 + , 127.76, 134-136, 138.65, 141.43 + , 158.65, 162.44 + ; p. naturalis 36.38; p. per accidens / per se 97.121 + , 137.44/45, 138.52; cuius est actus eius est p. 94.11/12, 96.100; p. et actus maxime differunt 141.44; omnis p. debet reduci ad actum 162.45/46; p.-ae distinguuntur per actus et a. per obiecta 101.3, 136.102/3

potentialis 90.18 + , 134.44 + ; *cf.* multiplex, multiplicitas

potio 28.94, 30.52, 106.102

practicus *see* philosophia, scientia

Praedicamenta 28.109, 68.58, 102.60; *cf. Index of Citations s.vv.* Aristoteles, Simplicius

praedicare 94.31, 140.11 + , 151.52, 163.60 + , 164.90 + , 173.30 + , 191.11, 192.41 + , 193.90 + , 198.16, 213.39, 215.101, 216.6 + ; p. ratione vocisXrei 164.96; p. secundum / tertium adiacens 160.62 + ; *cf.* praedicatum

praedicatio 188.136; p. formalis / materialis 142.75 + ; p. per accidens / per se 110.51 +

praedicatum 65.62, 66.9, 71.66 + 72.92 + , 74.60, 95.79, 96.86 + , 110.51 + , 121.61, 138.76, 163.54, 164.97, 178.124 + , 188.127 + , 189.14 + , 191.85 + , 198.16, 199.37, 205.74, 217.53, 218.67 + , 219.41 + , 220.47 + ; p. accidentale 178.126, 200.75; p. coniunctum 159.15; p. copulatum 70.27/28, 220.79; p. essentiale 200.75; p. extraneum 192.40 + ; p. multiplex 71.68; p. substantiale 178.124/125; *cf.* subiectum

praemissa 41.28, 45.29, 46.42 + , 48.126, 112.34, 125.16, 173.38 + , 179.29, 181.5, 182.7 + , 183.41 + , 204-209, 211.64 + , 226.95; p. affirmativa 112.35; p. apparenter probabilis 105.61/62; p. causa conclusionis 179.29; p. falsa 45.11, 46.43/44, 48.98, 49.130; p. improbabilis 45.11; p. necessaria 105.59/60; p. praeternecessaria 209.68/69; p. probabilis 42.41, 105.60; p. universalis 112.35; p. vera et immediata et causa conclusionis 179.29

praesupponere 37.78

praetendere 92.116 + , 145.52 +

praeternecessarius 208-210, 212.96 + , 232.13 +

primus a p.-o ad ultimum 101.9, 185.10, 187.91 + , 188.119

principium 27.74 + , 41.22 + , 43.39, 76.40, 224.24, 225.36, 226.66; p. apparentiae 126.43 + , 131.27/28 + , 143.24; p. artis 112.41; p. et causae 29.30 + , 32.63, 41.22 + , 43.27 + , 131.26; p. certum 32.36/37 + ; p. commune 41.34; p. decipiendi 171.64/65, 176.57/58, 179.15, 181.108, 194.97/98 + ; p. defectus 126.44 + , 131.28 + ; p. demonstrationis 46.35/36, 81.30; p. geometriae 27.81; p. individuans 153.12; p. loci dialectici / sophistici 44.58 + , 131.26; p. primum 52.58, 78.116 + ; p. primum complexum / incomplexum 37.89 + ; p. primum syllogizandi / syllogismi 51.

56 + ; illud s.-at terminus quod praedicat 94.30; quod s.-at nomen principium est demonstrationis 81.30; s. sequitur intelligere 64.26, 129.40; s.-tum actualiter expressum 92.112 + , 142.13 + ; primarium / secundarium s.-tum 82-86, 120-122, 159.20 + , 230.123; principale s.-tum orationis 167.79 + ; principale s.-tum termini 232.25 + , 233.54 + ; s.-ta termini aequivoci 66-69, 123.14; unitas s.-ti 92.112; cadere a s.-to 129. 22, 164.91/92; s.-tum est essentiale dictioni aequivocae 73.20; s.-tum est forma accidentalis vocis 59.58; s.-tum)(significatio 56.18; s.-tum)(suppositum 153-155; actus s.-ndi 64.37; modus s.-andi 59.64, 61-63, 73.19 + , 74.68, 80.29 + , 84.44, 87.27 + , 88.54 + , 90.15, 116-119, 128.130, 147.32/33; m. s. activus (-e) / passivus (-e) 61-63, 117-119; m. s. essentialis 129.23/24; m. s. cuius est alterum 88.59; m. s. fieri 63.95, m. s. inclinabilis (ad aliud) 116.16 + , 117. 67, 118.92; m. s. per se stantis 116. 14 + , 117.64, 118.95 + , 119.115 + ; m. s. quietis 63.94; m. s. ut quod est alterius 88.57; m. s. proportionales 76. 39 + ; ratio s.-andi 61.17 + , 74.50, 117.47 + ; r. s. activa(e) / passiva(-e) 61.30 + , 117.47 + ; r. s. termini analogi 120.24 + , 121.51

significatio 56-59, 81.37, 127.91, 167. 101 + , 217.33 + ; *def.* 56.20; actualis s. 58.39; principalis s. 166.64

signum 49.146 + , 56.20, 58.22, 60.82; s. alicuius veri(tatis) 49.146 + ; s. universale 75-79, 122-124, 199.29 +

simia 39.137, 56.72, 113.60

Simon 108.7, 231app., 233app.

similitudo 34.35, 80.22, 92.93 + , 126.62, 145-147, 149.40 + , 158.90; *def.* 145. 35/36

simplex 28.104 +

simpliciter 47.76; *def.* 47.85, 157.47; secundum quid et s.: *see* fallacia

Simplicius 67.46, 68.51, 81.20, 102.35; *cf. Index of Citations*

simus 158.70, 232.18, 233.53 +

singularis 174.14, 178.123 + , 221-224

Socrates 153.17 + , 218.10, 220.63; "S.")("homo" 149.33, 150.74; "S. cur-

rit; ergo homo c." 148.13, 150.75, 178. 135, 199.34; "S. currit; ergo S. currit" 71.63, "S. currit, Plato c.; ergo omnis homo c." 190.60 + ; "S. est animal; ergo homo est animal" 178.131 + ; "S. est comptus, ergo est adulter" 194.7, 196. 61, 197.85; "S. est individuum; S. est homo; ergo h. est i." 150.80, 151.51; "S. et Plato currunt, ergo S. currit" 71. 58; "S. et Plato non currunt" 223.68; "S. non currit, Plato non c.; ergo nullus homo c." 190.66; "S.-em possibile est ambulare" 94.22; "S. tantum currit, ergo S. tantum movetur" 195.13, 197. 91 + ; "S. tantum movetur, ergo S. tantum currit" 195.16; *cf.* homo

solere solet dici 177.92

soloecismus 172.10 +

solutio s. dubitatorum 106.93; recta s. 68. 63; s. syllogismorum in dictione 30.45; s. paralogismorum extra dictionem 30. 46

solvere 33.78 + , 68.65, 140.7 + , 230.14/ 15

somnium 49.155

sonus 56.10 + , 61.16

sophista 29.9, 30.57, 31.6 + , 37.102, 39. 157, 54.17 + , 55.57, 56.72 + , 106.86, 107.46, 113.60, 205.93, 206.95 + , 225.39 + ; s. sciens 31.61/62

sophistica 28-42, 103-108; *cf.* ars, scientia

sophisticatio 32.41

sophisticus 35.30 + , 36.50 + , 38.133, 176.84; s. docens / utens 36.51 + ; *cf.* ars, coactio, locus, scientia, syllogismus

specialis 49.160, 179.37, 190.45

species 45.12 + , 49.160, 50.167 + , 60.84, 78.111 + , 90.13 + , 93.137 + , 101.25, 110.38 + , 118.106 + , 123.35 + , 134. 29 + , 168.8 + , 169.39 + , 179.38, 199. 45, 219.32 + , 222.51 + , 232.19 + , 233.70 + ; s. rei naturalis 112.44; s. syllogismi 45.22, 50.175; distingui / differre / diversificari sec. s. 90-93, 118.96, 134.28/29, 192.29, *cf.* diversus, unitas, unus; dividere in s. et modos 126.33; s. est quod definitur 222.51

speculari 25.24

speculativus *see* scientia

stanneum 40.205 +

stare s. cum 174.14, 184.84, 187.72 + ; s. pro 74.42 + , 75.74, 81.17 + , 82.39,